Selbstorganisiertes Lernen im Unternehmen

Werner Bünnagel

Selbstorganisiertes Lernen im Unternehmen

Motivation freisetzen, Potenziale entfalten, Zukunft sichern

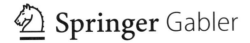

Dr. Werner Bünnagel
Wasserburg, Deutschland

ISBN 978-3-8349-4263-0   ISBN 978-3-8349-4264-7 (eBook)
DOI 10.1007/978-3-8349-4264-7

Die Deutsche Nationalbibliothek verzeichnet diese Publikation in der Deutschen Nationalbibliografie; detaillierte bibliografische Daten sind im Internet über http://dnb.d-nb.de abrufbar.

Springer Gabler
© Gabler Verlag | Springer Fachmedien Wiesbaden 2012

Lektorat: Stefanie A. Winter
Einbandentwurf: KünkelLopka GmbH, Heidelberg

Gedruckt auf säurefreiem und chlorfrei gebleichtem Papier

Springer Gabler ist eine Marke von Springer DE. Springer DE ist Teil der Fachverlagsgruppe Springer Science+Business Media.
www.springer-gabler.de

Vorwort

Der Titel dieses Buches will vieles und doch letztlich nur eines aussagen: Das System der Personalentwicklung braucht Wandel. Und dass der mündige Mitarbeiter als Schlüssel zum Erfolg verstanden wird, bedingt bei vielen Verantwortlichen ein Umdenken. Denn die Wertschätzung von Mitarbeitern sowie deren Fähigkeiten muss den Mittelpunkt bilden im Bemühen um die Wertsteigerung des Humankapitals.

Durch den Wandel zur Dienstleistungs- sowie Wissensgesellschaft ist das humane Kapital im Unternehmen immer weniger in der physischen Schaffenskraft der Mitarbeiter begründet. Zwar sind produzierende Industriezweige noch immer ein entscheidender Wirtschaftsfaktor in unserem Wirtschaftssystem, aber die Anforderungen an die Mitarbeiter sind längst nicht mehr rein körperlicher Natur. Die Bedienung von Maschinen, die Technik und die galoppierende Entwicklung der Informationstechnologie fordern zunehmend auch intellektuelle Fähigkeiten. Fachwissen, *IT-Skills* und auch *Soft-Skills* der Mitarbeiter, wie z. B. Lern-/Entwicklungskompetenz und Handlungskompetenz, werden in Zukunft entscheidende Wettbewerbsfaktoren sein. Es wird also immer deutlicher, wie komplex die Aufgabe ist, Mitarbeiter im Lernprozess zu halten, und wie vielgestaltig die Erfolgsvariablen einer wirkungsvollen Kompetenzentwicklung bei Mitarbeitern sind.

Somit gilt es, die Vision vom mündigen Mitarbeiter zu präzisieren und ein System zu entwickeln, das den Weg dorthin bereitet. Genau das wären die Vorgaben für dieses Buch, damit der Leser auch ein Manual in den Händen hält, das dabei hilft, Vision zur Wirklichkeit werden zu lassen.

Für die wertvollen Impulse zum selbstorganisierten Lernen und zur Umsetzung reformpädagogischer Ideale danke ich den Schülerinnen/Schülern und natürlich den Lernbegleiterinnen/Lernbegleitern der *Freien Schule Lindau* sowie der *Tagesschule Sesam* in Düdingen (Schweiz). Letztendlich waren es die Schülerinnen/Schüler, die einen eindrucksvollen Einblick in die Wirkungsweise der Motivationsmechanismen des freien Lernens gewährt haben. Ihnen gehört mein besonderer Dank. Ihre Konzentration sowie Ernsthaftigkeit in der Bearbeitung von Aufgaben und ihre Freude am Lernen im Allgemeinen sowie am kollaborativen Lernen im Besonderen versetzen jeden Betrachter nicht nur in Erstaunen, sondern fordern auch Hochachtung gegenüber denen, die tagtäglich Anreize zum Lernen schaffen und Hilfestellungen zum Selbstlernen geben.

Danken möchte ich ebenfalls meiner Frau Therese, die zum einen kritisch Inhalte wie Ideale hinterfragte, zum anderen immer wieder wertvolle Impulse zur Weiterentwicklung des Buches gab.

Wasserburg (Bodensee), im Januar 2012   Werner Bünnagel

Inhalt

Abbildungsnachweis

Einleitung

Warum über die Personalentwicklung der Zukunft nachdenken? Eine Frage, deren Beantwortung vermeintlich überflüssig scheint, da es scheinbar drängendere Aufgaben zu bewältigen gibt. So wird allerorts über Fachkräftemangel geklagt und über die drohenden Folgen des demografischen Wandels diskutiert. Zieht man ins Kalkül, dass mit Personalentwicklungsangeboten Mitarbeiterbindung sowie Mitarbeitergewinnung betrieben werden könnten, müsste der Personalentwicklung wohl weitaus mehr Beachtung geschenkt werden. Und in der Tat scheint die strategische Personalarbeit an Aufmerksamkeit zu gewinnen, zumindest ist ein professionelles *Employer Branding* ohne die Darstellung der persönlichen Entwicklungsmöglichkeiten im Unternehmen nicht mehr denkbar.

Allen Bemühungen um die strategische Förderung von Mitarbeiterpotenzialen ist eines gemeinsam, nämlich dass der Mitarbeiter und dessen Kompetenzentwicklung immer mehr in den Mittelpunkt des Interesses rückt. Dies geschieht wohl aus dem Bewusstsein heraus, dass der Mitarbeiter nicht länger als weicher, sondern heute eher als fester Kapitalwert verstanden wird, um dessen Erhalt sich künftig weitaus mehr bemüht werden muss.

Der Kapitalsicherung ist es nun eigen, dass sie nicht auf Lippenbekenntnissen beruhen kann. So muss man sich operativen Sicherungsmaßnahmen zuwenden, wozu ebenfalls die Personalentwicklung gehört. Sie unterliegt genauso der Dynamik des Wandels wie z. B. die Arbeitsbedingungen und die Arbeitsplatzanforderungen in den Unternehmen. Dieser Wandel ist geprägt durch die rasche Aufeinanderfolge von Veränderungen, die nicht selten auf die immer kürzer werdenden Zyklen technologischer Entwicklungen zurückgehen. Insbesondere die Informationstechnologie führt vor Augen, wie wichtig es ist, Mitarbeiter gewissermaßen auf Stand zu halten, damit sie Instrumente/Werkzeuge des Arbeitsalltags zuverlässig und effizient benutzen können.

Der Ausgangspunkt für eine Personalentwicklung der Zukunft geht weit über die moderne Personalentwicklung hinaus, weil der angesprochenen Geschwindigkeit des Wandels mit den gegenwärtigen Maßnahmen der Mitarbeiterförderung und den vorhandenen Instrumenten der Kompetenzentwicklung nicht mehr vollständig Rechnung getragen werden kann. Es ist vor allem der Aspekt der Effizienz und Kostenverträglichkeit, der Planer wie Entscheider zwingt, über neue Modelle wie Konzepte nachzudenken und neue Wege zu beschreiten. Damit diese Modelle und Konzepte auch etwas Überdauerndes und damit

Strategisches haben, müssen Visionen zum künftigen Mitarbeiter und zu dessen vielfältiger wie flexibler Einsetzbarkeit entwickelt werden.

Dies ist nicht gleichbedeutend damit, dass die bisherigen Leistungen der Personalentwicklungsarbeit ungenügend waren. Es ist sogar bedeutsam, dass viele der Beteiligten an der Wissenswertschöpfung nach einer stärkeren Einbindung des Mitarbeiters in den Prozess der Kompetenzentwicklung gestrebt haben. Die Form der Einbindung muss allerdings in Zukunft so weit gehen, dass der Mitarbeiter mit entscheiden muss, wie seine Entwicklung verlaufen soll, was er dazu braucht und was er bereit ist, dazu beizutragen. All dem ist implizit, dass der Mitarbeiter ebenfalls Verantwortung für seine berufliche Weiterentwicklung übernehmen muss.

Wenn weiter oben darauf hingewiesen worden ist, dass die moderne Personalentwicklung zweifellos sehr gute Ideen hervorgebracht hat, dann geschah dies zum Ausdruck der Wandelfähigkeit dieser Betriebseinheit. Ist doch auch der Seminartourismus in vielen Unternehmungen längst Vergangenheit. Warum moderne Ansätze der Personalentwicklung letztlich Stückwerk bleiben, liegt meist daran, dass der notwendige Paradigmenwechsel nicht vollzogen wird.

Der Personalentwickler ist eigentlich schon obsolet und Personalentwicklung ist längst mehr Organisationsentwicklung. Künftig muss all dem Rechnung getragen werden, müssen Personalentwickler mehr als Lerncoach fungieren und muss die Bildungsorganisation im Unternehmen wandlungsfähig werden. Mit dieser veränderten Aufgabenstellung geht ein entscheidender Perspektivwechsel einher. Während bisher die Beziehung zwischen Personalentwicklungsplanung und individueller Kompetenzentwicklung eher eine unilaterale Angelegenheit war, muss in Zukunft mehr das Bilaterale an dieser Beziehung gefördert werden, und dies mit dem Ziel, dem Mitarbeiter mehr Verantwortung zu übertragen, ihn immer mehr in die Pflicht zu nehmen und damit die Personal- wie Bildungsorganisation einem fundamentalen Wandel zu unterziehen.

Diese Zielsetzung schreckt nicht wenige Unternehmensstrategen ab, weil man Unwägbarkeiten vermutet und an unkalkulierbare Einflussgrößen glaubt. Betroffene Personaler müssen zudem ein hohes Maß an Veränderungsbereitschaft und Wandelfähigkeit mitbringen, was nicht minder Vorbehalte gegenüber einer derart radikalen Lösung schürt.

Dennoch scheint es unumgänglich, als Ziel einen Mitarbeiter zu setzen, der selbsttätig und verantwortungsvoll seine (berufliche) Weiterentwicklung selbst organisiert. Darin sind zwei Kernkonzepte verankert, die in gewisser Weise die Anstrengungen auf sich ziehen: der mündige Mitarbeiter und das selbstorganisierte Lernen (*so*-Lernen). Selbst wenn der Einwand folgen mag, dass die eigenen Mitarbeiter entscheidend an ihrem Fortkommen mitwirken und *E-Learning*-Programme seit langem und erfolgreich im Einsatz sind, können diese Bemühungen bei weitem nicht die Anforderungen der erwähnten Kernkonzepte erfüllen.

Mögen sich die Kritiker des Paradigmenwechsels auch nicht als Leserzielgruppe dieses Buches sehen, sei ihnen entgegnet, dass die Zukunft Herausforderungen bereithalten wird, die durch gängige Qualifizierungsmodelle und standardisierte *Distance-/E-Learning*-Projekte nicht mehr bedient werden können. Gewiss hat dieses Buch nicht den Anspruch, den

Stein der Weisen abzubilden, sondern will eher so etwas wie das Ei des Kolumbus vorführen. Demzufolge ist es meine Absicht, eine realisierbare Zukunftsvision zur betrieblichen Personalentwicklung zu entwerfen, indem das Gegebene genau betrachtet wird und
mit Hilfe neuer Blickwinkel Lösungswege gesucht werden, ohne dass etwas vollkommen
Neues geschaffen werden muss. Nichtsdestotrotz ist der Ansatz originär, dass Methoden
und Mittel des *so*-Lernens im Unternehmen bei den reformpädagogischen Schulen abge-
schaut werden sollen.

Um den Leser darauf einzustimmen, wie sich dem Thema zu nähern ist, sind im 1.
Teil des Buches die grundlegenden Konzepte und deren Herleitung dargestellt. Zukunft
lässt sich nicht verordnen, sie leitet sich aus der Vergangenheit ab. Daher ist es wichtig,
das Bisherige genau zu betrachten und in Beziehung zu Künftigem zu setzen. Schließlich
müssen Veränderungen nachvollziehbar sein, und visionären Ausführungen muss man
folgen können.

Lebendigkeit erhält eine Zukunftsvision, wenn mittels pragmatischer Handreichungen vorgeführt wird, wie sich die grundlegenden Konzepte zum mündigen Mitarbeiter
und zum *so*-Lernen realisieren lassen. Im 2. Teil werden daher die Umsetzungsschritte
beschrieben und konkrete Handlungsempfehlungen ausgesprochen.

Der Ausblick zum Schluss des Buches soll vorführen, wie sehr die Zukunft in der Gegenwart verankert ist. Für die zukunftsgewandte Personalentwicklung bedeutet dies, dass
die Wurzeln für die Kapitalisierung von Wissen und die Sicherung der Wirkungskraft von
Belegschaft und Management bereits heute gelegt werden. Somit ist fast zwangsläufig die
Frage zu stellen: Wenn nicht jetzt, wann dann?

Teil I
Konzepte, Modelle und Visionen – der Weg zum *so*-Lernen

Das Zukunftskapital im Visier

1

Zusammenfassung

Hat man die Zukunft fest im Blick und stellt sich den Anforderungen von morgen, kommt man nicht umhin, sich der Bedeutung des Mitarbeiters als Wissens- und Potenzialträger bewusst zu werden. Erhalt, Ausbau, Vernetzung und damit einhergehend die Kapitalisierung von Wissen müssen – wenn noch nicht geschehen – in Angriff genommen werden zum Aufbau einer tragfähigen Unternehmensstrategie.

Die Zukunft der Personalentwicklung liegt in den Händen der Mitarbeiter. Diese Vision mag gewiss nicht in die Vorstellung aller Personalverantwortlicher und Unternehmenslenker passen. Seien es Großkonzerne oder seien es kleine mittelständische Unternehmen, die Personalentwicklung von morgen wird eine Abkehr von traditionellen Qualifizierungsmustern vollziehen müssen. Statische Weiterbildungskataloge sind ja bereits als ineffizient entlarvt, Seminartourismus als Geldverschwendung geächtet worden. Und nachdem *E-Learning* für viel Euphorie gesorgt hat und Vorschusslorbeeren längst aufgebraucht sind, muss ein neuer Weg gesucht werden, der intrinsische Motivation, selbstständiges Lernen, bedarfskonforme Qualifizierung, Wissenstransfer, Effizienz und lebenslanges Lernen verbindet. Diese Zusammenführung der Eckpfeiler erfolgreichen Bildungsmanagements kann nur mit Hilfe des mündigen Mitarbeiters gelingen – eine *conditio sine qua non*.

Der Weg dorthin muss nicht unbedingt steinig sein, wenn auf fruchtbarem Boden, d. h. einer vorhandenen und wirkenden Unternehmenskultur aufgebaut wird. Problematisch gestaltet sich das Ansinnen, die unternehmensspezifische Personalentwicklung auf die Zukunft auszurichten, wenn erst das Fundament für ein Personalentwicklungssystem gelegt werden muss. Damit ist gemeint, dass die herkömmlichen betrieblichen Bildungsstrukturen noch keine hinreichende Voraussetzung für einen erfolgreichen Start in die Zukunft darstellen.

Beispielhafte Grundstrukturen bilden dagegen die erwähnte Unternehmenskultur, ein Vertrauensverhältnis zwischen Führung und Personal, motivierte Mitarbeiter, die bereit sind, sich mit den Zielen der Unternehmung zu identifizieren, und vor allem eine Strategie, die den Wert des Mitarbeiterwissens erhalten will. Es ist indes nicht unbedingt gängige Methode, die Unternehmensstrategie mit einer Personalentwicklungs- sowie einer

W. Bünnagel, *Selbstorganisiertes Lernen im Unternehmen,*
DOI 10.1007/978-3-8349-4264-7_1, © Gabler Verlag | Springer Fachmedien Wiesbaden 2012

Wissensstrategie zu verknüpfen. Die Zahl der Unternehmen, die die Kapitalisierung des unternehmerischen Wissens auf die Förderung der Mitarbeiter und deren individuelle Kompetenzentwicklung ausweiten, nimmt allerdings stetig zu.

Wird Wissen als zentraler Faktor einer modernen Personalwirtschaft akzeptiert, muss im nächsten Schritt eine Systematisierung angestrebt werden. Der Erfolgsvariable *Wissen* gerecht zu werden, das setzt voraus, dass es im betrieblichen Wissensmanagement sowohl Struktur und Prozesse als auch ein Bewusstsein für die Parameter des Erfolgs gibt. Daher wird in diesem einführenden Teil neben der Kurzdarstellung von Wissensmodellen und Wissensstrukturen der Raum dafür geschaffen, fördernde und hemmende Einflussfaktoren kennenzulernen. Schließlich fordert das Tagesgeschäft operative Schritte zur Wissensgewinnung, und dann ist es hilfreich zu wissen, wo die Umsetzung ins Stocken geraten kann. Die Grundlagen einer zukunftsorientierten Personalwirtschaft bieten also einen Leitfaden und ein Prozessmodell, worauf nachfolgende Konkretisierungen aufbauen, in denen nützliche Hilfestellungen und Problemlösungen erarbeitet werden.

Ausgehend von der Zielsetzung, das Lernen im Unternehmen zu fördern, folgt dann der Blick auf die Wirkungsfelder Unternehmenskultur, Lernkultur und Motivation. Wie müssen die Faktoren einer erfolgreichen betrieblichen Weiterbildung ausgestaltet sein? Wie wirken sie zusammen? Kann ein Faktor vernachlässigt werden? Wie entsteht Motivation? All dies sind Fragen, die es unbedingt zu beantworten gilt.

Diejenigen, die ein strukturiertes Bildungsmanagement im Unternehmen betreiben wollen, müssen sich der unterschiedlichen Einflussfaktoren bewusst sein. In Bezug auf die betriebliche Praxis wird vorgeführt, wie diese Stellgrößen des Erfolgs einwirken und wie sie zusammenwirken. Besondere Problemstellungen des betrieblichen Wissensmanagements im Allgemeinen und der Bildungsorganisation im Besonderen geben Gelegenheit, Lösungen zu entwerfen und diese zu diskutieren.

Beim Aspekt der individuellen Entwicklung von Kompetenzen steht gleichfalls Systematisierung im Vordergrund. Wichtige Eckpunkte sind neben den Säulen Kultur und Motivation zum einen Instrumente, wie z. B. das Kompetenzmodell, das Personalentwicklungsgespräch mit Qualifizierungsvereinbarung oder die Performanzmessung, zum anderen Einflussfaktoren, wie z. B. Anreize, Nachhaltigkeit oder Angemessenheit von Qualifizierungen. Mit der Skizzierung dieser Eckpfeiler wird ein Raster geschaffen, das auf Anwendbarkeit, Übertragbarkeit oder Umsetzbarkeit durchleuchtet werden kann.

Mit dem Übergang zum Lernen wird dann ein weiteres Zukunftskapitel aufgeschlagen. Da künftig der Besuch von externen Seminarveranstaltungen nicht mehr reicht, Veränderungen am Arbeitsplatz zu kompensieren, wird das Lernen und damit auch das Lernen-lernen eine immer größere Rolle spielen. Hierzu müssen selbstverständlich Konzepte entwickelt werden, wie Lernen und Lernen-lernen gefördert werden können. In dieser Gesamtschau wird zumindest ein kleiner Einblick in konzeptuelle Ansätze vermittelt.

Die Vorstellung des Modells zum *so*-Lernen (selbstorganisierten Lernen) ist ein Ausblick in die Zukunft. Diese Form des Lernens wird zukünftig ohne Zweifel ihren Platz verdienen, da die Dynamik des Wandels und der Erhalt der Beschäftigungsfähigkeit von Mitarbeitern auch ein Höchstmaß an Flexibilisierung fordern. Eine derartige Flexibilität basiert selbstverständlich auf einer kontinuierlichen Kompetenzentwicklung und ist eben nicht mehr einfach durch externe Qualifizierungsmaßnahmen oder starre *E-Learning*-Programme abbildbar.

Mit der Vision vom *so*-Lernen wird der Leser mit einem Konzept konfrontiert werden, das einen Anspruch auf Lösungscharakter hinsichtlich der anstehenden Herausforderungen in der betrieblichen Bildungsarbeit erhebt. Die hinreichenden und notwendigen Voraussetzungen für das *so*-Lernen rütteln allerdings an den Grundfesten der Unternehmensorganisation, was nicht jedem behagt. Doch man sollte sich auf diese Vision einlassen, ohne dass daraus zwingend ein Experiment werden muss.

Will man Weiterbildung im Unternehmen erfolgreich gestalten, muss man die Stellgrößen kennen, die den Erfolg maßgeblich prägen. Es geht nicht darum, etwas Neues zu erfinden. Vielmehr soll ganz im Sinne des Pragmatismus aufgezeigt werden, wie simpel sich wesentliche Wirkfaktoren zusammenführen lassen. Gewiss ist es nicht einfach, einem Unternehmen sowohl Unternehmenskultur als auch Lernkultur einzuhauchen. Eine Kultur lässt sich nicht überstülpen, ihr ist eigen, dass sie gelebt wird. Dennoch kann die Sensibilisierung für Kultur schon der erste Schritt zur Veränderung sein.

Die Motivation des Mitarbeiters, sich im Unternehmen weiterzuentwickeln, muss oft erst geweckt werden. Bei älteren Mitarbeitern ist zudem nicht selten eine Lernentwöhnung bezüglich der betrieblichen Qualifizierung festzustellen. Dies wird wiederum in Zusammenhang gebracht mit der Aufforderung zum lebenslangen Lernen. Eigentlich ein überflüssiges Konzept, denn der Mensch lernt bis zu seinem Tode ständig, da Lernen zur Selbsterhaltung gehört. Ihn für betriebliche Lerninhalte zu begeistern, darin liegt die eigentliche Herausforderung und dazu sind nicht selten Hilfestellungen notwendig. Sind Hemmnisse und Hindernisse beseitigt, gilt es, Lern- und Entwicklungskompetenz zu fördern, und dies immer im Hinblick darauf, dass der Mitarbeiter Interesse an der Erweiterung seines Wissens und am Ausbau seiner Kompetenzen hat.

Mit den Handreichungen zur Förderung von Lern- und Entwicklungskompetenz wird eine Tauglichkeitsprüfung provoziert, denn der Leser kann bewerten, inwieweit im Bildungsmanagement einer Unternehmung Platz ist, derart vermeintlich unscharfe Kompetenzen auf den Bildungsplan zu rufen. Auf der anderen Seite liefert die Diskussion um die Förderung weicher Schlüsselqualifikationen die Argumente, die notwendig sind, eine eher am Controlling orientierte Unternehmensführung von der Notwendigkeit einer umfänglichen Personal- wie Kompetenzentwicklung und damit für eine Investition in die Zukunft zu überzeugen.

Bevor man jedoch ein bestimmtes Medium auswählt, müssen Zielrichtungen definiert sein. Denn für die Wahl eines Instrumentes ist es auch entscheidend, welche Aufgabe diesem Medium beim Wissenstransfer zuteilwerden soll. Damit der Leser gut gerüstet an die Auswahl geht, wird er mehr erfahren über explizites und implizites Wissen, da diese Differenzierung auch für den Wissenstransfer von großer Bedeutung ist. Ist dann ein Überblick zu den verschiedensten Medien und zu den Funktionalitäten der *Web 2.0*-Welt gewonnen, sollte man imstande sein, die geeigneten Instrumente zur Gestaltung des Wissenstransfers zu selektieren.

Der Ausgangspunkt

2

Zusammenfassung

Es ist wichtig, sich zunächst die aktuelle Situation im Unternehmen vor Augen zu führen, bevor man mit dem Entwurf einer neuen Bildungsorganisation beginnt. Betriebliches Management von Wissen und Weiterbildung ist bekanntlich mehr als Seminarplanung. Personalentwicklung ist zugleich Organisationsentwicklung, wenn man im Unternehmen das selbstorganisierte Lernen einführen will. Somit erfolgt zunächst ein Streifzug vorbei an den wirkenden Variablen, die das Veränderungsmanagement im Unternehmen mitprägen. Dazu gehören der gesellschaftliche Wandel, die Arbeitsorganisation, die Organisations- und Personalentwicklung im Unternehmen, mediale Lernformen und Hemmnisse wie Hindernisse, die einem im Wandel immer wieder begegnen.

Hilfestellungen zur Modernisierung der betrieblichen Personalentwicklung sind in großer Zahl vorhanden, jedoch zeigen diese selten einen ganzheitlichen Ansatz. Wichtiger als Instrumente und Hilfestellungen ist allem voran das Bekenntnis zum Konzept. Das bedeutet, dass mit der Entscheidung für eine Veränderung ein Zielsystem definiert wird, das von allen getragen wird, und damit die Maßnahmen zur Verwirklichung dieses Systems uneingeschränkt Rückhalt erfahren. Auf der Grundlage der Ziele erfolgt dann die Modellierung der Umsetzung. Dazu gehören Teilziele, Meilensteine und Phasen.

Personalentwicklung von morgen und für morgen im Sinne einer modernen Wissenswirtschaft (s. Bünnagel [14]) ist die Vorbereitung der Unternehmung auf den mündigen Mitarbeiter und die Entwicklung der Mitarbeiter zur Mündigkeit – bezogen auf die betriebliche Weiterbildung und das beruflich orientierte lebenslange Lernen. Diese moderne wie zukunftsgerichtete Form der Personalarbeit kann selbstverständlich nicht mit punktuellen Aktionen erreicht werden, genauso wenig wie dem Glauben verfallen werden darf, dass eine einzelne Softwarelösung der ersehnte Heilsbringer sein kann. Zweifellos geht es bei all den Veränderungsbemühungen nicht ohne Begeisterung auf allen Seiten. Manch einer hat zwar schon geglaubt, dass eine Kampagne, viel Wortgewalt oder aufwendige Inszenierungen schon ausreichen, um die Belegschaft in Bewegung zu setzen. Doch sind nicht z. B. viele Leitbildveranstaltungen ohne jegliche Wirkung geblieben? Es zeigt sich häufig, dass Mitarbeiter sich nicht so leicht von Worten einfangen lassen, dazu braucht es Taten und Authentizität seitens der Verantwortlichen.

Die Praxis der Personalentwicklung sieht nichtsdestotrotz so aus, dass man glaubt, mit traditionellen Maßnahmen, wie z. B. einem Standardbildungsprogramm oder Einsparparolen, Mitarbeiter im Unternehmen halten zu können. Dagegen wird künftig ein Kernelement des *Employer Brandings* darin bestehen, dass die Bindung von Fachkräften im Unternehmen durch erfolgreiche Weiterqualifizierung geschieht.

2.1   Gesellschaftlicher Wandel

Gibt es in einer absehbaren Zukunft einen Fachkräftemangel? Das ist eine Frage, die viele umtreibt. Zwei Bewertungsebenen müssen in diesem Zusammenhang getrennt werden.

Zum einen haben wir eine faktische Seite mit einer statistischen Realität, wonach sich aufgrund des demografischen Wandels die für den Arbeitsmarkt zur Verfügung stehenden Humanressourcen deutlich verringern werden. Dies wiederum muss nicht gleichbedeutend sein mit einem zwangsläufig einsetzenden respektive sich verschärfendem Fachkräftemangel. Genauso wenig muss die Rekrutierung von Fachkräften dadurch erschwert sein, denn bei einem exzellentem *Employer Branding* wird der Zulauf zum erfolgreichen Unternehmen sicherlich weiterhin stabil bleiben. Aller Wahrscheinlichkeit nach wird es allerdings Unternehmen in der Weise treffen, dass sie Fachkräfte nur noch mit großen Anstrengungen gewinnen können respektive den Verlust durch ausscheidende Leistungsträger nicht mehr durch die Einbindung neuer Fachkräfte kompensieren können. Genauso können es Fehleinschätzungen und Fehlentscheidungen des Managements sein, die dazu führen, dass der Wissensverlust im Unternehmen nicht aufgehalten wird, dass der Wert des vorhandenen Humankapitals beständig abnimmt. Ganz am Rande sei nur erwähnt, dass es gewiss auch manches Mal dem Management gelegen kommt, den Fachkräftemangel vom Tisch zu wischen. So lassen sich Neueinstellungen aufschieben, ein anderes Mal lassen sich prophylaktische Maßnahmen schnell als unnötig abqualifizieren.

Zum anderen – in Bezug auf die zweite Bewertungsebene des Fachkräftemangels – scheinen die statistische Realität und die Einschätzungen von Sachverständigen obsolet zu sein. Danach muss jedes Unternehmen für sich entscheiden, ob es einen Fachkräftemangel verspürt und ob es aufgrund fehlender Fachkräfte eine Bedrohung der Geschäftsentwicklung sieht. Denn für die Unternehmung ist es grundsätzlich wichtiger, dass sie heute die Bedürfnisse der Kunden besser und erfolgreicher als der Wettbewerber erfüllen kann und auszumachen ist, was die Erfolgsfaktoren dieses Vorsprungs sind. Danach stellt sich die Herausforderung zu antizipieren, welches Wissen und welche Kompetenzen künftig die Mitarbeiter vorweisen müssen, damit ein Wissensvorsprung am Markt erhalten bleibt. Ist dieser Rahmen gesetzt, müssen die Entscheider überlegen, wie sie ihre Mitarbeiter ins Ziel bringen oder welches Know-how sie von außen hineinholen müssen. Kann extern kein neues Wissen gewonnen werden, sind Kompensierungsstrategien zu entwerfen. In diesem Sinne der Unternehmens- und Organisationsentwicklung gibt es gewissermaßen keinen

Fachkräftemangel, denn die Thematisierung des Problems ist ein rein deskriptiver Vorgang, der die Lösung nicht herbeiführen kann.

Diejenigen, die ob der herrschenden oder sich anbahnenden Rekrutierungsprobleme lamentieren, haben demnach nicht die eigentliche Herausforderung erkannt. Es wird wahrscheinlich so sein, dass in einer Unternehmung, in der Mitarbeiter durch Weiterqualifizierung Wertschätzung erfahren und in der eine Atmosphäre herrscht, die den Prozess des Wissen-teilens fördert, der Mangel an Fachkräften an und für sich ausbleiben muss. Und ist dann z. B. aufgrund umwälzender Veränderungen am Markt wider Erwarten noch neues Wissen von außen vonnöten, wird ein derartiges Personalentwicklungssystem, das auf den Säulen Wertschätzung, Unternehmens- und Lernkultur aufbaut, zu einem erfolgreichen *Employer Branding* gereichen und damit für den Rekrutierungsprozess förderlich sein.

Die Veränderung betrieblicher Altersstrukturen ist nicht nur wenig vertraut, sondern ebenfalls nicht selten unbequem, obwohl vieles dafür spricht, dass ein Unternehmen einen Wandel aus sich heraus anstrebt, anstatt das Heil allein darin zu sehen, dass durch die Einbindung neuer Mitarbeiter alles kompensierbar sein wird.

Gesellschaftliche wie politische Veränderungen hat es naturgemäß zu allen Zeiten gegeben. Doch der demografische Wandel stellt eine bedeutsame und zugleich einschneidende Entwicklung dar, die mehr als nur eine Auswirkung auf die Bevölkerungsstruktur hat.[1] Demografie-Check, Altersstrukturanalyse und demografiefeste Personalentwicklung sind nur einige Schlagwörter, die darauf hinweisen, dass für die Unternehmen eine derartige Veränderung der Bevölkerungspyramide, wie sie uns bevorsteht, nicht ohne Konsequenzen bleibt. Mit welchen Folgen im Einzelnen zu rechnen ist und was wirklich geeignete Maßnahmen zur Risikominimierung sind, steht an dieser Stelle nicht im Mittelpunkt. Genauso wenig muss hier deklariert werden, was eine demografiefeste Personalentwicklung leisten soll. Allerdings wird es schon notwendig sein, mögliche Einflüsse des demografischen Wandels auf die Organisationsentwicklung vorauszudenken. Größte Aufmerksamkeit erfährt in diesem Zusammenhang – und das nicht zu Unrecht – die Verbesserung der Beschäftigungsfähigkeit. Einerseits verbergen sich dahinter die Bemühungen, ältere Mitarbeiter bis zum Renteneintritt produktiv und wirtschaftlich einsetzen zu können, andererseits soll ebenfalls gewährleistet sein, dass Mitarbeiter z. B. mit der ansteigenden Geschwindigkeit im Wandel der Arbeitsbedingungen mithalten können. Es verwundert demnach nicht, dass IT-Kompetenzen, *Work-Life-Balance* oder Weiterbildung hoch im Kurs sind respektive an Bedeutung gewinnen.

---

[1] Da der demografische Wandel nicht mehr belegt werden muss (s. dazu Zahlen des Statistischen Bundesamtes – http://www.destatis.de [zugegriffen: 6. Okt. 2011]), soll an dieser Stelle nur auf die Publikationen des Bundesinstituts für Bevölkerungsforschung verwiesen sein: http://www.bib-demografie.de (zugegriffen: 6. Okt. 2011). Spezifisch auf die Bildungsarbeit ausgerichtet sind Armutat [2] zum lebensereignisorientierten Lernen, Antz et al. [1] zur intergenerationellen Bildungsarbeit oder Loebe und Severing [24] zur Wettbewerbsfähigkeit.

Kompetenzentwicklung steht natürlich in enger Beziehung zu den Schlüsselqualifikationen von Mitarbeitern. Diesbezüglich zeichnet sich ein besonderer Trend darin ab, dass die differenzierte *E-Competence*, also das generelle IT- und Technologie-Verständnis, immer mehr Beachtung findet im Zusammenhang mit den Schlüsselqualifikationen von Mitarbeitern. Es wird interessant sein, im Verlauf künftiger Projekte zu sehen, wie vor allem Ältere mit dieser Anforderung umgehen und wie diese an die IT-Welt herangeführt werden können.

▶   Dass ein Schlüssel der betrieblichen Weiterbildung im *so*-Lernen und damit mehr oder weniger auch im *E-Learning* liegt, steht außer Frage. Also, *E-Competence* fördern![2]

Es mag nicht verwundern, dass Anstrengungen, Überlegungen und Maßnahmen dennoch eher von der Unternehmensseite ausgehen. Die Mitarbeiter sind bisher weniger initiativ geworden, was deren Beschäftigungsfähigkeit betrifft. Dies bedeutet, dass eine zukunftsgerichtete Reaktion auf einen drohenden Ressourcenschwund denjenigen mit einbeziehen sollte, der zum Ausgleich des Defizits beitragen soll. Schließlich wollen die Unternehmen ja nicht in die Demografiefalle tappen, um in der wenn auch noch einige Jahre vor uns liegenden Zukunft mit leeren Händen im Hinblick auf das Humankapital dazustehen. Mit der Verknappung der Ressourcen wird sich bei den qualifizierten Bewerbern ein Selbstbewusstsein herausbilden, das die Unternehmen zur Restrukturierung ihrer Rekrutierungsprozesse zwingen wird.

Wandel in der Gesellschaft ist nicht allein bloße statistische Veränderung, Wandel vollzieht sich gleichfalls in Verbindung mit den Werten und Einstellungen. Für die Flexibilisierung von Mitarbeitern – letztendlich wird die Verbesserung der Beschäftigungsfähigkeit zugunsten flexiblerer Einsatzmöglichkeiten angestrebt – muss daher ein gesellschaftliches Fundament geschaffen werden. Die persönliche berufliche Entwicklung muss einen Wert darstellen und die Mitarbeiter müssen die Notwendigkeit, sich weiterzubilden, erkennen. Diese Form gesellschaftlichen Wandels braucht jedoch gegebenenfalls flankierende Maßnahmen, damit dieser Veränderungsprozess an Geschwindigkeit zunimmt. Denn die Mitarbeiter in den Unternehmen, die sich bisher nicht für ihr Weiterkommen oder für das betriebliche Lernen interessiert haben, werden nicht von heute auf morgen ihre Einstellung ändern.

So kann es zwingend sein, dass dieser Wandel in der Gesellschaft hin zu einem mündigen Mitarbeiter, der selbsttätig auf die wechselnden Anforderungen seines Arbeitslebens reagiert, einer besonderen politischen Förderung bedarf. Dies beginnt bei der öffentlichen Aufwertung der individuellen Kompetenzentwicklung und endet nicht bei der finanziellen Förderung privater Weiterbildungen. Es wird auch darum gehen, die Unternehmer, die Geschäftsführer und das Management nachhaltiger in die Pflicht zu nehmen und deren

---

[2] In der EU (und auch bei den Gewerkschaften) ist dieses Thema bereits angekommen, s. zum europäischen ITK-Qualifikationsrahmen u. a. http://www.na-bibb.de/uploads/publikationen_leonardo_da_vinci/projektinfoblatt_ldv_ict.pdf (zugegriffen: 6. Okt. 2011) und zum *European E-Competence Framework* unter http://www.ecompetences.eu/ (zugegriffen: 6. Okt. 2011).

Verantwortung für alle Mitarbeiter einzufordern. Ansonsten besteht die Gefahr, dass die Maßnahmen zur Wissenssicherung und zum Wissensausbau im Unternehmen sich gezielt nur an auserwählte Wissensträger richten, während die anderen aufgrund der Klassenbildung an der Wertschätzung ihrer Person zweifeln müssen. Alle Mitarbeiter in einem Unternehmen verdienen die Beachtung ihrer Potenziale, und es müsste das strategische Ziel sein, eine lebendige Lernkultur in einer positiv gestimmten Veränderungskultur aufgehen zu lassen.

2.2   Wandel in der Arbeitsorganisation

Jahrzehntelang ein und denselben Arbeitsplatz zu besetzen, dies ist seit langem passé. Produktzyklen sind nicht selten zu Eintagsfliegen geschrumpft, Unternehmensstrategien wechseln schneller als das Firmenlogo und Märkte können über Nacht ihr Gesicht verändern. Produkte, Materialien und Dienstleistungen wandeln sich zudem beständig, so dass Unternehmen einem unablässigen *Change*-Prozess unterworfen sind. Damit ist gleichzeitig der lebenslang garantierte Arbeitsplatz abgeschafft worden. Denn veränderte Arbeitsbedingungen und harte Marktanforderungen sind nicht mehr mit Anpassungsqualifizierungen kompensierbar. Produktionen müssen aus Kostengründen verlagert werden, neue Technologien erfordern ganz neue Berufsausbildungen.

Damit sind Veränderungen in der Arbeitsorganisation und nicht zuletzt in der der Organisationsstruktur unausweichlich. Mit Blick auf heutige wie heranwachsende Mitarbeitergenerationen reicht es nicht, die einfache Gleichung aufzumachen: neue Arbeitsbedingungen=neues Personal. Eine strategisch ausgerichtete Unternehmung, ein Unternehmen mit einer gewissen gesellschaftlichen Verantwortung und mit Kultur wird sich mit derartigen Kurzschlüssen nicht zufriedengeben. Allein der Verlust an Motivation in einer menschenverachtenden Arbeitsumgebung und das Ausbleiben von Facharbeiterschwemmen sind gewichtige Gründe, über neue Formen der Arbeitsorganisation nachzudenken.

Arbeitsorganisation ist nicht nur Prozesssystematisierung und Prozessoptimierung. Die Quantifizierung einer Prozessleistung mag gern in den Vordergrund gerückt werden, wenn es um die Organisation von Arbeitsabläufen oder die Gestaltung von Arbeitsplätzen geht, aber Arbeitsplatzorganisation wird bereits in näherer Zukunft ebenfalls Kernbestandteile wie Arbeitsplatzlernen und Flexibilisierung vorweisen. Insbesondere die Flexibilisierung macht deutlich, dass neben der Betrachtung des physischen Arbeitsortes gleichfalls dem Verhältnis von Mitarbeiter und Arbeitsplatz Beachtung gebührt. Damit wird das Bedeutungsspektrum der Arbeitsplatzorganisation in der Weise erweitert, dass von den Kompetenzen des Mitarbeiters ausgehend die Einsatzmöglichkeiten geprüft und die Gestaltung der Arbeitsbedingungen vorgenommen werden. Eng verknüpft mit einem Dynamisierungs- und Flexibilisierungskonzept gehört dann fast zwangsläufig zum Gesamtprozess individueller Arbeit der kontinuierliche Ausbau von Wissen und Fertigkeiten beim Mitarbeiter.

Grundlegende Elemente der Arbeitsorganisation sind u. a.:

- die Arbeitsaufgaben,
- die Betriebsmittel,
- die Zusammenarbeit der Mitarbeiter,
- die Aufgabenteilung,
- die Informations- und Kommunikationsprozesse,
- das Anreizsystem
- und die Führung.

Der Anspruch auf Vollständigkeit besteht bei dieser Liste nicht, daher sei an dieser Stelle auf das reichhaltige Literaturangebot verwiesen (beispielhaft hierfür: Borjas [9], Jost [23], Mehlis [25], Hartmann [20], Preis [28], Simon [35] und Ashenfelter [3–6]).

Wenn hier bezüglich der organisationstheoretischen Theoriebildung nicht zwischen dem institutionellen und funktionellen Organisationsbegriff differenziert wird, dann ist diese Unschärfe durchaus beabsichtigt. Denn gewiss sind es mehr die Ergebnisse einer Durchleuchtung der Organisation, die aus operativer Sicht interessieren. Derjenige, der im Unternehmen Organisationsentwicklung betreiben will, braucht letzten Endes Handhabungen, wie Arbeit und Lernen im vorhandenen Arbeitssystem zu organisieren sind, statt Abgrenzungen z. B. zur Institutionalisierung von betrieblichen Einheiten.

In Anbetracht der Arbeitsaufgaben als einem Kernelement der Arbeitsorganisation wird zunehmend der Aspekt der Flexibilisierung den Gestaltungsrahmen bestimmen.[3] In direkter Verbindung dazu stehen die Bemühungen zum Erhalt der Beschäftigungsfähigkeit (fachsprachlich meist unter der Bezeichnung *Employability* subsumiert).[4] Ein Arbeitssystem, das als Grundlage lernende Mitarbeiter haben soll, muss dann auch getragen werden von Anreizen und einem professionellen Führungsverhalten. Diese Bedeutungsverlagerungen innerhalb einer modernen Arbeitsorganisation und einer dynamischen Organisationsentwicklung verlangen nach der Erprobung neuer Maßnahmen.

2.3 Organisationsentwicklung

Wer Personalentwicklung ernst nimmt, muss Organisationsentwicklung betreiben. Damit soll zum Ausdruck kommen, dass eine auf die Zukunft gerichtete Personalentwicklung nicht ohne Organisationsentwicklung auskommt – was umgekehrt desgleichen gilt. Diese Interdependenz soll deutlich machen, dass Personal- und Organisationsentwicklung ein Ganzes sind, in dem beide Bereiche sich gegenseitig bedingen. Für eine starre Stabsorganisation türmt sich also schon einmal ein großes Hindernis auf.

---

[3] Siehe Bünnagel [13].
[4] Siehe auch Rump und Völker [30].

Gut und breit ausgebildete Mitarbeiter sind nicht nur flexibler, z. B. mit Bezug auf die Beschäftigungsfähigkeit, sondern sie können mit ihrer fachlichen Kompetenz die Innovationsfähigkeit des Unternehmens sichern, obgleich außer der Fachkompetenz im Hinblick auf die Innovation auch die Motivation des Mitarbeiters gefordert ist. Die strategische Kompetenzentwicklung und ein modernes Bildungsmanagement sind operative Schritte in eine erfolgreiche Zukunft, und dies sowohl für kleine und mittlere als auch für große Unternehmungen. Letzten Endes lässt sich das Humankapital im Unternehmen nur dadurch steigern, dass die vorhandenen Kompetenzen weiterentwickelt und die vorhandenen Ressourcen besser genutzt werden. Was die vorhandenen Ressourcen betrifft, muss man zuvorderst zwischen bisher nicht entdecktem verborgenen Potenzial und willentlich verstecktem Potenzial unterscheiden. Deshalb ist es für Unternehmen wichtig, die Bedeutung von Motivrastern und einer wirkenden Unternehmenskultur zu erkennen.

Die sich rasant verkürzenden Produktzyklen und sich munter verändernden Märkte bedingen flexible Mitarbeiter. Vielleicht sieht ein Zukunftsmodell auch dergestalt aus, dass Mitarbeiter auf mehreren Positionen im Unternehmen arbeiten. Dazu gehört natürlich auch eine entsprechende Qualifikation, und es ist auch wichtig, das Lernen wie die Lernkultur mehr ins Zentrum der Zukunftsstrategie zu rücken. Dennoch ist die berufliche Weiterbildung nicht das einzige Werkzeug, das in die Hand genommen werden muss, um die Flexibilisierung der Mitarbeiter voranzutreiben. Besondere Sensibilität erfordert die Organisationsentwicklung, denn der Wechsel des Arbeitsplatzes innerhalb des Unternehmens bedingt eine Organisationsstruktur, die vielen Faktoren gerecht werden muss. So kann es zum Wechsel des Vorgesetzten kommen, Weisungsbefugnisse sind klar zu regeln, der disziplinarische Vorgesetzte muss eindeutig benannt sein, arbeitsrechtliche Rahmenbedingungen müssen definiert werden, gegebenenfalls neue Kommunikationsstrukturen aus der Taufe gehoben werden und vieles mehr.

Die Vielseitigkeit tritt in den unterschiedlichst gelagerten Publikationen zutage. Im fachliterarischen Streifzug sind zu nennen: Gairing [17], Simon [35], Schuler [33, 34] (mit dem Fokus auf die Organisationspsychologie) und Preis [28] (zur Bedeutung innovativer Arbeitsformen auf die Arbeitsorganisation), Becker [7, 8] (dort u. a. der enge Zusammenhang zwischen Personal- und Organisationsentwicklung), Jost [23] (mit dem besonderen Bezug zur Motivation), Schreyögg [32] und Schiersmann und Thiel [31].

Wissenstransfer im Allgemeinen hat keine Krise, Unternehmen durchlaufen hin und wieder eine kritische Phase. Ist diese Phase mit Stellenabbau verbunden, rückt leider allzu oft der unternehmenskritische Aspekt des Wissenserhalts und der Wissenssicherung in den Hintergrund. Die Krise selbst ist das Zentrale, und das Wissen im Unternehmen interessiert zu diesem Zeitpunkt niemanden. Nähert man sich dem Wissen, sind zunächst verschiedene Blickrichtungen zu unterscheiden. Denn es gibt unternehmensspezifisches Wissen und individuumsbezogenes Wissen. Im Hinblick auf den Prozess des Wissenserhalts, der Wissenssicherung sind mehrere Phasen zu unterscheiden, die unterschiedliche operative Maßnahmen erforderlich machen. So ist in der Pre-Phase mit Bezug auf den Stellenabbau der Wissenserhalt, die Wissenssicherung am einfachsten zu bewerkstelligen, während in der Kündigungsphase (oder auch Trauerphase für den Betroffenen) die Methoden weitaus subtiler sein müssen.

Die Trennungsphase stellt dann eine ganz besondere Herausforderung dar, wenn Motivraster und Wissenseinkauf sich wirkungslos zeigen. Inwieweit man sich auf diese phasische Betrachtung einlässt oder eine andere wählt, ist letztlich unerheblich, da allein das Bewusstsein zählt, dass jede Phase ihre eigenen Maßnahmen erfordert. Und natürlich können Phasen aufgrund einer rasanten Entwicklung zusammenfallen. Die finale Phase sollte in jedem Falle von Vorsichtsmaßnahmen geprägt sein, die der Sicherung des Unternehmenswissens dienen. Die Drohung mit Vertragsstrafen wird dann nicht selten mit einem müden Lächeln quittiert.

Organisationsentwicklung ist Zukunftschance. Mittel- und erst recht langfristig wird sich das Bild des *Change-Managements* deutlich verändern. Während *Change* für viele meist mit Veränderungen in der Personalstruktur, kurzum mit Stellenabbau verquickt ist, muss demnächst wesentlich häufiger über Personalentwicklung nachgedacht werden. Denn zum Zwecke des Wissensausbaus können sich die Unternehmen nicht mehr so frei und einfach auf einem schier unübersichtlichen Bewerbermarkt bedienen. Fachkräftemangel und demografischer Wandel werden die Planung der Humanressourcen in der Weise bestimmen, dass die Flexibilisierung der Mitarbeiter in den Vordergrund rücken wird.

> Damit übernimmt die Personalentwicklung eine zentrale Rolle in der Personalstrategie, in Stichworten:
>
> - Lernen von morgen für morgen vorausdenken,
> - Potenziale leben,
> - unternehmerisches Denken und betriebswirtschaftliches Handeln für das Ideenmanagement nutzbar machen
> - und den denkenden wie handelnden Mitarbeiter als Zielpunkt setzen.

Change und damit *Change-Management* werden in Zukunft eine unternehmerische Konstante sein und eine durchgängige Herausforderung in der Unternehmensführung darstellen. Damit man diese Herausforderungen meistern kann, reicht es nicht, sich dem vielfältigen Theoriematerial hinzugeben. Die Vorbereitung auf *Change*-Prozesse gelingt nicht selten nur mit professioneller Unterstützung. Im Prozess des Wandels wird es wichtig sein, schnell die wichtigen und entscheidenden Kernelemente des Umbaus zu erkennen und die wichtigen Voraussetzungen wie hinreichende Bedingungen dafür zu schaffen. Die Rasanz in der technologischen Entwicklung und die immer kürzer werdenden Produktzyklen sind nur zwei, obschon gewichtige Gründe dafür, dem *Change-Management* im Unternehmen ein gutes Maß an Aufmerksamkeit zukommen zu lassen.

Da künftig wahrscheinlich davon auszugehen ist, dass das aktuelle Tempo aufrechterhalten bleibt, wird die Weiterentwicklung im Unternehmen zur Normalität. Während

Change-Prozesse in der Vergangenheit eher etwas Besonderes waren, fast misstrauisch begleitet oder angstbesetzt aufgenommen wurden, muss ein modernes *Change-Management* Strukturen schaffen, die Veränderungen den Charakter von Normalität verleihen. Vielleicht wird mit der Kultivierung von Wertschätzung und der Lernförderung im Unternehmen zugleich so viel Selbstwert bei den Mitarbeitern aufgebaut, dass Veränderungen nicht sogleich existenzielle Ängste lostreten. Sobald Lernen zur Konstante im betrieblichen Leben gereift ist, wird der stete Wandel als Chance verstanden, Neues zu lernen und sich weiterzuentwickeln.

Auf den ersten Blick hat die Organisationsentwicklung zwei Seiten. Zum einen versuchen Unternehmen, mittels strategischer Strukturveränderungen langfristig gesteckte Ziele zu erreichen. Zum anderen bekommt der *terminus technicus* einen faden Beigeschmack, wenn er eng an den Begriff *Change-Management* geknüpft ist. *Change* haftet etwas Dramatisches an, denn meist ist *Change* von der Dringlichkeit zur Veränderung geprägt. Einschneidende Maßnahmen zum Stellenabbau zählen auch dazu. Diese Form von Wechsel zeigt allein vordergründig Strategisches in der Weise, dass versucht wird, zu retten, was noch zu retten ist. Ansonsten ist *Change-Management* zudem noch häufig durch oberflächliche Betriebsamkeit geprägt.

Künftig muss jedoch Organisationsentwicklung im Verbund mit *Change-Management* deutlich mehr langfristig angelegte Prozessbausteine enthalten. Eine der Grundfesten zukunftsorientierter Unternehmensgestaltung wird z. B. die Flexibilisierung von Mitarbeitern sein. Es ist gewiss nachvollziehbar, dass Flexibilisierung sich nicht einfach deklarieren lässt. Somit erfährt die Organisationsentwicklung einen höheren Komplexitätsgrad, der wiederum detaillierte Teilprozesse und Maßnahmen erfordert. Auf die Flexibilisierung bezogen, bedeutet dies, dass u. a. Kompetenzmodelle, eine Personalentwicklungsstrategie und ein tiefgehendes *Profiling* notwendig sind, damit Flexibilisierung als Ziel überhaupt erst anvisiert werden kann.

2.4   Weiterbildung heute

Mag die Diskussion um die Weiterbildungslüge auch noch längst nicht verstummt sein, darf nicht aus dem Blick geraten, dass es sowohl Unternehmen mit einer vorbildlichen Bildungsorganisation als auch Mitarbeiter mit großem Engagement zur beruflichen Weiterentwicklung gibt. Was wohl nach wie vor mehr in der Kritik an der Weiterbildungssituation in Unternehmen steht, ist die planlose Verschwendung von Qualifizierungsgeldern und ein Verständnis von Weiterbildung, das mehr den Freizeitaspekt und den touristischen Charakter solcher Veranstaltungen in den Vordergrund stellt.

Schaut man einfach nur kritisch und ohne Polemisierungsabsicht auf die Personalentwicklung von heute, dann wird es wichtig sein, im Vorfeld zu entscheiden, was man warum analysieren will. Vor allem hat die Betrachtung der gegenwärtigen Personalentwicklungspraxis nur dann einen besonderen Wert, wenn der Bezug zur Zukunft und zum möglichen Veränderungspotenzial hergestellt wird.

Die üblichen und eher traditionellen Qualifizierungsmaßnahmen im Unternehmen mögen den derzeitigen Anforderungen an die betriebliche Kompetenzentwicklung genügen. Doch blickt man nach vorn, berücksichtigt die Rasanz technologischer Entwicklungen und will man dem demografischen Wandel gerecht werden, bleibt es zwangsläufig nicht aus, dass man sich verstärkt auch einer strategischen Personalentwicklung zuwenden muss. Experten, Facharbeiter und qualifizierte Mitarbeiter sind kein unbegrenzt nachwachsender Rohstoff. Daher muss das Konzept vom lernenden Mitarbeiter Kontur gewinnen.

Zurzeit ist die Situation in den Unternehmen häufig dergestalt, dass eine eher starre Bildungsorganisation ohne direkte Berührungspunkte neben der individuellen Entwicklung der Mitarbeiter existiert. Gewiss wird Qualifizierung meist in dem Bewusstsein organisiert, den Mitarbeiter individuell weiterentwickeln zu wollen. Dem stehen Phänomene entgegen, dergestalt, dass es z. B. Mitarbeiter gibt, die einen deutlich erkennbaren Mangel an Lerninteresse zeigen, oder dass z. B. ein durchgängiges System der Evaluierung von Weiterbildungsmaßnahmen fehlt. Es muss diesbezüglich nicht explizit und ausführlich erläutert werden, warum das Einsammeln von *Happy Sheets* (Seminarbeurteilungen/-bewertungen) längst noch kein adäquates Bildungscontrolling darstellt. Die Vergangenheit hat gezeigt, wie schwierig es ist, Konzepte zum lebenslangen Lernen und zur lernenden Organisation Wirklichkeit werden zu lassen. Es mag u. a. auch daran liegen, dass ähnlich wie im Falle der Bildungsorganisation die konzeptionellen wie theoretischen Fundamente wohldurchdacht errichtet werden, dass aber der Mitarbeiter, sei es als Einzelner oder sei es als Gesamtheit, zu wenig Beachtung erfährt.

2.5 Moderne Personalentwicklung

Was ist moderne Personalentwicklung? Wer diese Frage stellt, erhält zahlreiche Antworten, da – wie zu erwarten ist – unterschiedliche Blickwinkel existieren. Dies hat dazu geführt, dass es ebenfalls zahlreiche Publikationen zur modernen Personalwirtschaft gibt (s. insbesondere Thom und Zaugg [37]). Wenn diese Publikationen auch nicht immer explizit die Modernität in den Vordergrund stellen, so ist ihnen dennoch mit der Fokussierung auf Strategie, Praxis oder *Best Practices* das Zukunftsgerichtete implizit (s. z. B. Meifert [26], Speck [36], Bröckermann und Müller-Vorbrüggen [11], Bröckermann [10], Wegerich [38] und Riekhof [29]).[5]

Der Kampf um die besten Köpfe wird immer schwieriger, mit einem professionellen System zur Kompetenzentwicklung kann man wirkungsvolles *Employer Branding* betreiben. Ein Unternehmen beschäftigt nicht selten verschiedene Generationen von Mitarbeitern. Während früher und zum Teil heute noch die Identifikation mit dem Unternehmen ein Aspekt der Motivation war/ist, werden künftig die nachwachsenden Generationen

---

[5] Zu Grundlagen des Personalwesens s. Oechsler [27], Drumm [16], Hentze und Graf [21], Gaugler et al. [18] oder Hentze und Kammel [22].

andere und neue Kriterien bei der Wahl ihrer Arbeitgeber ansetzen. Schon heute zeigen Umfragen, dass die Entwicklungsmöglichkeiten einen besonderen Stellenwert erhalten haben. Da Entwicklung eng mit der Kompetenzentwicklung verbunden ist, müssen die Unternehmen sich noch mehr um ein professionelles System der Kompetenzentwicklung bemühen (s. auch Bünnagel: „Leistungsbeurteilung im Dreischritt" [12]). Es reicht nicht mehr, dicke Qualifizierungskataloge auf den Tisch zu legen, sondern umworbene Fachkräfte wollen sehen, wie man sich ganz gezielt um deren individuelle Weiterentwicklung bemüht. Das bedeutet, dass die Potenzialanalyse mehr als das Abarbeiten von Checklisten sein muss, dass Performanzanalysen durchgängig durchgeführt werden müssen und dass Personalentwicklungsgespräche mit ernstgemeinten Qualifizierungsvereinbarungen verbunden sein müssen.

Lernen mit Freude? Ja, man muss eine Vision haben. Mit der Überzeugung, dass sich auch mit Freude lernen lässt, soll nicht in unkritischer Weise der Leistungsgesellschaft das Wort geredet werden. Denn noch zu oft wird Lernen mit Leistung und Leistungserwartung gleichgesetzt oder möglichst in engen Zusammenhang gebracht. Doch Freude muss Lernen dem Grunde nach immanent sein, ohne dass irgendeine Art von Druck ausgeübt wird. Ein einfach gestricktes Belohnungssystem sollte ebenfalls nicht der Weisheit letzter Schluss sein. Und es ist nicht der Gipfel der Naivität oder der Vermessenheit, dass diese Freude am Lernen bis in die Arbeitswelt hinreichen soll. Es gilt auch nicht der Vorbehalt, dass die betriebliche Realität keinen Platz für Spaß hat und die Möglichkeiten der beruflichen Weiterbildung in den Unternehmen begrenzt sind. Jedem sollte klar sein, dass Veränderung, Flexibilität und Innovation eng an Lernen gekoppelt sind. Also werden Visionen gebraucht, damit erfolgreichem Lernen der Boden bereitet werden kann.

2.6   Web 1.0, Web 2.0, Personal 3.0

Eine starke Nachfrage und eine regelrechte Blüte erfährt derzeit das *Social Web* mit seinen unterschiedlichsten Ausrichtungen in Bezug auf das moderne Lernen. Die kritische Prüfung der aktuellen Angebote mag eher ernüchternd sein, dennoch birgt das *Social Web* Potenziale, zumal die neuen Mitarbeitergenerationen in dieser Welt aufwachsen. Die nächsten Jahre werden sicherlich gelungene Lösungen hervorbringen.

Vielleicht hilft der Kategorisierungsvorschlag nach Jane Hart [19] (*Social Learning Handbook, Part One*),[6] will man sich den durch das *Social Learning* gegebenen Lernmöglichkeiten annähern:

- formal structured learning (FSL) – learning in formal classrooms or on online courses
- personal directed learning (PDL) – learning by finding things out for or by oneself

---

[6] Umfangreiches Informationsmaterial und ausgesuchte Beispiele stellt Jane Hart auf den Internetseiten ihres Instituts unter http://c4lpt.co.uk/handbook/ (zugegriffen: 6. Okt. 2011) zur Verfügung.

- group directed learning (GDL) – learning by working with a team of other group of people to solve problems
- intra-organizational learning (IOL) – learning from everyone in the organization
- accidental & serendipitous learning (ASL) – learning without realizing it

Es ist klar, dass, wenn auch dieses Ordnungsprinzip schlüssig erscheinen mag, es letzten Endes ein rein deskriptiver Zugang bleibt. Eine wissenschaftliche Erklärung für das Wirkungspotenzial sowie eine taugliche Bemessung des Wirkungsgrades der neuen Lernformen stehen aus.

Das *Social Web* ist nicht allein wegen des Potenzials zum Wissenstransfer in den Brennpunkt gerückt, sondern auch wegen der immensen Möglichkeiten, ein wirkungsvolles *Employer Branding* zu betreiben. *Social Web* und *Social Learning* im Verbund mit *Web-Learning* ganz allgemein zeichnen sich vor allem dadurch aus, dass das interaktive Moment betont ist. Damit findet zugleich ein unmerklicher Übergang zur natürlichen Kommunikation statt. Der Wert dieser Natürlichkeit mag unterschiedlich bewertet werden. Dennoch findet ein Lernen mit neuen Medien statt, das nicht mehr durch isolierte wie individualisierte Lernsituationen gekennzeichnet ist. Das *Web 2.0* wird ohne Zweifel nur eine kurze Etappe auf dem Weg in eine neue Lernwelt bilden. Mit der Begrifflichkeit *Personal 3.0* soll dabei zum Ausdruck gebracht werden, dass in einem weiteren Schritt das Augenmerk auf die Weiterentwicklung der Möglichkeiten gelegt wird. So sind die neuen Medien noch eingehender aus Sicht der Lernforschung zu explorieren und so muss noch intensiver hinterfragt werden, was im Unternehmen Mitarbeiter antreibt, sich in den Wissenstransfer einzubringen. Denn es ist offensichtlich, dass zum Beispiel ein Unternehmens*wiki* nur eine Chance hat, wenn es Begeisterung oder zumindest Interesse bei den Mitarbeitern weckt.

Mit der Verschmelzung von Lernen und Unternehmenskommunikation, begünstigt durch die Errungenschaften des *Web 2.0*, ist eine Voraussetzung für eine ganz neue Lernwelt und eine neue Lernkultur geschaffen. Das Besondere liegt vor allem darin, dass durch die Auflösung der Strukturierung von Lernen gleichzeitig ein Dynamisierungspotenzial geschaffen wird, das Lernen abwechslungsreicher, bedarfskonformer und nicht zuletzt ebenfalls interessanter macht. Mit *Personal 3.0* erfährt überdies das Selbstlernen eine weitere Aufwertung, und zwar in dem Sinne, dass die Fähigkeiten zum Selbstlernen und die Methoden zu deren Förderung mehr Beachtung finden werden.

Bildungsmanagement braucht Visionen. Damit die betriebliche Weiterbildung effizient und wirkungsvoll ist, muss sie bedarfskonform und mitarbeiterspezifisch sein. Traditionelle Modelle der Bildungsorganisation erfüllen diese Anforderungen oft nur unzureichend. Die Förderung des *so*-Lernens kann eine Perspektive sein auf dem Weg zum mündigen Mitarbeiter. Diese Vision ist durchaus reibungsintensiv. Daher sind alle Beteiligten aufgefordert, die Möglichkeiten und Grenzen mitzudiskutieren.

2.7 Hemmnisse und Hindernisse

Jeder Wandel bedarf nicht nur der Bereitschaft zur Veränderung, sondern auch der Motivation des Einzelnen, sich verändern zu wollen. Mit der Motivation wird der Veränderungsprozess gewissermaßen aufrechterhalten. Denn die Energie, sich verändern zu wollen, stellt ein Potenzial zur Verfügung, das genutzt werden kann, Probleme zu lösen oder sich von Herausforderungen nicht abschrecken zu lassen.

Störfeuer können aus den unterschiedlichsten Richtungen kommen. Es liegt auf der Hand, dass eine stark verkrustete Unternehmensstruktur nicht allein durch den Willen zur Veränderung aufzuweichen ist. Eine lieb gewonnene Monotonie oder eine Ignoranz bis zur Borniertheit gegenüber der Notwendigkeit von Wandel können ein *Change*-Projekt schnell zur Sisyphos-Arbeit degenerieren lassen. Genauso wenig können lernentwöhnte Mitarbeiter zu wissbegierigen Wissensträgern umgepolt werden. Alle möglichen negativen Einflussgrößen können an dieser Stelle weder erfasst noch dargelegt werden. Allerdings werden mit ein paar Empfehlungen zum erfolgreichen *Change-Management* wesentliche Arbeitsfelder in der Vorbereitung von Veränderungen vorgezeichnet.

Wenn von Freude am Lernen die Rede ist, muss nicht selten vom Vorgesetzten als Spaßbremse die Rede sein. Dass nicht alle Führungskräfte geborene Führungskräfte sind, das ist weder eine Weisheit noch eine neue Erkenntnis, sondern leider die Realität. Diese Realität zu verändern, dazu bedarf es einer Entscheidung zwischen im Grunde genommen zwei Möglichkeiten:

► Entweder man verändert den Vorgesetzten hin zu einer Führungspersönlichkeit oder man schafft die Führungspositionen ab.

Wohlgemerkt, hier ist die Rede von Abschaffen und nicht von Ersetzen. Natürlich behagt die Vision von einer führungslosen Mannschaft kaum einem Unternehmenslenker, aber wenn die Abschaffung von Führungspositionen durch mehr Selbstverantwortung bei den Mitarbeitern kompensiert wird, dann steckt darin eine Menge Motivationspotenzial. Mitarbeiter lassen sich eben nicht zu mehr Leistung und zum Freisetzen ihres Potenzials stimulieren, wenn die Führungskraft durch ihr Verhalten ein derartiges Ansinnen schon im Keim erstickt. Selbst wenn die außer Kontrolle geratene Belegschaft kaum auf einen Produktionsbetrieb übertragbar scheint, so deutet sich dessen ungeachtet an, dass in wissensintensiven Branchen die Motivation der Mitarbeiter unabdingbar ist, und diese kann sich natürlich nur mit exzellenten Vorgesetzten oder vielleicht besser ohne jegliche Bevormundung ausbreiten.

Es mag ferner gewöhnungsbedürftig sein, dass die Mitarbeiter nicht nur das Bild, sondern auch die Zukunft des Unternehmens mitgestalten sollen. Bedeutet dies doch zugleich, dass die Mitarbeiter in Strategie- wie Kulturprozesse eingebunden sind und aktiv eingreifen. Sofort werden die Stimmen der Bedenkenträger laut, die darin mehr Verwaltung vermuten und kostenintensive Zusammenkünfte befürchten. Das Reservoir an Ideen und Entwicklungsmöglichkeiten, das diesem Veränderungsprozess zur Gemeinsamkeit innewohnt, wird in diesem Augenblick ausgeblendet respektive nicht wahrgenommen. Die Zukunft fordert dagegen ein wirkendes Ideen- und Innovationsmanagement im Unternehmen, was nicht ohne die aktive Mitwirkung der Mitarbeiter funktionieren kann.

Die größte Barriere hin zur Veränderung mag wahrscheinlich aus dem betrieblichen Zahlenwerk zusammengebaut sein. Demografischer Wandel, Fachkräftemangel, Wissensgesellschaft oder wissensintensive Dienstleistungen finden sich im Unternehmenscontrolling kaum wieder. Selbst wenn Demografie auf statistischen und damit mathematischen Größen basiert, heißt dies noch lange nicht, dass eine besondere Nähe zum Controlling besteht. Geht es dann um Investitionen, denen keine definiten Kennzahlen im Unternehmen gegenüberstehen, gestaltet sich die Argumentation für den Einsatz von Finanzmitteln recht schwierig. Dies müssen diejenigen, die für die Aufstockung von Bildungs- und Qualifizierungsbudgets plädieren, ständig erleben.

Die meisten Einwände im Hinblick auf das *so*-Lernen zielen auf die Mitarbeiter, die dazu nicht in der Lage wären, eine derartige Verantwortung zu übernehmen. Wer nichts verändern will oder wer keine Vision ertragen kann, dem kommt selbstverständlich jede, vor allem schnelle Ausrede gelegen. Wer nie etwas von Nachhaltigkeit und Wertschätzung gehört hat, mag auch *so*-Lernen nicht verstehen. Dieses Konzept erfordert keinen Mut, schon gar nicht zur Investition, allenfalls zur Veränderung. Wer sich in den tiefen Furchen der gewohnten Bahnen bewegen möchte, der wird mit hoher Wahrscheinlichkeit irgendwann den Fachkräftemangel im Unternehmen erleben. Schritt für Schritt, Stein für Stein, mit kleinen Maßnahmen lässt sich ohne weiteres eine große Veränderung anstoßen.

Exkurs: Es gibt keinen Fachkräftemangel

Gibt es einen Fachkräftemangel? Die knappe Antwort: Jein. Die vorhandenen demografischen Analysen wie Prognosen lassen sich nicht von der Hand weisen und am Ende auch nicht schönreden. Die Diskussion um das Schreckgespenst Fachkräftemangel braucht dennoch an dieser Stelle keine Fortsetzung. Im produzierenden Bereich wird das Unternehmenswachstum wohl am deutlichsten den Ausbau der personellen Ressourcen fordern, aber auch in der Dienstleistungs- wie in der Wissensgesellschaft kann Expansion eine gesteigerte Anstrengung bei der Rekrutierung von Fachkräften nach sich ziehen. Wenn der Arbeitsmarkt dann nicht mehr die erwarteten Kräfte zur Verfügung stellen kann, wird es zweifellos eng, ohne dass das Unternehmen direkt Versäumnisse beklagen muss – vorausgesetzt, dass eine derartige Entwicklung nicht erwartet werden konnte.

Wird die Diskussion um eine drohende Verknappung von Facharbeitern angesprochen (s. auch Bünnagel [15]), dann geschieht dies, weil die Stimmen lauter werden, dass es weder momentan noch in absehbarer Zukunft einen Fachkräftemangel gibt. Treiben die Unternehmen demnach heute und künftig wirklich inmitten einer Expertenschwemme? Muss noch einmal geprüft werden, was an der Angst vor den personellen Engpässen dran ist?

Warum die Zahl derer steigt, die den drohenden Fachkräftemangel in Abrede stellen, mag unterschiedliche Gründe haben. Einerseits rekrutieren immer mehr Unternehmen ausländische Fachkräfte, weil sie ihre hohen Ansprüche auf dem nationalen Markt nicht mehr erfüllen können, andererseits werden die Auswirkungen nicht nachwachsender Humanressourcen eher als eine kurz-, allenfalls als eine mittelfristige Unannehmlichkeit aufgefasst. Man kann immerhin – kurzfristig betrachtet – beispielsweise die Produktivität herabsetzen, indem man auf der anderen Seite zur Kostenoptimierung die Stellenschraube anzieht. So lässt sich vorübergehend eine Entspannung herbeiführen, die freilich aus strategischer Sicht eher bedenklich ist. Bei einem Qualitätsverzicht kann ein Unternehmen natürlich auch auf das Knowhow von Fachkräften verzichten und auf weniger qualifizierte Mitarbeiter setzen. Wenigstens lässt sich auf diese Weise relativ leicht eine punktuelle Ergebnisverbesserung erzielen, was vielleicht eher eine Ergebniskosmetik darstellt. Letzten Endes wird damit zumeist der Versuch unternommen, von Fehlentwicklungen abzulenken.

Anders sieht es jedoch aus, wenn ein Unternehmen eine ausreichend große Belegschaft in Lohn hält, die Notwendigkeit zur Flexibilisierung des Personals vor Augen hat und Beschäftigungsfähigkeit bis zur Rente längst ein Thema ist. Dann stellt sich zu Recht die Frage, warum nicht zum rechten Zeitpunkt aktiv nach Lösungen gesucht wird, statt jetzt wie in Zukunft zu lamentieren. Warum sollten nicht alle Mitarbeiter so gefördert werden, dass sie ein Höchstmaß an Flexibilität erreichen und deren Einsatzfähigkeit bis ins hohe Arbeitsalter gesichert bleibt? Können nicht auch vermeintlich Geringqualifizierte in einem wenn auch langwierigen Bildungsprozess an das Fachkräfteniveau herangeführt werden?

Oft ist es sogar so in den Unternehmen, dass ein Personalstamm durch die Betriebsjahre manövriert wird, ohne dass irgendwelche Personalentwicklungsmaßnahmen zur Weiterentwicklung der Mitarbeiter stattfinden. Diese Situation muss nicht immer allein aus Mangel an Angeboten entstanden sein, nicht selten lassen die Mitarbeiter Interesse an ihrer beruflichen Weiterentwicklung vermissen. Die Debatte darüber, wer nun den größeren Anteil an den Fehlentwicklungen hat, ist nicht zielführend. Es sei noch erwähnt, dass manche Personalentwicklungsmaßnahme seitens der Personalabteilung mehr aus Alibigründen vorgehalten wird, als dass eine individuelle und bedarfsorientierte Weiterbildung herausgearbeitet worden ist.

Ist die Ausgangssituation auch noch so desaströs, kann mit Wille und Konzept eine Wende herbeigeführt werden. Von strategischen Gesichtspunkten aus gesehen bleiben oft ja noch ein paar Jahre, um tiefgreifende Veränderungen umzusetzen. Wenn man also beginnt, bisher im Unternehmen gesammeltes Wissen bestenfalls zu kodifizieren oder zumindest von einem Mitarbeiter zum anderen zu transferieren, wenn man Wissen und Lernen im Unternehmen einen gebührenden Raum zuteilt sowie notwendige Ressourcen an die Seite stellt, dann lässt sich bereits heute dem einen oder anderen Fachkräftemangel der Zukunft vorbeugen.

Manchmal fehlt nur das Vertrauen in das vorhandene Potenzial, vielleicht muss auch die Einstellung dazu überdacht werden. Jedenfalls ist es in einer positiven Arbeitsatmosphäre und mit einem starken Gemeinsinn durchaus möglich, Herausforderungen gemeinsam zu bewältigen. Diejenigen, die in der Vergangenheit ihren Standort einfach ins Ausland verlagert haben, kommen auch nicht umhin, sich ein paar Gedanken zu machen, wie sie an qualifiziertes Personal gelangen wollen. Und diejenigen, die gern einmal in den sozialverträglichen Stellenabbau investiert haben, um sich von leistungsschwachen und älteren Mitarbeitern zu trennen, können sich bald nicht mehr auf einem unerschöpflichen wie unbegrenzt nachwachsenden Arbeitsmarkt Nachschub besorgen.

Ein Umdenken scheint unausweichlich, nicht zuletzt weil die künftigen Fachkräfte nicht mehr allein von Geld getrieben ihre Arbeitgeber auswählen werden. Der attraktive Arbeitgeber der Zukunft hat mehr zu bieten als üppige Einstiegsgehälter und Hochglanzbroschüren. Betriebliche Fortbildung und persönliche Entwicklungsmöglichkeiten nehmen schon heute einen breiten Raum ein bei der Entscheidungsfindung zugunsten eines Arbeitnehmers. Die Marschrichtung muss demnach klar sein:

▶   Fachkräfte bilden und binden – Zukunft aktiv und selbst gestalten.

Die Kritiker der Mangelhysterie bekommen Recht, wenn es weder zu Neueinstellungen noch zu außergewöhnlichen Anstrengungen bei der Rekrutierung kommt. Damit wird in dieser Situation für die Entscheider *de facto* kein Mangel an Fachkräften entstehen. Eine derartig kurzsichtige Einschätzung des demografischen Wandels provoziert, um es nochmals zu betonen, einen schleichenden Prozess der Stagnation und Regression im Unternehmen. Es ist in jedem Falle eine Tatsache, dass es in einigen Bereichen, Branchen und Berufssparten im Vergleich zur Vergangenheit deutlich schwieriger geworden ist, geeignetes Personal zu gewinnen. Operative Gegenmaßnahmen sind dagegen ein aktives Abwehrinstrument. Zu diesen Maßnahmen zählen die Qualifizierung und die Weiterbildung.

Mit moderner Wissenswirtschaft im Unternehmen kann dem Fachkräftemangel entgegengewirkt werden. Denn wer Mitarbeiter wertschätzt, der kennt kein Klagen und keinen Mangel an fähigen wie leistungsbereiten Mitarbeitern. Also warum nicht dem Fachkräftemangel ein Schnippchen schlagen? Fachkräftemangel hat in Deutschland oft nichts mit dem eigentlichen Fachkräftemangel zu tun, was bedeuten soll, dass es ohne weiteres in Deutschland Fachkräfte gibt, allerdings fehlt es nicht selten den Unternehmen an der Bereitschaft, diese vorhandenen Fachkräfte adäquat zu bezahlen. So verlässt man sich auf das Jammern, vielleicht in der Erwartung, dass der Staat irgendwelche Fördermöglichkeiten bietet.

Noch gibt es genügend Facharbeiter in Deutschland. Wenn der Trend zum billigen Leiharbeiter sich weiter fortsetzt und die Bereitschaft, eine Leistung leistungsgerecht zu entlohnen, weiter schwindet, dann werden diese Unternehmen einen veritablen Fachkräftemangel erleben. Dann werden allerdings keine ausreichend qualifizierten Leiharbeiter mehr da sein. Denn die Leiharbeiter von heute haben schon heute allzu oft das Nachsehen bei der betrieblichen Weiterbildung. Das heißt, sie werden sich nicht weiterentwickeln, ihre Marktchancen werden bedrohlich sinken und die Zweiklassengesellschaft wird Kontur annehmen.

Literatur

1. Antz, Eva-Maria, Julia Franz, Norbert Frieters, Annette Scheunpflug. 2009. Generationen lernen gemeinsam. Methoden für die intergenerationelle Bildungsarbeit. Bielefeld: Bertelsmann.
2. Armutat, Sascha (Hrsg.). 2009. Lebensereignisorientiertes Personalmanagement. Eine Antwort auf die demografische Herausforderung. Grundlagen – Handlungshilfen – Praxisbeispiele. Bielefeld: Bertelsmann.
3. Ashenfelter, Orley (Hrsg.). 1986. Handbook of labor economics/1, Amsterdam [u. a.]: North-Holland.
4. Ashenfelter, Orley (Hrsg.). 1986. Handbook of labor economics/2, Amsterdam [u. a.]: North-Holland.
5. Ashenfelter, Orley (Hrsg.). 2010. Handbook of labor economics/4A. Oxford: Elsevier.
6. Ashenfelter, Orley (Hrsg.). 2010. Handbook of labor economics/4A. Oxford: Elsevier.
7. Becker, Manfred. 2005a. Personalentwicklung. Bildung, Förderung und Organisationsentwicklung in Theorie und Praxis. 4. akt. u. überarb. Aufl. Stuttgart: Schäffer-Poeschel.
8. Becker, Manfred. 2005b. Systematische Personalentwicklung. Planung, Steuerung und Kontrolle im Funktionszyklus. Stuttgart: Schäffer-Poeschel.
9. Borjas, George J. 2010. Labour economics. 5. Aufl. Boston [u. a.]: McGraw-Hill/Irwin 2010.
10. Bröckermann, Reiner. 2009. Personalwirtschaft. Lehr- und Übungsbuch für Human Resource Management. 5., überarb. Aufl. Stuttgart: Schäffer-Poeschel.
11. Bröckermann, Reiner, Michael Müller-Vorbrüggen (Hrsg.). 2008. Handbuch Personalentwicklung. Die Praxis der Personalbildung, Personalförderung und Arbeitsstrukturierung. 2. überarb. u. erw. Aufl. Stuttgart: Schäffer-Poeschel.
12. Bünnagel, Werner. 2009d. Leistungsbeurteilung im Dreischritt: Potenzialanalyse, Performanzmessung, Kompetenzentwicklung. wissensmanagement. Das Magazin für Führungskräfte 8: 42–44.
13. Bünnagel, Werner. 2010a. Heute hier, morgen da – oder lieber hire and fire? *wissensmanagement*. Das Magazin für Führungskräfte 4: 28–29.
14. Bünnagel, Werner. 2010d. Handbuch zur Einführung einer modernen Wissenswirtschaft. Das Unternehmenswissen im Visier. München/Mering: Hampp.
15. Bünnagel, Werner. 2011b. Fachkräftemangel – ein Gerücht. PERSONAL. Zeitschrift für Human Resource Management 4: 26.
16. Drumm, Hans-Jürgen. 2008. Personalwirtschaft. 6., überarb. Aufl. Berlin/Heidelberg: Springer.
17. Gairing, Fritz. 2007. Organisationsentwicklung als Lernprozess von Menschen und Systemen. 4. neu ausgestattete Aufl. Weinheim: Beltz.
18. Gaugler, Eduard, Walter A. Oechsler, Wolfgang Weber (Hrsg.). 2004. Handwörterbuch des Personalwesens. 3. überarb. u. erg. Aufl. Stuttgart: Schäffer-Poeschel.
19. Hart, Jane. 2011. Social Learning Handbook. A practical guide to using social media to work and learn smarter. Corsham: Centre for Learning & Performance Technologies.
20. Hartmann, Ernst. 2005. Arbeitssysteme und Arbeitsprozesse. Zürich: ETH Zürich.
21. Hentze, Joachim, Andrea Graf. 2005. Personalwirtschaftslehre. Teil 2. Personalerhaltung und Leistungsstimulation, Personalfreistellung und Personalinformationswirtschaft. 7. überarb. Aufl. Bern/Stuttgart/Wien: Haupt. (UTB für Wissenschaft, 650).
22. Hentze, Joachim, Andreas Kammel. 2001. Personalwirtschaftslehre. Teil 1. Grundlagen, Personalbedarfsermittlung, -beschaffung, -entwicklung und -einsatz. 7. überarb. Aufl. Bern/Stuttgart/Wien: Haupt 2001. (UTB für Wissenschaft 649).
23. Jost, Peter-Jürgen. 2008. Organisation und Motivation: eine ökonomisch-psychologische Einführung. 2., aktual. u. überarb. Aufl. Wiesbaden: Gabler.

24. Loebe, Herbert, Eckart Severing (Hrsg.). 2005. Wettbewerbsfähigkeit mit alternden Belegschaften, Bielefeld: Bertelsmann.
25. Mehlis, Peter. 2008. Vom kreativen Chaos zur effizienten Organisation. Gestaltung und Regulierung hochqualifizierter Arbeit in IT- und Biotechnologieunternehmen. München/Mering: Hampp.
26. Meifert, Matthias T. (Hrsg.). 2010. Strategische Personalentwicklung. Ein Programm in acht Etappen. 2., überarb. u. aktual. Aufl. Berlin/Heidelberg: Springer.
27. Oechsler, Walter A. 2011. Personal und Arbeit. Grundlagen des Human Resource Management und der Arbeitgeber-Arbeitnehmer-Beziehungen. 9., aktual. u. überarb. Aufl. München: Oldenbourg.
28. Preis, Ulrich (Hrsg.). 2005. Innovative Arbeitsformen. Flexibilisierung von Arbeitszeit, Arbeitsentgelt, Arbeitsorganisation. Köln: Schmidt.
29. Riekhof, Hans-Christian (Hrsg.). 2006. Strategien der Personalentwicklung. Mit Praxisbeispielen von Bosch, Linde, Philips, Siemens, Volkswagen und Weka. 6. Aufl. Wiesbaden: Gabler.
30. Rump, Jutta, Rainer Völker. 2007. Employability in der Unternehmenspraxis. Eine empirische Analyse zur Situation in Deutschland und ihre Implikationen. Heidelberg: Physica.
31. Schiersmann, Christiane, Heinz-Ulrich Thiel. 2009. Organisationsentwicklung. Prinzipien und Strategien von Veränderungsprozessen. Wiesbaden: VS Verlag für Sozialwissenschaften.
32. Schreyögg, Georg. 2008. Organisation. Grundlagen moderner Organisationsgestaltung. Mit Fallstudien. 5. Aufl. Wiesbaden: Gabler.
33. Schuler, Heinz, (Hrsg.). 2004. Enzyklopädie der Psychologie D/III/3: Organisationspsychologie. Grundlagen und Personalpsychologie. Göttingen: Hogrefe.
34. Schuler, Heinz (Hrsg.). 2006. Lehrbuch der Personalpsychologie. 2., überarb. u. erw. Aufl. Göttingen: Hogrefe.
35. Simon, Walter. 2004. GABALS großer Methodenkoffer. Grundlagen der Arbeitsorganisation. Offenbach: Gabal-Verlag.
36. Speck, Peter (Hrsg.). 2009. Employability – Herausforderungen für die strategische Personalentwicklung. Konzepte für eine flexible, innovationsorientierte Arbeitswelt von morgen. 4., aktual. u. erw. Aufl. Wiesbaden: Gabler.
37. Thom, Norbert, Robert J. Zaugg (Hrsg.). 2008. Moderne Personalentwicklung, Mitarbeiterpotenziale erkennen, entwickeln und fördern. 3., akt. Aufl. Wiesbaden: Gabler.
38. Wegerich, Christine. 2007. Strategische Personalentwicklung in der Praxis. Instrumente, Erfolgsmodelle, Checklisten. Weinheim: Wiley.

Eckpfeiler einer zukunftsgerichteten Personalstrategie

3

Zusammenfassung

Das Wissen als Unternehmenskapital wird zunehmend zu einem Erfolgsparameter für die Unternehmensentwicklung. Von daher überraschte in der Vergangenheit nicht, dass sich das Wissensmanagement als Thema einer großen Beliebtheit erfreute. Mit dem Aufblühen der Theorien zum Managen von Wissen rücken auch dessen Erfolgsprinzipien ins Zentrum des Interesses – ein Fortschritt, der in diesem Kapital nochmals kurz aufgearbeitet wird. Darauf aufbauend wird Schritt für Schritt das Wirkungsgefüge des betrieblichen Lernens zusammengesetzt. Bestimmende Faktoren sind dabei die Schlüsselkompetenzen sowie die Kompetenzentwicklung und die Führungskräfte. Dass sie an exponierter Stelle auftauchen, hat seinen Sinn. Über einen kleinen Exkurs zur Mathetik, als Wissenschaft vom Lernen, führt der Weg zum selbstorganisierten Lernen mit seinen Prinzipien, mit seinen Strukturen und mit der Bedeutung der Reformpädagogik. Am Ende steht dann ein erstes und noch visionäres Konzept vom mündigen Mitarbeiter.

Viele Unternehmen kennen gar nicht die Verpflichtung, eine Personalstrategie oder sogar eine Personalentwicklungsstrategie zu entwerfen. Daher muss zuerst im Unternehmen und im Besonderen in der Unternehmensstrategie überprüft werden, inwieweit Personal, Humankapital und Kompetenzmanagement eine Rolle spielen. So muss also im Zukunftsszenario deutlich erkennbar sein, wie durch die Mitwirkung der Werktätigen und die Förderung von Mitarbeiterpotenzialen Unternehmensziele erreicht und Marktanteile erkämpft werden.

Erst mit diesem Rüstzeug kann die Ausformung der Unternehmenskultur begonnen werden, die andererseits den Ausgangspunkt für den Aufbau der Lernkultur bildet. Im Mittelpunkt all des Handelns zur Kulturschaffung steht die Wertschätzung der Mitarbeiter. Rund um die Wertschätzungskultur kann sich jedoch nur dann eine fruchtbare Kultivierung des Unternehmens vollziehen, wenn die Erfolgsfaktoren den Handelnden bewusst sind und durchgängig ihr Tun prägen (s. Abb. 3.1).

Die hier als Erfolgsfaktoren gewerteten Bestandteile der Wertschätzungskultur sind in der operativen Umsetzung von Kultur jeder für sich genauso ein Erfolgsprinzip. Eine de-

W. Bünnagel, *Selbstorganisiertes Lernen im Unternehmen*, DOI 10.1007/978-3-8349-4264-7_3, © Gabler Verlag | Springer Fachmedien Wiesbaden 2012

Abb. 3.1 Kulturlandschaft im Unternehmen

skriptive Abgrenzung der einzelnen Prinzipien ist durchaus möglich, trotzdem hier nicht zielführend. So kann Wertschätzung ohne weiteres als isoliertes Prinzip betrachtet werden, auf der anderen Seite wird Wertschätzung nicht ohne Offenheit und Vertrauen zustande kommen, wobei Vertrauen ebenfalls Transparenz und Aufrichtigkeit erfordert. Etwas ausführlicher werden die Erfolgsprinzipien weiter unten dargestellt.

3.1   Der Faktor *Wissen*

Die Industriegesellschaft mit den befehlshörigen Mitarbeitern ist längst passé. Wissen ist Wettbewerbsfaktor und Wissensgesellschaft ist längst akzeptierte Realität. Dennoch ist Wissen zunächst nur ein Konstrukt, und es bedarf schon einiger Detailarbeit, sich diesem Konstrukt zu nähern und den Begriffswirrwarr für die unternehmensspezifischen Belange aufzulösen, indem eine auf Pragmatik ausgerichtete Definition zur Arbeitsgrundlage errichtet wird.

Welche Bedeutung hat der Faktor *Wissen*? Wissen ist zunächst einmal – wie erwähnt – keine statische Größe, vielmehr handelt es sich um ein dynamisches Kontinuum, das ständig Veränderungen unterworfen ist. Dabei ist es unerheblich, ob es sich um explizites oder implizites Wissen, um erkennbares oder verdecktes Wissen handelt. Wissen unterliegt vielen Variablen und Einflussfaktoren, so dass es nicht leicht ist, sich auf definitorischem Wege diesem Konstrukt zu nähern. Daher ist es auch besser, wenn man von der Kybernetik des Wissens spricht. Damit soll zum Ausdruck kommen, dass es die Veränderungsfaktoren sind, die uns interessieren.

Zweifellos muss in einem ersten Schritt eine Entscheidung getroffen werden, worauf Maßnahmen abzielen wollen. So ist die Bearbeitung erkennbaren Wissens, wie z. B. werte Unternehmensdaten oder explizites Prozesswissen von Mitarbeitern, wesentlich leichter zu handhaben, da die Informationen, die Wissensrepräsentationen in Form von konkreten Daten vorliegen. Solche formalisierten Wissensobjekte lassen sich dann einfach mit Datenarchivierungs- und Datenmanagement-Werkzeugen bearbeiten (zur Differenzierung von Wissenspräsentationen s. auch weiter unten Abb. 5.5).

Diese Annäherung an das Thema *Wissen* ist noch sehr theoretisch und rein deskriptiv. Im Rahmen der Unternehmensführung muss es mehr interessieren, wie man das Wissen managen kann. Ein Aspekt ist dabei die Bildungsorganisation im Unternehmen.

Letztlich liegen auch die Ökonomisierung von Bildung und die Aufwertung des Faktors *Wissen* vollends im Zukunftstrend. Damit an dieser Stelle nicht der Eindruck entsteht, dass es sich bei den Zukunftsszenarien um bloße Spekulationen handelt, sei z. B. auf Studien der Deutschen Bank verwiesen. Deren Unternehmensbereich DB Research hat in vielen umfangreichen Analysen wesentliche Trends herausgearbeitet, die unser Leben morgen entscheidend bestimmen werden. Ein paar ausgewählte Trends werden hier kurz angerissen, damit die Notwendigkeit klar wird, bereits heute an morgen zu denken. So besagt z. B. die *Studie Deutschland im Jahr 2020. Neue Herausforderungen für ein Land auf Expedition*[1] (und das nur auszugsweise), dass

- die Ökonomisierung der Bildung an Bedeutung gewinnt,
- sich die Wissensgenerierung beschleunigt,
- der Nachwuchsmangel spürbar wird,
- die Technologisierung des Alltags weiter voranschreitet,
- die Grenzenlosigkeit sich nicht mehr stoppen lässt,
- Kooperationsbewusstsein und -bereitschaft unumgänglich sein werden,
- Projektkooperationen zur Selbstverständlichkeit werden,
- damit letztlich die gelebte Projektwirtschaft zum Erfolgskriterium wird,
- Offenheit, Explorativität und Kreativität von Teammitgliedern zum Standard werden,
- die Bürger eigenständiger und die Konsumenten selbstständiger werden
- und dass die Mitarbeiter selbstverantwortlich ihre Arbeit gestalten.

(Quelle: Deutsch Bank Research, s. Publikationen unter www.dbresearch.de, aus der Studie *Deutschland im Jahr 2020. Neue Herausforderungen für ein Land auf Expedition*).

Die Entwicklung einer Unternehmung wird nicht allein vom Management irgendeines diffusen Wissens abhängen, sondern vielmehr vom Management der einzelnen Wissensträger. Damit erhält Wissensmanagement wieder einen deutlichen humaneren Aspekt als das rein kennzahlenorientierte Bildungscontrolling, wie es zurzeit präferiert wird. Mit dem

---

[1] Siehe auch in dem am Kapitelende angefügten Quellenverzeichnis unter Hofmann et al. [62].

Abb. 3.2 Bezugspunkte des betrieblichen Humankapitals

Einzelnen rücken individuelle Potenziale in den Vordergrund, die einem zunehmenden Innovationsdruck standhalten helfen.

Fast schon allgemeingültig ist die Aussage, dass das Wissen der Mitarbeiter das Zukunftspotenzial des Unternehmens ist.[2] Mag es dem einen oder anderen zu pathetisch klingen, deutet doch die Hinwendung zum Mitarbeiter auf ein Umdenken hin. Während in zurückliegenden Zeiten die Produktivkraft eher ein physisches Maß war, wird mit der intellektuellen Leistung eine neue Bewertungssphäre geöffnet. Somit erfährt das Potenzial des Mitarbeiters mehr Aufmerksamkeit, denn die intellektuelle Leistungsfähigkeit kann wie jede Ressource nutzbar gemacht werden für die Steigerung des unternehmerischen Erfolgs. All dies fließt zusammen in der Gesamtheit des betrieblichen Humankapitals. Die Bezugs- sowie die Betrachtungspunkte können kaum mannigfaltiger sein, so reichen die externen Einflussgrößen (s. Abb. 3.2) vom Wertewandel bis zum *Employer Branding* (als Zukunftsaspekte), strategisch betrachtet von der Globalisierung bis zur Konsolidierung der Projektwirtschaft (als Zielrichtungen) und bezogen auf den Mitarbeiter bzw. auf dessen Schlüsselqualifikationen von der Lernkompetenz bis zur Kreativität.

Zur Sicherung des humanen Kapitals und zur Gewinnung der vorhandenen Ressourcen bedarf es außer einer Strategie auch neuer Wege. Dabei ist es nicht allein der demografische Wandel, der zum Handeln auffordert, vielmehr zwingt schon die mehrfach erwähnte Dynamik in der Entwicklung von Markt und Technologie dazu, dass Geschäftsführung und Mitarbeiter gemeinsam an der Zukunft des Unternehmens arbeiten. Ziel ist es, Ideen und Innovationen durch Vernetzung von Wissen entstehen zu lassen.

Ist Wissen als Zukunftsfaktor etabliert, muss es folglich auch als Zukunftskapital gelten. Dies impliziert die Notwendigkeit zur Wissenssicherung und zum Wissensausbau.

---

[2] Dass Wissen einen Wettbewerbsvorteil darstellt, ist schon vor längerer Zeit realisiert worden (vgl. Pawlowsky [98]).

Den Wissensausbau allein durch standardisierte Bildungskataloge oder externe Qualifizierungsmaßnahmen abzubilden, wird bald nicht mehr ausreichen, um den steten Veränderungen gerecht zu werden. Mitarbeiter müssen mittels effizienter, bedarfskonformer Qualifizierungsmethoden auf Stand gehalten werden. Die virtuelle Welt mit Unternehmens*wikis* und Lernplattformen bietet diesbezüglich einen ersten Ansatz und die Möglichkeiten für eine moderne Wissenswirtschaft.

Wissen schafft Zukunft – das muss das Credo der Unternehmensstrategie sein. Dazu braucht eine sich verändernde Arbeitswelt einen Nachwuchs, der es versteht, selbstständig Aufgaben zu bearbeiten, selbstorganisiert zu lernen und sein Wissen mit anderen auszutauschen. Dafür müssen die Schulen neue Wege in ihrer Bildungsarbeit gehen, um ihre Schüler auf eine Arbeitssituation vorzubereiten, in der Lern- und Entwicklungskompetenz genauso gefragt sind wie die Befähigung zur Teamarbeit und zum Wissenstransfer. Auf der Basis eines reformpädagogischen Ansatzes sind schon vielfältigste Modelle entworfen worden, in denen gerade Lernen-lernen und Wissen-teilen zentrale Bildungsinhalte sind.

Der moderne Arbeitsmarkt wird geprägt sein durch ein ganz neues Bündel von Anforderungen, die Unternehmen an ihre Mitarbeiter stellen. Dynamisierung und Flexibilisierung bestimmen immer mehr unser Leben und letztendlich auch unser Arbeiten. Das bedeutet, dass Mitarbeiter ganz andere Qualifikationen und Kompetenzen mitbringen müssen, als dies bis heute der Fall war. Mit der Dynamik verändern sich Arbeitsbedingungen ständig. Wenn in diesem Zusammenhang dann die Flexibilisierung der Mitarbeiter gefordert wird, dann ist dies doppeldeutig, weil vom Mitarbeiter außer einer schnellen Anpassung gegebenenfalls zugleich ein Wechsel der Arbeitsumgebung gefordert werden wird. Wechselnde Teams und wechselnde Arbeitsplätze stellen für Mitarbeiter eine große psychologische Herausforderung dar. Die Eignung dazu kann nicht einfach vorausgesetzt werden.

Was unser schulisches Bildungssystem betrifft, so müssen diesbezüglich von Anfang an selbstorganisiertes Arbeiten und die Erprobung der eigenen Stärken wie Schwächen Dreh- und Angelpunkt der pädagogischen Arbeit sein. In einer Atmosphäre von Förderung, Zuspruch und Wertschätzung haben Schüler vielfältige Gelegenheiten, eine realistische Selbst- und Potenzialeinschätzung herauszubilden. Früh wird neben der projektorientierten Arbeit die Fähigkeit herausgebildet, im Team Aufgaben zu bewältigen und Lernthemen zu bearbeiten. So können sich neben Lernen-lernen als einer zentralen Kompetenz genauso Erfahrungen entwickeln, wie Wissen an andere weitergegeben werden kann. In dieser Idealisierung steckt gleichermaßen eine Chance. Da jedoch den reformpädagogischen Bildungskonzepten mit diesen Stärken zurzeit die entsprechende Verbreitung fehlt, müssen die Unternehmen eine Kompensierung schaffen. Denn Wissen braucht auch Wissensausbau und dies geht nur mit Hilfe von Wissenstransfer im Allgemeinen und Lernen im Besonderen.

Der Faktor *Wissen* wird eine stetig größer werdende Rolle in den Unternehmensstrategien spielen, was sich gleichfalls in den Kompetenzrastern für den idealen Mitarbeiter widerspiegeln wird. Selbstständigkeit, Eigenverantwortlichkeit, kommunikative wie soziale Kompetenz, Lern- wie Entwicklungskompetenz und eine ausgeprägte Handlungs- wie Problemlösefähigkeit sind die Merkmale eines ganz besonderen Bildungskanons, der näher an der Zukunft des Arbeitens ist, als manch einer dies zu ahnen vermag. Bis das Ideal Wirklichkeit wird, müssen also Interimslösungen geschaffen werden.

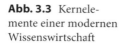

Abb. 3.3 Kernele-
mente einer modernen
Wissenswirtschaft

3.2 Die moderne Wissenswirtschaft und Modelle des Wissensmanagements

Wissenswirtschaft ist nicht Lernwirtschaft. Dieser programmatische Satz ist allen weiteren Ausführungen vorangestellt, weil die moderne Lernwirtschaft sich weitestgehend verselbstständigt und zum Teil richtige Inseln entwickelt hat. Allein die Diskussion um das
Social Web mag Beispiel genug sein, wie stark gegenwärtig beim neuen Lernen auf einen
kleinen Ausschnitt fokussiert wird. Darüber hinaus haben die aktuellen Galionsfiguren der
neuen Lernwelt, wie z. B. *Social Web*, *Social Learning*, *Web 2.0* und *Massive Open Online
Course* (MOOC), so viel Komplexität erreicht, dass sie kaum noch von den Personalverantwortlichen in das Tagesgeschäft integriert werden können. Dies sagt nichts zum Wert
dieser Modelle und Instrumente aus, sondern soll nur ein wenig zur Abgrenzung einer
modernen Wissenswirtschaft dienen, deren Hauptaugenmerk auf der Pragmatik einer
Wissenswirtschaftstheorie liegt. Elemente aus dem neuen Lernen und der Einsatz der
neuen Medien sind in der modernen Wissenswirtschaft sogar Programm, denn im Rahmen von Flexibilisierung des Lernens und Forderung nach Kostenoptimierung müssen
alle Möglichkeiten zum individuellen und selbstgesteuerten Lernen geprüft respektive ins
Bildungsmanagement eingebaut werden.

Für die Segmentierung einer modernen Wissenswirtschaft ist es unverzichtbar, dass
zunächst einzelne Arbeits- und Prozessbereiche unterschieden werden (s. Abb. 3.3 und
vgl. Bünnagel, S. 11 [20]). Im Rahmen der Operationalisierungen von Zielen einer modernen Personalentwicklung mag es dann ohne Zweifel als überdimensioniert empfunden
werden, alle Kernkomponenten in eine Ausarbeitung von Umsetzungsschritten einzube-

ziehen. Dies ist auch nicht notwendig, denn z. B. die Strategiefindung und die Evaluierung wie das Controlling von Bildung sind eigene Baustellen auf dem Weg zur Errichtung eines professionellen, zukunftsgewandten Personalmanagements.

Bildungsmanagement ist nur ein Ausschnitt aus dem Ganzen, allerdings ein Teil, der nie ohne die Berührungspunkte zu den anderen Modellkomponenten gesehen werden sollte. Bildung im Unternehmen ist gleichfalls ein Gesamtprozess, der aus vielen unterschiedlichen Prozesskomponenten besteht. Nimmt man daraus das Lernen im Unternehmen als einen Ausschnitt, müssen in einer modernen Betrachtung der Dinge die bestehenden Konzepte auf den Prüfstand gestellt werden. So gehört zur Neuorientierung im Lernmanagement zweifellos, dass man sich vom herkömmlichen Denken in Lernmanagement-Konzepten und von der Institutionalisierung entfernt. Als Reaktion darauf etabliert sich im Angloamerikanischen eine Differenzierung nach *personal learning environment* (PLE), *personal learning network* (PLN), *personal learning environments networks and knowledge* (PLENK), *learning management system* (LMS) oder *virtual learning environment* (VLE).[3] Es ist wichtig festzuhalten, dass es dabei nicht um eine inhaltliche Abgrenzung geht, sondern um die Vielfalt der Herangehensweisen.

Mit der modernen Wissenswirtschaft im Unternehmen im Allgemeinen und einem bedarfskonformen Bildungsmanagement im Besonderen kann dem drohenden Fachkräftemangel und der Demografiefalle ausgewichen werden. Wer Mitarbeiter wertschätzt, und dies ist eine der großen Arbeitsmaximen innerhalb dieses Ansatzes, kennt keinen Fachkräftemangel. Somit stellt sich die Frage, welche Schritte zu einer zukunftsorientierten Personalwirtschaft führen.

Eine erste Annäherung an die moderne Wissenswirtschaft bietet das nachfolgende Prozessmodell. Diese wenn auch pauschalisierte Betrachtungsweise macht in jedem Falle sensibel für den Prozesscharakter des Modells sowie die gegenseitige Durchdringung der Prozesse (s. Abb. 3.4 und vgl. Bünnagel, S. 26 [20]).

Obgleich die Darstellung der modernen Wissenswirtschaft in dieser Komprimierung den Eindruck hinterlässt, dass sie sich stark an weichen Faktoren ausrichtet, muss mit Nachdruck darauf verwiesen werden, dass Datenintegrität wie Datenmodellierung ebenfalls Bestandteile der Modellbildung sind. Trotzdem findet keine Reduzierung auf ein reines Datenmanagement statt, was der Komplexität und der Reichweite eines angewandten Wissensmanagement außerdem nicht gerecht werden würde.

Neben der hier skizzierten modernen Wissenswirtschaft existieren noch eine Reihe von Wissensmanagement-Modellen, die entweder von vergleichbaren Ansätzen ausgehen oder als Weiterentwicklung der bestehenden Theoriebildung zu verstehen sind. Immer wieder werden im Zusammenhang mit den Grundlagen des Wissensmanagements die Modelle von Probst et al. [102], Mandl und Reinmann-Rothmeier [78], 79] und North [95] angeführt.

---

[3] Siehe u. a. bei Attwell [10] oder als Download im Internet unter http://www.elearningeuropa.info/files/media/media11561.pdf (zugegriffen: 6. Okt. 2011), s. auch unter https://tekri.athabascau.ca/content/personal-learning-environments-networks-and-knowledge (zugegriffen: 06. Okt. 2011), http://connect.downes.ca/ (zugegriffen: 6. Okt. 2011) oder bei Weller [119].

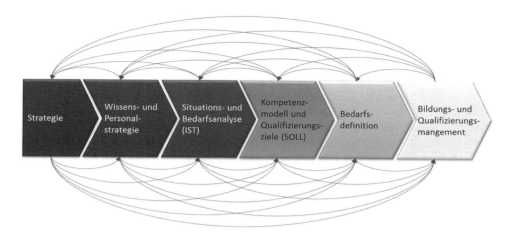

Abb. 3.4 Prozesse der modernen Wissenswirtschaft

Wiederum in einer exemplarischen Auswahl, die das gesamte Spektrum der Wissens-
management-Theorien abdecken soll, wird ferner ein Lektüreangebot für diejenigen
unterbreitet, die noch eine Annäherung an das Thema suchen: Nonaka und Takeuchi [93,
94], Davenport und Prusack [26, 27], Mandl [75, 76] sowie Mandl und Reinmann-Rothmeier [79], Lüthy et al. [74], Bellmann et al. [14], Falk [44], Dibbern und Müller [36],
Staiger [116], Mertins und Seidel [82], Gronau et al. [58] Meyer-Ferreira [83].

Will man moderne Wissenswirtschaft im Unternehmen betreiben, startet man am besten mit einem Check. Zu den initialen Prozessen der Einführung einer modernen Wissenswirtschaft zählt dabei die Standort- oder Ist-Analyse. Denn Wissenswirtschaft braucht
notwendige und hinreichende Rahmenbedingungen. Zum Umfang des *Startup-Checks* als
Zugang zur Bestimmung der Ausgangssituation gehört eine Checkliste, die die wichtigsten Komponenten stichwortartig zusammenfasst. Diese Liste kann zum einen helfen, eine
Einschätzung der Sachlage vorzunehmen, und zum anderen die am Einführungsprozess
Beteiligten für die Säulen der erfolgreichen Wissensarbeit sensibilisieren. Der Kern des
Startup-Checks besteht aus vielen Komponenten. Zu den wesentlichsten gehören Vertrau-
en und Wertschätzung, Kommunikation und Transparenz, Strategie und Kultur, Führung
und Wissensmanagement.

Jedes Unternehmen kann für sich klären und bewerten, ob und inwieweit die genannten Merkmale vorhanden respektive ausgeprägt sind. Es ist dabei zweifelsohne nicht über-
raschend, wenn dem einen oder anderen Kriterium bislang noch keine Bedeutung beige-
messen wurde. Zu Prinzipien als Grundlage einer erfolgreichen Umsetzung werden diese
Merkmale, sobald sie in Zusammenhang mit den Zieldimensionen gesetzt werden. Dies
bedeutet, dass es zum Strategiehorizont einer Unternehmung gehören muss, die Identifikation mit dem Unternehmen zu fördern und Motivationsanreize zur Leistungserbrin-
gung wie -steigerung zu bieten (s. Abb. 3.5).

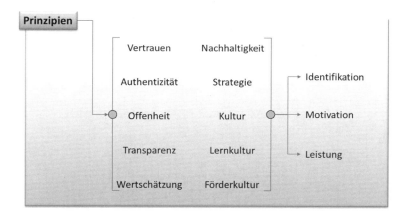

Abb. 3.5 Erfolgsprinzipien der modernen Wissenswirtschaft

Auf der Basis dieser Erstprüfung entsteht dann eine Aktionsmatrix, mit der vermittelt werden soll, welche operativen Schritte zum effizienten und wirkungsvollen Wissenstransfer sowie zur nachhaltigen Wissenssicherung unabdingbar sind.

In der Personalentwicklung im Besonderen gibt es genauso Pflichten wie im Personalmanagement im Allgemeinen. Damit ist eine Verantwortung gegenüber den Mitarbeitern gemeint. Es sollen nun nicht aus Gründen der Redundanzfreude die oben genannten Charakteristika einer modernen Wissenswirtschaft einfach noch einmal wiederholt werden. Vielmehr dient die zweite Stufe der Systematisierung von Erfolgsprinzipien der Anschaulichkeit und der Verdeutlichung von Wirkungszusammenhängen.

3.3   Die Erfolgsparameter in der modernen Wissenswirtschaft

Eine Kultur lässt sich weder verordnen noch allein durch das Einführen etablieren. Kultur bedingt die Kultivierung. Brachland muss erschlossen werden, indem Überflüssiges aussortiert und der Boden für die Saat vorbereitet wird. Die Bestellung des Feldes kann umfänglich oder punktuell sein, das hängt allein vom Zeitplan und von den Zielen ab. Im Zusammenhang mit einer wirkungsvollen Lernkultur bedeutet dies, dass Lernen im Unternehmen in der Strategie verankert wird und dass ausreichend Lernmöglichkeiten bereitgestellt werden.

Doch Kultivieren hört nicht mit den Vorbereitungen auf. Daher muss es einen Plan geben, was wann wie und wie oft gepflanzt wird. Für das Bildungsmanagement im Unternehmen bedeutet dies, dass es nicht reicht, eine Strategie zu entwerfen und von Kultur zu reden. Kultivierung ist Operationalisierung unternehmensbezogener Bildungsziele und das bedeutet, dass derjenige, der etwas etablieren möchte, etwas tun muss. Er muss seine Saat pflegen und hegen. Viele Personalentwickler verstehen sich nicht als Züchter, obwohl diese Aufgabe fundamental für die Personalentwicklung ist. Denn Kultivierung erfordert

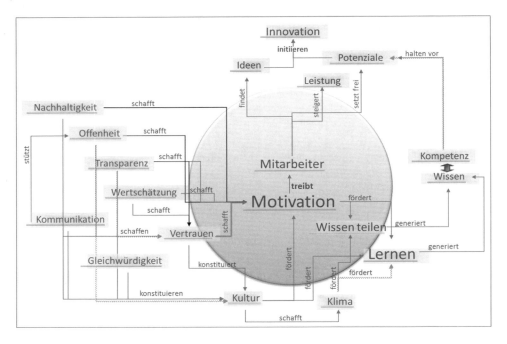

Abb. 3.6 Erfolgsprinzip Motivation

auch Einfallsreichtum, da erst aus der Kreuzung von Vorhandenem Neues entstehen kann. Und Kultivierung bedeutet genauso, nach vorne zu blicken und zu überlegen, was man mit der Ernte macht. Damit es auch zur Ernte kommt, muss darauf geachtet werden, dass die Saat geschützt ist und dass sie genügend Nährstoffe zum Wachsen erhält.

Die wechselseitige Durchdringung der Prinzipien muss in Verbindung mit dem interdependenten Verhältnis sowie dem Zusammenspiel von Erfolgsprinzipien und Motivation noch deutlicher zum Ausdruck gebracht werden (s. Abb. 3.6).

Die Kommunikation im Unternehmen ist ein wesentlicher Bestandteil des Unternehmenserfolgs. Das Personalentwicklungsgespräch im Besonderen ist nicht nur ein Instrument zur Erhebung des Qualifizierungsbedarfes, sondern es ist auch ein Weg, den Mitarbeitern Perspektiven aufzuzeigen und diesen dadurch eine Motivationsgrundlage zu bieten. Wenn wir davon ausgehen, dass der Mitarbeiter nicht allein durch Geld getrieben ist, sind es vor allem Anreize wie z. B. Zukunftsperspektive und persönliche Weiterentwicklung, die ihn im Arbeitsalltag anspornen können. Das Personalentwicklungsgespräch bietet vielfältige Möglichkeiten, eine Basis für die Motivation des Mitarbeiters zu schaffen. Denn letztlich ist es die intrinsische Motivation, die einen Mitarbeiter zur Höchstleistung treibt. Aus Unternehmenssicht ist die Personalentwicklung dann ein Garant für den Erhalt der Wettbewerbsfähigkeit und die Weiterentwicklung des Unternehmens.

Wer sich systematisch der Personalentwicklung nähern will, wer Personalstrategie erfolgreich umsetzen will, muss die Erfolgsprinzipien kennen. In der modernen Wissenswirtschaft sind diese Prinzipien definiert und dabei handelt es sich in vielen Teilen um letztlich bekannte nachvollziehbare Rahmenbedingungen sowie Maßnahmen. Die bisherigen Auflistungen von Merkmalen wie Prinzipien erheben dabei keinen Anspruch auf Vollständigkeit, aber sie wollen in jedem Fall darauf aufmerksam machen, was nicht nur hinreichende, sondern auch notwendige Voraussetzungen sind für eine wirkungsvolle wie nachhaltige Kompetenzentwicklung im Unternehmen. Die Kernelemente des Erfolgsprinzips sind bereits im Rahmen des *Startup-Checks* zur modernen Wissenswirtschaft gelistet worden (Wertschätzung, Gleichwürdigkeit, Motivation, Wissensmanagement-System, Nachhaltigkeit etc.). Was jedoch nicht nur eine moderne Wissenswirtschaft, sondern auch ein jedes Wissensmanagement-Modell braucht, das ist die politische Unterstützung im Unternehmen. In Bezug auf die moderne Wissenswirtschaft ist es gleichermaßen der Rückhalt für ein neues Lernverständnis, der Wegbereiter für Veränderungen ist.

Wissen gewinnt an Bedeutung, und dies sowohl im Hinblick auf die Unternehmensentwicklung als auch hinsichtlich der Position eines Landes im globalen Wettbewerb. Ob diese Entwicklung gut ist, ob nationale Vormacht erstrebenswert ist, das ist hier nicht die Frage. Will man Wissen wertschätzen, muss man Lernen fördern. Fördert man Lernen, darf man die Motivation nicht aus den Augen verlieren. Lernen hat derzeit für viele einen eher formalen Aspekt, daher muss sich ein gesellschaftlicher Wandel vollziehen hin zu einem neuen Lernverständnis. Denn bei der Aufwertung von Wissen geht es nicht allein um die klugen Köpfe, sondern um alle, die durch die Aktivierung ihrer Potenziale und den Ausbau ihres Wissens zur Weiterentwicklung beitragen.

Will man zum Beispiel das *so*-Lernen in Unternehmen einführen, müssen die Mitarbeiter Lern- und Entwicklungskompetenz mitbringen, damit das Vorhaben gelingen kann. Der Grundstein für die Entwicklung dieser Kompetenzen sollte so früh als möglich gelegt werden, am besten natürlich schon in der Schule. An dieser Stelle steht die Politik in der Pflicht, auf die künftigen Schlüsselqualifikationen vorzubereiten. Lernen muss dabei seinen formalen Charakter verlieren, vielmehr muss Lernen Spaß machen.

3.4 Die Schlüsselkompetenzen von morgen und die Kompetenzentwicklung

Seit Jahren wird das Thema *Kompetenzentwicklung* in der Forschung wie in der Fachwelt intensiv bearbeitet (s. z. B. die Publikationen der Arbeitsgemeinschaft betriebliche Weiterbildungsforschung).[4] Erleichtert die Vielzahl der Studien, Berichte und Veröffentlichungen noch lange nicht den Zugang zur Materie, lässt sich dennoch ein Trend erkennen. Ob Fachqualifizierungen, *Soft-Skills*, berufsfeldorientierte oder berufsfeldübergreifende Kompetenzen, im Hinblick auf das Bedürfnis, sich den Kompetenzen der Mitarbeiter zu nähern, hat der Begriff *Schlüsselkompetenzen* die Diskussionen erobert und seinen Sieges-

---

[4] Beispielhaft hier die Publikationen der Arbeitsgemeinschaft Betriebliche Weiterbildungsforschung e. V./Projekt Qualifikations-Entwicklungs-Management QUEM [4, 6, 7].

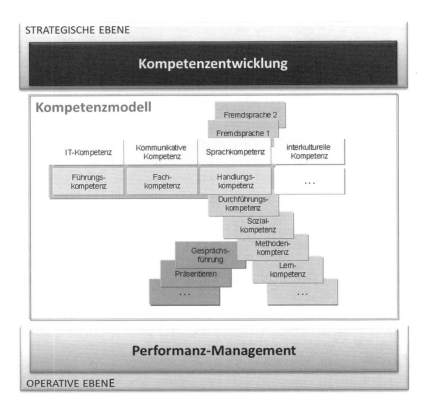

Abb. 3.7 Kompetenzmodell und Schlüsselkompetenzen im Kontext der Kompetenzentwicklung

zug bei der Gestaltung von Qualifizierungsangeboten angetreten. Der Ausgangspunkt der Kompetenzentwicklung im Unternehmen ist das Kompetenzmodell, das zwei Zugangsmöglichkeiten der Betrachtung anbietet – zum einen die Performanzanalyse, zum anderen die Kompetenzentwicklung (s. Abb. 3.7). Letztgenannter Einstiegspunkt zur Bearbeitung des Kompetenzmodells ist zugleich die strategische Arbeitsebene.

Die Bedeutung der Performanzanalyse wird hier nicht näher erläutert (s. u. a. Bünnagel [19, 20], S. 70–75), vielmehr interessiert im Zusammenhang mit der Selbstorganisation und der Mündigkeit, was die Kompetenzentwicklung mit Blick auf die Schlüsselqualifikationen leisten soll. Diesbezüglich scheint es sinnvoll, mittels eines Szenarios zum modernen Arbeitsplatz das Wesentliche zu veranschaulichen. Mit der Zunahme der Projektarbeit wechseln die Teams häufiger als bisher, was bedeutet, dass sich die Mitarbeiter ständig in neuen Konstellationen der Zusammenarbeit und Formen der Arbeitsteilung wiederfinden. Mehr als früher ist auch gefordert, dass Mitarbeiter die Arbeitsumgebungen wechseln, was durchaus mit der Handhabung anderer Arbeitsmittel verbunden sein kann. Aufgrund der wechselnden Anforderungen muss der Mitarbeiter mehr kommunizieren und Informationen recherchieren. Da die Vielfalt der Projekte meist dann noch unterschiedliches Wissen

Abb. 3.8 Operationalisierung des Ideenmanagements

erfordert, ist der Mitarbeiter gezwungen, sein Wissen immer aktuell zu halten, was natürlich gleichfalls einen kontinuierlichen Lernprozess voraussetzt.

Trotz der Willkürlichkeit dieses kleinen Szenarios zeigt dieses, dass mit Flexibilisierung immer Lernen verbunden ist und dass mit wechselnden Teamkonstellationen gleichzeitig Anforderungen an den Mitarbeiter einhergehen, die weit über seine Fachkenntnisse hinausgehen. Die weichen Qualifikationsmerkmale, diese berufsfeldübergreifenden Kompetenzen nehmen entscheidenden Einfluss auf den Erfolg eines Projektes. Daher muss es im Interesse des Unternehmens sein, die Fähigkeiten frühzeitig auszubilden, sobald sie nicht im gewünschten Maße vorhanden sind. Bereits heute spiegeln Stellenanzeigen wider, welche überfachlichen Erwartungen Unternehmen an Bewerber stellen. Dies ist schon jetzt weitaus mehr als Teamfähigkeit und selbstständiges Arbeiten. Dennoch wird der Anspruch gegenüber dem Mitarbeiter mitwachsen. Selbstorganisation im Arbeiten wie im Lernen wird eine Konstante im Anforderungskatalog von morgen sein.[5]

Bildung heute für morgen muss das Motto sein. Demografischer Wandel, Fachkräftemangel und Flexibilisierung der Arbeitswelt sind die Schlagwörter im Hinblick auf den Arbeitsmarkt der Zukunft. Insbesondere die Lernkompetenz und die Entwicklungskompetenz rücken immer deutlicher als zentrale Schlüsselqualifikationen in den Vordergrund. Starre Fachqualifikationen reichen nicht mehr aus, den Anforderungen einer rasanten technologischen Entwicklung oder eines sich rasch ändernden Marktes gerecht zu werden. Der Mitarbeiter von morgen muss also außer Fachwissen noch die Fähigkeit mitbringen, sich schnell neues Wissen anzueignen, seine Bildung selbst in die Hand nehmen zu können und sein Potenzial richtig einzuschätzen.

Diesem Potenzial muss dann jedenfalls ein Nährboden bereitet werden, indem die Ideen der Mitarbeiter Gehör finden und gemeinsam mit ihnen Innovationen vorangetrieben werden (s. Abb. 3.8). Eingebettet ist dies idealerweise in die Kompetenzförderung zum unternehmerischen Denken und betriebswirtschaftlichen Handeln. Dies muss explizit erwähnt werden, weil in den meisten Systemen des Ideen-/Innovationsmanagements die betriebswirtschaftliche Komponente zu kurz kommt. Denn die Entwicklung von Ideen ist nicht ausreichend für einen Innovationsprozess. Zur Realisierung bedarf es genauso des betriebswirtschaftlichen Handelns, während blinder Aktionismus zum Verpuffen wertvoller Ideen führt. Auf die Kompetenzentwicklung übertragen bedeutet dies, dass den Mit-

---

[5] Zur Personal- sowie zur Kompetenzentwicklung siehe auch Olfert [97], Kauffeld et al. [67], Peterke [100], Kirchhöfer [68], Einsiedler et al. [41], Becker und Schwertner [12] oder Becker et al. [13].

arbeitern das Handwerkzeug vermittelt wird, wie ein Existenzgründer mit betriebswirt-schaftlichem Grundwissen ein Projekt erfolgreich umzusetzen.

Mit der Kompetenz, Lernbedarf identifizieren, Lerninhalte definieren und Lernprozes-se gestalten zu können, besitzt der Mitarbeiter der Zukunft ein Wissen, das ihn selbst-ständig handeln lässt. Hat er zudem eine positiv besetzte Einstellung zum Lernen, wird er zugleich ein besonderes Maß an Motivation mitbringen, dessen Wirkungsbereich über die Lernbereitschaft und Lernfreude hinausgeht. Das betriebliche Ideen- und Innovationsma-nagement profitiert von Mitarbeitern, die in der Lage sind, ihre Potenziale gewinnbringend für das Unternehmen einzusetzen. Daher muss es im Grunde genommen bereits heute ein Bildungsauftrag sein, nachwachsende Schülergenerationen auf die künftigen Anforderun-gen vorzubereiten. Viele Regelschulen tun sich noch schwer mit dieser Herausforderung, die reformpädagogischen Schulen sind dagegen schon längst auf dem Weg dahin. Ganz am Rande sei erwähnt, dass Eigenschaften wie z. B. Zuverlässigkeit, Zielorientierung und Verantwortungsbewusstsein im entsprechenden Lernprozess ihre Ausprägung erfahren.

Gewinnen weiche Schlüsselqualifikationen in Zukunft noch mehr an Bedeutung, wer-den die Analyse und die Bewertung von Potenzialen gleichzeitig noch mehr Raum in der Personalarbeit einnehmen. Es sei jedoch warnend angefügt, dass dabei nicht blind auf die (vermeintlich) standardisierten Verfahren vertraut werden darf. Wird ein Verfahren zur Beurteilung des individuellen Mitarbeiterpotenzials eingesetzt, muss es bestens eingebet-tet sein in die unternehmensspezifische Situation. Das bedeutet, dass diejenigen, die nach Bewertung suchen, genau wissen, was sie messen wollen, wozu sie die Erkenntnis nutzen wollen und welches Verfahren die adäquaten Ergebnisse liefert. Stellvertretend für die gro-ße Zahl der Publikationen stehen hier Standard-Werke zu Persönlichkeitstest, Potenzial-bewertung und Kompetenzmessung: Rauner et al. [103], Erpenbeck und Rosenstiel [42], Brähler [18], Rosenstiel und Lang-von Wins [106] und Hossiep et al. [64].

3.5   Die Führungskräfte

Führungskräfte nehmen eine Schlüsselposition ein (s. Abb. 3.9). Führungskräfte müssen aufgrund ihrer besonderen Position gefördert und entwickelt werden. Diese Statements finden allerorts Zustimmung. Die operative Umsetzung der Führungskräftequalifizierung muss rasch geschehen. Wenn etwas in Gang kommt, darf dies allerdings nicht kopfloses Handeln bleiben. Nachhaltigkeit, Struktur und wirksame Vernetzung von Aktionen haben gleichwohl Seltenheitscharakter.

Der Wirkungsgrad von Führungskräften wird nicht selten unterschätzt, wie lässt sich sonst erklären, dass Führungs- sowie Kommunikationsverhalten von Vorgesetzten kaum Beachtung finden. Immerhin wird in den typischen Checklisten der Jahresgespräche die Bewertung des Führungsverhaltens vorgenommen, doch bleiben Konsequenzen bei un-befriedigenden Leistungen entweder aus oder werden nicht mit dem notwendigen Nach-druck verfolgt. Der Einfluss von Führungskräften auf das Lernen und die Personalent-wicklung fließt oft noch nicht einmal in eine Art Leistungsbewertung ein. Dies mag daran

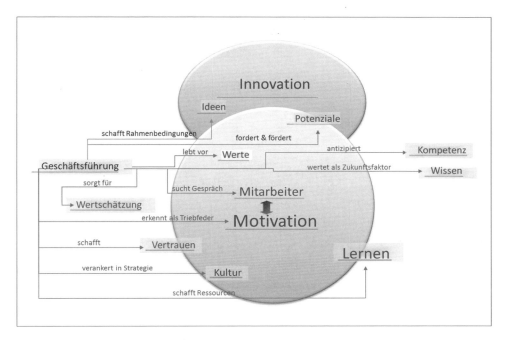

Abb. 3.9 Motivation und Führung (I)

liegen, dass die Personalentwicklung originär als Aufgabe der Personalabteilung gesehen wird – eine Struktur, die hinsichtlich des Wandels zu einer modernen Unternehmensorganisation unbedingt aufzubrechen und zu verändern ist.

Wichtiger als die reine Deskription der Schlüsselposition ist das Zusammenspiel von Führung und Motivation. In den Abb. 3.9 und 3.10 zur operationalisierten Führungsfunktion wird deutlich, welche Anforderungen an das moderne Führen gestellt werden. Der erste Blick ist dabei auf die Unternehmensleitung, die Geschäftsführung zu richten. Deren Bedeutung darf im Hinblick auf die Motivation nicht unterschätzt werden, was Abb. 3.9 veranschaulichen soll.

In der Führungsarbeit der Leitung stehen vor allem Fördern und Schaffen im Vordergrund. Wirkungsrichtung sind dabei die zentralen Wertebereiche Vertrauen und Wertschätzung. Unternehmenspolitische Schwerpunkte bilden die Bereiche Kultur, Ideen-/Innovationsmanagement und Wissen. Was das Wissen als Zukunftsfaktor betrifft, müssen die Entscheider im Unternehmen die Rahmenbedingungen sowohl für die allgemeine als auch für die individuelle Entwicklung des Wissenskapitals sorgen.

Die erste Problemstellung im Veränderungsmanagement entsteht gewöhnlich bei der Ressourcenplanung. Seien es finanzielle Mittel oder die Freistellung von Personal für die Kompetenzentwicklung oder das Wissensmanagement, vor der pekuniären Last scheuen die meisten Unternehmen zurück. Diesbezüglich muss das Verständnis dafür, dass es sich hierbei um Investitionen in die Zukunft handelt, wohl noch mehr reifen.

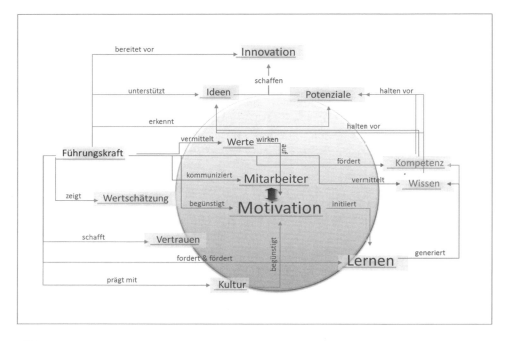

Abb. 3.10 Motivation und Führung (II)

Auf der nächsten Führungsebene wird gewiss Vergleichbares gefordert sein (s. Abb. 3.11), dennoch macht es Sinn, auch hier noch einmal hinzuschauen, was im Detail zum Profil gehört, welche Anforderungen an eine moderne Führungskraft gestellt werden und was demnach Schlüsselqualifikationen zum erfolgreichen Anleiten von Mitarbeitern sind. Es ist mittlerweile personalwirtschaftliches Allgemeinwissen, dass Führung nicht nur fachliches Anleiten ist, sondern zudem weitere besondere Qualitäten erfordert. Führende müssen insbesondere inspirieren und künftig mehr denn je Wissen managen. Sind ihnen diese Fähigkeiten nicht naturgegeben, müssen sie entsprechend ausgebildet werden. Immerhin wird anschaulich, wie weitreichend Führung im Unternehmen ist und welche Abhängigkeit zwischen Führung und Motivation besteht.

Die Bedeutung der Führungskraft und deren Einfluss auf die erfolgreiche Entwicklung einer Unternehmung sind hinlänglich bekannt (s. dazu u. a. Albs [1], Geldermann et al. [56], Dörfel und Hinsen [38], Hartmann und Hildemann [59], Rosenstiel et al. [107]). Es muss dessen ungeachtet in der Umsetzung aller Beschreibungen und Erkenntnisse noch mehr Energie dafür aufgebracht werden, wie sich Führungskräfte für die Notwendigkeit zur Veränderung einnehmen lassen. In jedem Falle ist auch hier Kontinuität unabdingbar.[6]

---

[6] Siehe dazu Geldermann [55] und Fietz et al. [45].

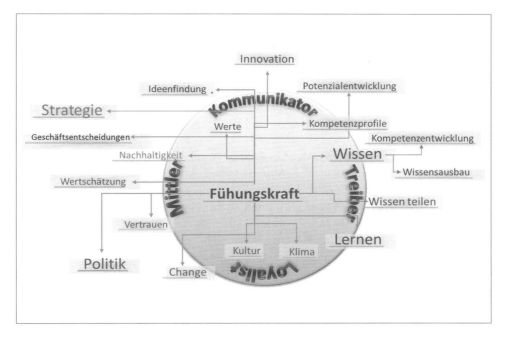

Abb. 3.11 Kompetenzanforderungen an die Führungskraft

3.6   Die Wiedergeburt der Mathetik und virtuelle Lernwelten

Mathetik als Wissenschaft vom Lernen ist lange Jahre in der Versenkung verschwunden. Mit dem Aufblühen von *E-Learning* und erst recht seit dem Siegeszug des *Social Web* rücken die Theorien vom Lernen wieder in den Vordergrund. Nicht zu verwechseln ist die Mathetik mit Erkenntnistheorien oder z. B. der konstruktivistischen Lerntheorie. Historisch betrachtet hat sich die Didaktik des Lernens neben der des Lehrens etabliert, was die *Didactica magna* von Comenius (1657)[7] bezeugt.

Die Didaktik des Lernens ist heute in gewisser Weise zukunftsweisend und fast ein wenig revolutionär, denn sie grenzt gemäß ihrer Grundbedeutung nicht ein. Ganz im Gegenteil dazu umfasst die Lehre vom Lernen sowohl das Lernen mit als auch ohne Lehrer. Mit der Hinwendung zum menschgerechten Lernen wird zudem die Tür zu den Neurowissenschaften geöffnet.

Da bisher immer wieder die Bedeutung von Lernen herausgestellt worden ist, mag es nicht verwundern, dass an dieser Stelle eine grundlegende Neuausrichtung der Personalarbeit gefordert wird. Mit der Forderung nach dem Fördern von Lernen im Unternehmen

---

[7] Siehe auch Comenius (1993): *Große Didaktik: Die vollständige Kunst, alle Menschen alles zu lehren (hrsg. und übers. von A. Flitner. 8. überarb. Aufl.)* [22].

muss einhergehen, dass sich die Beteiligten mit den Grundlagen, den Grundsätzen und der Kognition auseinandersetzen.[8] Es mag auch unmittelbar der Einwand kommen, dass das Personalmanagement schon komplex genug ist und nicht durch neue Aufgabenbereiche aufgebläht werden kann. Dem ist zu entgegnen, dass allerdings Lernerfolge nicht Zufallsprodukt sein dürfen, sondern planbar sein sollen. Fehlen die Kapazitäten oder der Zugang zur Lerntheorie, dann muss eben externe Unterstützung eingeholt werden, die dabei hilft, ein professionelles Lernsystem und eine entsprechenden Lernkultur im Unternehmen aufzubauen.

Jedenfalls muss man sich von der Vorstellung lösen, dass Lernen immer in Klassen/Seminaren, In Lerngruppen und mit Seminarunterlagen stattfinden muss. Wissenstransfer kann zwar strukturiert und formalisiert sein, muss er aber nicht. So wenig wie Lernen immer wieder strukturiert vonstattengehen muss, so wenig muss ein formaler Rahmen zum Lernen gegeben sein. Anschaulich wird dies am Beispiel von *Web 2.0* und *Social Web Learning*. Mit dem Verzicht auf die Didaktisierung und mit der Präferierung des informellen Lernens wird gerade die Abkehr von der streng formalen Planung von Lernen vollzogen. Ganz im Sinne der Mathetik ist es nun, nach den Mechanismen und den Zusammenhängen innerhalb dieses Lernens zu suchen.

Weitaus weniger formal und sprachliche Nachlässigkeiten erlaubend zeigt sich zum Beispiel das *WebLog*, also der *Blog*. Hier stecken bisher kaum genutzte Möglichkeiten. Denn was spricht dagegen, ein starres Projektberichtssystem idealerweise in Teilen in einen *Blog* zu überführen? Diese Projekt*blogs* bieten dann die Möglichkeit, unmittelbar und vor allem informell über Erfahrungen zu berichten, kurz Probleme sowie deren Lösungen zu skizzieren. Im Unterschied zum *Wiki* bietet der *Blog* zudem mit dem Kommentar respektive mit der Antwort eine Interaktionsmöglichkeit. Doch es ist nicht nur die bloße Interaktion, sondern es ist vielmehr die moderne Form der Kommunikation, mit der Kommunikatoren gemeinsam ein Problem lösen können. Insbesondere mit der zunehmenden Flexibilisierung von Arbeitnehmern und einem häufigen Wechsel von Einsatzorten im Unternehmen wird es immer zwingender, über neue Kommunikationsformen im Unternehmen nachzudenken.

Der informelle Charakter dieser Kommunikation erleichtert es, etwas mitzuteilen, etwas zu kommentieren oder Hilfestellungen zu geben. Langfristig sind diese oder ähnliche Kommunikationsformen nicht mehr aus dem unternehmerischen Kommunikationssystem wegzudenken. Denn die Generationen *dot.com*, *Game* oder *Multimedia* nutzen die Medien *Wiki*, *Blog*, *Twitter* und alles rund um das *Web 2.0* wie selbstverständlich. Es sind Standards des Kommunizierens für diese Generationen, und dem kann man sich in der Arbeitswelt nicht verschließen, vielmehr muss man diese Formen des Austauschs ins Ta-

---

[8] Zur Forschungslage siehe u. a. Anderson [2], Solso [115] und Eysenck und Keane [43]. Ein Klassiker der Beschreibung kognitiver Prozesse ist zweifellos McClelland und Rumelhart [80]. Eine explizit konstruktivistische Ausrichtung ist zum Beispiel zu finden in Siebert [112, 113] und Reich [104]. Grundlagen der Lernpsychologie beschreiben Edelmann [40], Mietzel [84], Seel [113] und Lefrancois [73].

gesgeschäft integrieren. Firmen-*Guidelines* der Großunternehmen für z. B. die Nutzung von *Facebook* belegen die Reaktionsfähigkeit. Komfortable Suchfunktionen sowie Kataloge mit Schlüsselwörtern erleichtern darüber hinaus noch die Navigation innerhalb der vorhandenen Kommunikations- und Informationsangebote.

3.7   Das *so*-Lernen – die Zukunftsmethode

Selbstständiges Arbeiten ist mehr als eine allseits geforderte weiche Schlüsselqualifikation. Dieses Merkmal des idealen Mitarbeiters hat sich verselbstständigt, ja man kann sich einen unselbstständigen Mitarbeiter im Unternehmen kaum noch vorstellen. Alle träumen von der Mannschaft, die sich selbst die Aufgaben stellt, die sie selbst erledigt, selbst wenn Probleme auftauchen. Die löst der ideale Mitarbeiter sowieso allein. Doch wie sieht es aus, wenn Fehler gemacht werden, wenn etwas schiefläuft? In diesem Augenblick zeigt sich, was eine wirklich stimmige, vertrauensvolle und ehrliche Unternehmenskultur ist. Fehlertoleranz zu leben und Fehler zuzulassen, fordert von den Unternehmensführern viel und manchmal alles. In der Souveränität der Fehlertoleranz liegt das Potenzial. Nicht nur der Volksmund hat schon immer gewusst, dass der, der nichts tut, keine Fehler macht, und dass der, der was tut, auch Fehler machen kann.

Es ist durchaus logisch, dass jemand, der sich engagiert, auch immer Gefahr läuft, dass etwas schiefgeht. Gerade diese mutigen und innovativen Kräfte sollten motiviert werden, ihre Energie wirken zu lassen, anstatt sie durch Maßregelungen von weiteren Initiativen abzuhalten. Diese Kulturmaxime gilt nicht nur für die größten Kreativposten, sondern für alle Mitarbeiter. Die Dynamik des Wandels durchströmt alle Unternehmensbereiche und in allen Unternehmensbereichen muss kontinuierlich von allen nach Optimierungs- respektive Veränderungsmöglichkeiten gesucht werden. Wenn jemand, der etwas wagt und der etwas macht, die Knüppel zwischen seinen Beinen spürt, dann sinkt natürlich im Weiteren die Bereitschaft, dann erlischt sogar vielleicht auf ewig die Flamme des Engagements. Deshalb an alle Verantwortlichen: Mut zur Fehlerkultur.

Es muss kein spitzfindiger Geist sein, der selbstgesteuertes Lernen vom selbstorganisierten Lernen differenzieren will. Vielmehr bieten beide Begrifflichkeiten die Gelegenheit, zwei ganz unterschiedliche Formen des Lernens voneinander abzugrenzen. Demnach ist das selbstgesteuerte Lernen als Lernen in einer vorsegmentierten Vorgehensweise von dem selbstorganisierten und wirklich freigewählten Lernen zu unterscheiden. Im selbstgesteuerten Lernen erhält der Lerner einen vorbereiteten Lernstoff (meist in segmentierter Form) und er kann dann entscheiden, wann und wo er wie viel lernen will. Während beim *so*-Lernen zur Wahl von Ort, Zeit und Umfang noch die Freiheit dazukommt, dass er zudem entscheidet, was er Lernen will. An dieser Stelle ist anzumerken, dass die hier vollzogene Unterscheidung in der Art und Weise nicht durchgängig anzutreffen ist.

Während die Selbststeuerung in programmierten Lerneinheiten noch leicht kontrollierbar ist, müssen bei der Selbstorganisation andere Controlling-Methoden eingesetzt werden. Dabei ist darauf zu achten, dass informelles Wissen, das transferiert und erworben wurde, bei einer Bewertung von Wissen sowie Wissensausbau genauso von Bedeutung ist.

Mit dem Erblühen der vielfältigen Visionen zum *E-Learning* als Zukunftsmethode hat das selbstgesteuerte Lernen in der beruflichen Bildungspraxis seinen festen Platz gefunden. Nach anfänglicher Euphorie waren realitätsbezogene Anpassungen notwendig, aber inzwischen hat sich fast lautlos das *E-Learning* etabliert. Mit der Konsolidierung sind dann auch der Praxisbezug und die Evaluierung verbessert worden. Die Veröffentlichungen zum Thema sind längst Legion[9] und die Weiterentwicklung zum *Blended Learning* ist gleichfalls vielfältig bearbeitet worden.[10] Den vielleicht umfassendsten Einblick in das Lernen und Lehren mit neuen Technologien bieten Ebner und Schön[11] [39]. Mittlerweile liegt das Hauptaugenmerk nicht mehr auf der Begrifflichkeit *E-Learning*, da erkannt worden ist, dass es das vernetzte Lernen, dass es das Netzwerken und das informelle Lernen in den Netzwerken sind, die die größten Potenziale bergen (s. Muuß-Merholz [88], Gillen et al. [57] und Dehnbostel et al. [35]).

Doch das lebenslange Lernen umfasst weit mehr als die Technologisierung der Lernumgebung. Insbesondere der Zusammenhang von lebenslangem Lernen und Arbeit verdient eine konzentrierte Bearbeitung, wie sie bisher nur bedingt verrichtet worden ist.[12] Schließlich kann der Mensch ohne Lernen nicht überleben, daher muss eine Forderung nach lebenslangem Lernen auf die Arbeitswelt beschränkt bleiben. Mit den ständig wechselnden Anforderungen am Arbeitsplatz werden sich Mitarbeiter unweigerlich mit dem Anspruch konfrontiert sehen, durch Lernen die Beschäftigungsfähigkeit zu erhalten. Lebenslanges Lernen und selbstgesteuertes Lernen als Markenzeichen einer zukunftsgewandten Kompetenzentwicklung sind nichts Neues (s. u. a. Heidack [60]).

Demgegenüber ist der Aspekt der Selbstorganisation in der individuellen beruflichen Weiterbildung ein ganz neuer Ansatz. Die Konfusion entsteht dann, wenn von selbstbestimmtem Lernen gesprochen wird, letztlich aber nur das freigewählte Abarbeiten von Lernprozeduren gemeint ist. Es ist ganz im Sinne der Reformpädagogik oder der Verfechter der freien Schulen (wie z. B. Freinet oder Petersen) zu propagieren, dass der Lerner selbstbestimmt seine Lerneinheiten wie Lerninhalte festlegt. Was eigentlich als Konzept und Lernphilosophie für die schulische Erziehung vorgesehen war, lässt sich hinsichtlich der wirkenden Prinzipien ohne weiteres auf die Weiterbildung Erwachsener übertragen. Dass für die erfolgreiche Umsetzung einige Vorbedingungen zu schaffen sind, ist leicht nachvollziehbar, denn Erwachsene, die die uns bekannten Muster der Vermittlung von

---

[9] An dieser Stelle seien nur erwähnt Hugger und Walber [65], Dittler et al. [37], Meier [81], Bürg und Mandl [21] (zur Akzeptanz von *E-Learning*) und Hohenstein und Wilbers [63].

[10] Zum *Blended Learning* siehe Kuhlmann und Sauter [70] (mit gleichzeitigem Bezug zum *Social Network*), Moriz [87], Mandl und Kopp [77] (mit dem Fokus auf Forschung und Perspektive) sowie Sauter und Sauter [109].

[11] Kostenfreie Ausgabe im Internet unter: http://l3t.tugraz.at/index.php/LehrbuchEbner10/issue/current/showToc (zugegriffen: 6. Okt. 2011).

[12] Eine Ausnahme bilden Stöckl und Straka [117].

Lerninhalten erfahren und verinnerlicht haben, können nicht unvorbereitet auf freies Lernen um*switchen*. Dazu gehören dann nicht nur vorbereitende, sondern auch flankierende Maßnahmen. Der Vorteil des *so*-Lernens gegenüber dem selbstgesteuerten Lernen liegt in der größeren Nähe zur (intrinsischen) Motivation des Lerners. Diese Form des Antriebs gewährleistet, dass der Lerner sich für den Lerninhalt interessiert.

Ein vollständiger Abriss zum großen Themenkomplex des selbstständigen und des selbstorganisierten Lernens kann an dieser Stelle nicht gegeben werden. Die Vielfalt der Sichtweisen und der Herangehens schlägt sich in einer Vielzahl von Begriffen nieder.[13] Außer der Differenzierung zwischen selbstständigem und selbstorganisierten Lernen wird an dieser Stelle nur kurz Bezug genommen auf das Konzept zum selbstsorgenden Lernen nach Forneck [46]:

> Es geht bei der Erweiterung der Lernkultur nicht um eine Abwesenheit von professioneller Steuerung, wie die begriffliche Emphase ‚Selbststeuerung' suggeriert, sondern um andere Formen der Strukturierung und damit der Steuerung von Lernprozessen. (Forneck, S. 17 [46])

Ob selbstorganisiertes oder selbstsorgendes Lernen, wichtig in der Abgrenzung zu selbstgesteuertem Lernen ist der Aspekt der Freiheit sowie der freien Wahl. Mit dem konkreten Bezug auf Forneck (s. o.) ist dies nicht zwangsläufig gleichbedeutend damit, dass es keine Strukturierung und keine Steuerungsmomente geben darf.

Bei der intrinsischen Motivation liegt der Anreiz in der Tätigkeit selbst. Sie ermöglicht die Konzentration des Lerners, der sich bis hin zur Selbstvergessenheit der Sache hingeben kann. Für ihn entsteht ein Gefühl der Mühelosigkeit und beginnt ein Eintauchen in sein Handeln, bei dem sich die Zeitwahrnehmung verändern kann. Handlung und Bewusstsein verschmelzen gewissermaßen. Dies wird dann oft als *Flow* bezeichnet (s. Csikszentmihalyi [23–25]). Damit der Motivierte dies erleben kann, muss die Tätigkeit, die er ausübt, das Gefühl der Selbstbestimmung vermitteln. Die handelnde Person muss sich als Urheber der Handlung erleben, wobei der Handelnde weder unterfordert noch überfordert ist. Selbst wenn das *so*-Lernen auf der Grundlage der Selbstbestimmungstheorie hier stark verkürzt dargestellt worden ist, ist die Lernerzentrierung und die kardinale Bedeutung des Antriebes augenfällig geworden.

Lernentwöhnung bei älteren Mitarbeitern ist ein verbreitetes Phänomen. Doch gerade Ältere gehören zur Unternehmenssubstanz und bilden damit das Zukunftspotenzial. Die Heranführung dieser Zielgruppe an das Lernen und an das Lernen mit neuen Medien stellt eine besondere Herausforderung dar. Durch die Vorbereitung auf das *E-Learning* mit Hilfe externer Coaches werden Ängste genommen. Mittels Lern-*Netbooks* kann sich der Mitarbeiter dann flexibel und individuell neues Wissen erarbeiten. In einer Pilotierung zu diesem Ansatz geht es mehr um die praktische Umsetzung als um die Theorie.

---

[13] Exemplarisch seien wiederum Veröffentlichungen der Arbeitsgemeinschaft Betriebliche Weiterbildungsforschung e. V./Projekt Qualifikations-Entwicklungs-Management QUEM [3, 5, 8, 9] genannt.

3.7.1   Prinzipien des *so*-Lernens

Es wäre ein Missverständnis der Methode, wenn das *so*-Lernen als rein informelles Lernen verstanden würde, obwohl die Kraft dieser Form des Lernens nicht zu unterschätzen ist. Mit den Prinzipien des *so*-Lernens ist jedenfalls eine erste Struktur geschaffen, auf die aufbauend ein unternehmensspezifisches Modell errichtet werden kann.

> Die grundlegenden Prinzipien des *so*-Lernens sind:
>
> - freigewählte Inhalte,
> - freigewählte Ziele,
> - freigewähltes Tempo,
> - freigewählter Zeitpunkt,
> - freigewählte Lernphasen,
> - freigewählte Dauer,
> - freigewählte Lernmaterialien und freier Zugang zu Lernmitteln,
> - freigewählter Lernort,
> - freigewählte Unterstützung.

Die Pragmatik des betrieblichen Lernens fordert zweifellos Kompromisse im Hinblick auf das Autokratiespektrum des Mitarbeiters. Im Unternehmenskontext soll es nicht zur Anarchie kommen, daher ist es sinnvoll und systemkonform, der Freiheit des Mitarbeiters Orientierungspunkte zu geben. Schließlich soll das Handeln der Mitarbeiter nicht dem Wohle des Unternehmens schaden, genauso wenig wie das Unternehmen danach trachtet, dem Mitarbeiter zu schädigen. Die Zusammenführung von Interessen und der Konsens schaffen die oft beschworene und am Ende hinreichend notwendige *Win-Win*-Situation, auf deren Grundlage (Leistungs-)Motivation und Einsatzbereitschaft gedeihen können.

Selbst der freigewählte Lernort ist eine Grundfeste des *so*-Lernens, die durchaus praxistauglich ist. Das heißt, dass die freie Wahl beim Ort des Lernens durchaus umsetzbar ist in einer modernen Bildungsorganisation. Fern der Wegbereitung für anarchische Strukturen soll der Mitarbeiter selbst oder ggf. mit entscheiden, ob er eine Qualifizierung intern oder extern durchführen will oder ob er sich nach Absprache und Abstimmung mit den Anforderungen des Tagesgeschäftes im privaten Raum weiterbildet. Das Budget, zeitlich wie monetär begrenzt, definiert dabei den Rahmen. Gleichfalls geben Qualifizierungsvereinbarungen messbare und nachvollziehbare Lernziele/Qualifizierungsziele in der Weise vor, dass der Grad der Zielerreichung bewertbar ist. Aus dem Erreichungsgrad könnten sich künftige Budgets herleiten lassen.

3.7.2 Strukturelemente in der Selbstorganisation des Lernens

Lernen und Selbstorganisation werden in der Fachliteratur meist in Zusammenhang gebracht mit den beiden Autoren Deci und Ryan (s. Deci [28], Deci und Ryan [29–34]). Ihr Konzept der Selbstdetermination (*self-determination*) im Zusammenhang mit Lernen lässt sich als der Ausgangspunkt des *so*-Lernens bezeichnen, ohne dass es um eine streng historische Klärung geht, wann und wie das *so*-Lernen pädagogische Realität wurde. In den Publikationen der beiden Autoren erscheinen mehrere zentrale Begriffe, wovon einer *Choice* ist. *Choice* ist gleichzeitig ein äußerst tragendes Konzept. In der radikalsten Form ist die freie Wahl allumfassend, was bedeutet, dass der Lerner den Lernstoff, das Lerntempo, die Lernzeiten, den Lernort und die Lernmittel wie -hilfen selbst bestimmen kann. Da die Radikalität auch jegliche Organisationsstruktur in Frage stellt, wird diese Ausformung einer neuen Lernmethode kaum Freunde in der beruflichen Bildung finden. In der moderaten Realisierung des *so*-Lernens sollte bestenfalls der Grundsatz der Wahlfreiheit in der Weise berücksichtigt werden, dass zwar durchaus ein Rahmen gesteckt werden kann, dass jedoch innerhalb dieser Grenzen der Mitarbeiter eine Art Bewegungsfreiraum besitzt, der ihn vieles in seinem Lernprozess selbst bestimmen lässt.

▶ Der Mensch kann nicht motiviert werden, man kann allenfalls die Rahmenbedingungen herstellen, dass er sich motivieren kann, etwas zu tun.

Vereinfacht man neuromechanische, neurobiologische Prozesse, so kann man davon ausgehen, dass die Ausschüttung körpereigener Drogen, die Glückshormone, den Lerner in Konzentration versetzen und Anstrengung freisetzen. In diesem Modell sind dann zwei Phasen abzugrenzen:

1. Phase Innere Anreize bewirken, dass etwas getan wird, dass der erste Schritt zum Tun unternommen wird. Diese Anreize stimmen erwartungsfroh, wodurch wiederum ein wohliger, angenehmer Zustand erreicht wird: das Wohlfühlen, das Glücklichsein.

2. Phase Da ein Belohnungssystem nicht nur aus sich selbst heraus funktioniert, muss es einen zweiten Anreizkomplex geben, nämlich das menschliche Beziehungssystem.

Es liegt auf der Hand, dass, wenn ein Mensch spürt, wie sich ein anderer für sein Tun interessiert, und wenn er dem anderen vertraut, er dann mit einer Art vorausgedachter Freude ans Werk geht. Denn in der Erwartung eines Wohlgefühls setzt er Energie frei, die im Grunde genommen aus der antizipierten Freude des anderen und aus dessen zu erwartender Wertschätzung erwächst.

So leiten sich aus der Selbstdetermination die zentralen Begriffe *Choice, Flow* und *Identity* her. Der Lerner soll

- selbst wählen können, was er lernen will (*Choice*),
- die Gelegenheit haben, dass Spaß und Freude beim Tun entstehen, indem er die Wertschätzung durch Einzelne oder durch die Gruppe erfährt (*Identity*)
- und den Rahmen dafür vorfinden, dass ein intrinsisch motiviertes Verhalten seine Tätigkeit begründet und Bewusstsein mit Handlung verschmelzen kann (*Flow*).

Es bedarf im Grunde genommen keiner komplexen Selbstbestimmungstheorie, damit man begreift, dass Leistungsfähigkeit ein positives Selbstbild und eine Selbstbejahung voraussetzt. Denn längst weiß man, dass negatives Denken Versagen begünstigen kann.

Ohne dass einem Trend oder einer Mode etwas Despektierliches anhaften soll, ist beispielhaft das Thema *gehirngerechtes Lernen* als Modethema bezeichnet. Popularität haben in diesem Zusammenhang die Gedanken sowie Publikationen von Vera Birkenbihl erreicht. Dies soll nicht wegweisende Erkenntnisse und vielversprechende Vorhaben in der neurobiologischen sowie kognitionswissenschaftlichen Forschung in den Schatten stellen. Gleichfalls sollen die Darlegungen von Vera Birkenbihl nicht unüberlegt in den Stand der validen Forschungsergebnisse erhoben werden, zumal das hirngerechte Lernen sehr kontrovers diskutiert wird. Das gehirngerechte Lernen umfasst nach ihrem Modell folgende Statements und Wesensmerkmale (vgl. Birkenbihl [15–17]):

- das formalisierte Lernen, wie z. B. das Pauken, beeinflusst negativ andere Denkfähigkeiten, die dem Lernprozess förderlicher sein könnten (bei Birkenbihl steht das assoziative Denken vorne an);
- das assoziative Denken ist ein neurologischer Mechanismus, der wider dem stereotypen, isolierenden Trainieren die Wissenselemente verbindet;
- daneben ist das Imitationslernen ein weiterer Mechanismus, der viel stärker genutzt werden sollte, denn wenn der Lerner Zeit hat zum Beobachten, kann er sich z. B. mittels Abstraktion sein eigenes Regel- und Erfahrungssystem aufbauen;
- ähnlich wie in der Spracherwerbstheorie könnte ein reichhaltiger Input helfen, Abstraktions- wie Imitationsprozesse in Gang zu setzen.

Am Beispiel des Sprachenlernens sei kurz veranschaulicht, welch große Bedeutung die Individualität auch in diesem Konzept hat. Jeder entwickelt individuell Wege des Lernens und der Regelfindung, und wenn ein Sprachenlerner mittels einer Wort-für-Wort-Dekodierung am besten lernt, dann muss man ihm den Raum geben, seine Methoden anzuwenden. Es geht dabei nicht um das formal Richtige, sondern allein um das Ziel, kommunizieren zu können. Der Sprachenlerner muss sich zurechtfinden (verstehen) und ausdrücken können (aktiv sprechen). Dennoch befreit die Forderung nach Freiraum für die

Individualität nicht davon, gegebenenfalls zu hinterfragen, inwieweit sich Lernprozesse optimieren lassen. Besteht doch potenziell die Möglichkeit, dass ein Lerner auf falsche Lernwege geführt wurde und er eigentlich mit anderen Methoden schneller wie einfacher seine Lernziele erreichen könnte. Natürlich kann dies nur in einem ausreichend weit gestalteten Raum des Lernens funktionieren.[14] Am Rande sei noch erwähnt, dass es nach Stand der Forschung keine Lernfenster für das kognitive Lernen gibt, während es schon sensible Phasen z. B. für die Ausbildung von Sehen und Hören gibt.[15]

So-Lernen beinhaltet optimalerweise auch sehr viel informelles Lernen. In diesem Falle stehen Lernen und Motivation in einem reziproken Verhältnis, denn informelles Lernen macht weitaus weniger Mühe als formalisiertes Wissen, das es zu vermitteln gilt. Somit dürfte die intrinsische Motivation zum Lernen größer sein als in einer festen Lernstruktur. Soll also die Motivation des Lerners begünstigt werden, müssten gleichzeitig Formen des informellen Lernens gefördert werden.

In einer stark abstrahierten Darstellung bilden drei psychische Grundbedürfnisse den Ausgangspunkt. Implizit ist diesen Bedürfnissen die Tendenz zu deren Befriedigung. Motor allen Strebens nach Entwicklung und Wohlbefinden sind in diesem Modell die Autonomie, die Kompetenz und die soziale Eingebundenheit. Nach Kasser [66] bedarf dieses Modell noch der Ergänzung einer vierten Komponente, dem Bedürfnis nach Sicherheit.

Wird die Bedürfnisbefriedigung von außen unterstützt, fördert dies die intrinsische Motivation, die der eigentliche Motor des Handelns ist. Demnach können z. B. ein positives Feedback oder interessierte Vorgesetzte durchaus den Antrieb des Einzelnen in Gang bringen. Jedoch ist vor allzu vielen Schnellschlüssen zu warnen, denn intrinsische Motivation muss auch mit intrinsischem Interesse verbunden sein, damit die volle Kraft zur Entfaltung kommt.

An dieser Stelle wird deutlich, wie wichtig das soziale Umfeld für die Aufrechterhaltung der intrinsischen Motivation ist. Schließlich erfährt der Mitarbeiter im Unternehmen seine Kompetenzen. Seine Potenziale kann er erkennen, wenn er zudem noch autonom handeln kann. Damit wirkt sich selbstbestimmtes Lernen positiv auf die Lernmotivation aus, was im Grunde genommen gleichfalls die Qualität der Lernergebnisse beeinflussen sollte.

3.7.3 Von der Reformpädagogik lernen

Am Beispiel der reformpädagogischen Schule kann veranschaulicht werden, welches Potenzial im praktizierten *so*-Lernen steckt und welche wichtigen Schlüsselkompetenzen fast nebenbei mit ausgebildet werden. Mag es auch für den einen oder anderen kaum vorstellbar sein, wie ein 50-Jähriger in solch einer Umgebung das selbstbestimmte und selbstverantwortliche Lernen entwickeln soll, so schlummert eine immense Veränderungskraft in den Prinzipien. Und bevor Defaitisten mit der Sezierung des Modells zwecks Negierung

---

[14] Siehe auch Langer [71], Schachl [110] und Herrmann [61] (zur Neurodidaktik).

[15] Wobei es gewiss noch andere Neuro-Mythen zu entlarven gilt (siehe u. a. N. Becker [11]).

eines Nutzens beginnen, folgt die Aufforderung, sich auf das Experiment einzulassen, um die Veränderungskraft, die dieser freien Form des Lernens innewohnt, zu erfahren. Um weiteren Vorbehalten direkt zu begegnen, soll an dieser Stelle versichert sein, dass es nicht um eine Ideologisierung von Schulformen geht oder dass den demokratischen Schulen (eine der bekanntesten ist gewiss Summerhill) neue politische Bedeutung verschafft werden soll. Hier sei nur am Rande darauf verwiesen, dass die Reformpädagogik keine neuzeitliche Bewegung ist, vielmehr sind es die Urmutter/Urväter mit Maria Montessori (z. B. Montessori [85, 86]), Célestin Freinet (z. B. Freinet [47], E. Freinet [48] und Kock [69]) und Alexander Sutherland Neill (z. B. Neill [89–91]), die letztlich ihrer Zeit weit voraus waren. Es sollen aber auch nicht Vordenker wie Friedrich Wilhelm August Fröbel unterschlagen werden, dessen Gedankengut, das mittlerweile fast zweihundert Jahre alt ist, bis heute nicht an Aktualität verloren hat. Besondere Beachtung verdienen sowohl sein Werk (z. B. Fröbel [49–53]) als auch die sekundärliterarische Bearbeitung (z. B. Neumann [92] und Stübig [118]).

Warum sind die reformpädagogischen Schulen ihrer Zeit voraus? Der Arbeitsmarkt von morgen wird aller Wahrscheinlichkeit nach die Veränderungen etablieren, die sich heute erst andeuten. Projektbezogene Tätigkeiten und Arbeit in wechselnden Teams sind im aktuellen Arbeitsleben keine Seltenheit mehr. Meist werden die neuen Anforderungen durch Qualifizierungen im Projekt-, im Aufgaben- und im Zeit-Management kompensiert, oder es werden Maßnahmen zur Teambildung wie -findung durchgeführt. Selbstverständlich gibt es auch die Situation, dass man sich mit dem Mittelmaß bei den Ergebnissen zufriedengibt.

Moderne Arbeitsplatzbeschreibungen und Organisationsstrukturen werden durch ein Bündel von fachlichen Qualifikationen, aber auch übergreifender Schlüsselkompetenzen der Mitarbeiter bestimmt sein. Denn die Flexibilisierung der Mitarbeiter, der Fortschritt und damit die rasch wechselnden Anforderungen werden ganz neue Erwartungen erwachsen lassen, die nicht einfach qua Anordnung befohlen bzw. eingefordert werden können.

Umfangreiche Handlungskompetenz, ausgeprägte Entwicklungskompetenz, fundierte Lernkompetenz, weitreichende Lösungskompetenz, entwickelte kommunikative Kompetenz, gesteigerte Teamfähigkeit, eine geförderte Fähigkeit zum selbstständigen Arbeiten und zur selbstständigen Arbeitsplanung sowie Kompetenzen in Bezug auf Aufgaben- und Projektorganisation, all dies sind nicht nur besondere Merkmale eines reformpädagogischen Bildungskanons, sondern auch bald Standarderwartungen an Mitarbeiter in den Unternehmen. Die in dieser ersten Schnellschau zusammengestellten zentralen Kompetenzen lassen sich dann konkretisieren. Wenn wir die Idealisierung des Mitarbeiters noch weiter vorantreiben und veranschaulichen wollen, helfen vielleicht Operationalisierungen, d. h. die Beschreibung dessen, was der moderne, der mündige Mitarbeiter tun soll und können muss. Gleichzeitig sind dies zudem *Skills*, die bei den Schülern einer freien, d. h. hier reformpädagogischen Schule ausgebildet werden (s. Tab. 3.1).

Das freie Lernen hat viele Anhänger und nicht alle reformpädagogischen Schulen arbeiten nach demselben Konzept. Es mag nicht überraschen, dass in Zeiten der Bildungskritik reformpädagogische Schulen, egal welcher Richtung sie sich verschrieben haben,

Tab. 3.1 Können und Kennen in Anlehnung an eine reformpädagogische Ausbildung

Können		Kennen
Aufgaben analysieren	Bedürfnisse formulieren	Eigenes Potenzial
Aufgaben segmentieren	Erwartungen formulieren	Projektarbeit
Arbeits- wie Lernergebnisse selbst überprüfen	Bedarf konkretisieren	Arbeitspläne
Materialien zusammenstellen	Zuhören können	Gruppenarbeit
Gemeinsam mit anderen arbeiten und lernen	Sich schnell in neue Dinge einarbeiten	Wissenstransfer
Andere beim Lernprozess unterstützen	Schnell neue Zusammenhänge begreifen	Kommunikationsregeln
Wissen weitergeben	Sich notwendiges Wissen für neue Prozesse aneignen	Unterstützung anderer
Sich konzentrieren	Ziele realistisch setzen	Präsentationsmethodik
Eigenes Potenzial einschätzen	Anderen etwas erklären	Zeit- und Aufgabenmanagement
Lernen lernen	Recherchieren	Konfliktlösungsstrategien
Mitdenken und handeln aufgrund der Identifikation mit der Tätigkeit	Problemlösungen finden	Selbstorganisation der Lernplanung
Zeitliche Dimensionen für die Aufgabenerledigung einschätzen	Leistungen anderer erkennen und Anerkennung weitergeben	Segmentierung von Lernprozessen
Durch gute Selbsteinschätzung zur Entscheidung fähig sein	Lernergebnisse präsentieren	Respekt gegenüber der Leistung anderer
…	…	…

Die Liste der Fähigkeiten wie Fertigkeiten rund um das Können und Kennen, die im Unterricht einer reformpädagogischen Schule ausgebildet werden sollen, ist natürlich ausbaufähig.

sich eines gesteigerten Interesses erfreuen können. Dies hat zweifellos mit der Einsicht zu tun, dass Schule die Freude am Lernen fördern und schulische Bildung weitaus kindgerechter sein muss.[16]

Eigentlich möchte man von freier Schule als Modell sprechen, da dies aber zu Verwechslungen führen kann, weil freie Schulen auch einfach nicht staatliche Schulen sein können, muss man das etwas hölzerne Attribut reformpädagogisch weiterhin verwenden. Eine bestimmte reformpädagogische Schule als Exempel auszuwählen, liegt unter anderem darin begründet, am Beispiel besser vorführen zu können, was die Methode ausmacht. Denn die typischen Elemente des freien Lernens, die in der Schul- und Lernstruktur abgebildet sind, und die sehr heterogene Schülerschaft können durchaus auf die betriebliche Bildung

---

[16] Viel Aufmerksamkeit hat in diesem Zusammenhang die Schulreformerin Enja Riegel (s. auch Riegel [105]) erfahren. Als ein Beleg für den grenzüberschreitenden Wirkungsgrad alternativer Bildungsgedanken mag hier der Hinweis auf die Arbeiten des Schweizers Remo Largo genügen (s. u. a. Largo und Beglinger [72]). Über die Verbreitung freier, reformpädagogischer Schulen in Deutschland informiert der *Bundesverband der Freien Alternativschulen* (http://www.freie-alternativschulen. de [zugegriffen: 6. Okt. 2011]).

übertragen werden. Insbesondere der letzte Sachverhalt stellt das Konzept der reformpä-dagogischen Schule auf die Probe, dennoch kann sie sich dieser Herausforderung ohne Furcht stellen. Es ist nachvollziehbar, dass die Heterogenität einer Zielgruppe Prüfstein sein muss für einen Lehr-/Lernplan. Die Verschiedenartigkeit bietet andererseits mannig-faltige Gelegenheiten, voneinander zu lernen. Wenn auch in diesem Zusammenhang von einem Lehrplan die Rede ist, dann sollte jedem klar sein, dass weder ein geheimer Lehr-plan noch irgendein starres Curriculum gemeint ist. Planvolles Vorgehen an sich ist kein Paradoxon im Konzept des freien Lernens.[17]

> Gegenstand ist also nicht die Darlegung der Reformpädagogik, vielmehr soll der Einblick in den schulischen Alltag es gestatten, die Erfolgsprinzipien zu veranschau-lichen. Für die Vorgehensweise bedeutet dies,
>
> - sich zunächst die Frage nach der Notwendigkeit des *so*-Lernens zu stellen,
> - sicherzustellen, dass das freie Lernen als ganzheitliches System verstanden wird,
> - darzustellen, was die Säulen und die Erfolgsprinzipien des freien Lernens sind,
> - am Beispiel zu zeigen, wie diese Prinzipien im Schulalltag wirken,
> - anschaulich zu machen, wie mit besonderen Herausforderungen im Schulalltag umgegangen wird,
> - nachvollziehbar zu machen, dass sich all das, was vorgestellt wurde, auch auf das betriebliche Lernen übertragen lässt,
> - und aufzuzeigen, wie besondere Herausforderungen beim Transfer auf die betriebliche Bildungsorganisation bewältigt werden können.

Am Ende steht dann ein Modell, wie sich ein Schulsystem, das dem freien Lernen dient, auf die Bildungsorganisation einer Unternehmung übertragen lässt. Wichtigster Bestandteil die-ses Modells sind die aus der schulischen Praxis abgeleiteten Instrumentarien und Methoden. Ein Ergebnis des Transfers auf die Praxis der betrieblichen Weiterbildung ist z. B. *Choice* – das Lernmodell mit dem Potenzial, die Weichen für die Zukunft zu stellen. *Choice* ist die Zusammenfassung eines besonderen Erfahrungsspektrums zum freigewählten Lernen.

Mit den vorgestellten Prinzipien wird die Nähe zur betrieblichen Bildungsorganisation, zum Wissensmanagement im Unternehmen sowie zum betrieblichen Lernen aufgezeigt, vor allem indem die Schnittstellen des Transfers definiert sind. Diesen Schnittstellen wer-den selbstverständlich auch die Operationalisierungen angehängt werden, wie reformpäd-agogische Methoden und Instrumente konkret im Unternehmen einsetzbar sind. Dies ge-schieht dann im zweiten Teil des Buches. Zentrale Prinzipien, die übertragbar sind, haben nicht nur etwas mit entdeckendem Lernen zu tun. Die damit verbundenen Weisheiten sind

---

[17] Einen umfänglichen Überblick zur Entwicklung der Reformpädagogik sowie einen ersten Einblick in die einzelnen *Schulen* findet man in Potthoff [101] sowie in Skiera [114].

den meisten Menschen sogar immanent. Also werden diese Weisheiten gewissermaßen nur ins Bewusstsein gerufen. Demnach wird hier kein Anspruch auf Originalität erhoben. Das, was vorgestellt wird, ist eben nicht das Ergebnis von Forschungen oder eine Erfindung. Es sind ganz einfach die Dinge, die man erfassen kann, wenn man die Augen öffnet und manchmal die Ohren spitzt.

Freies Lernen gibt Freiraum für individualspezifische Lernstrategien. Zum Beispiel Lerntypen mit einer prägnanten Ausprägung von Formen des Wiederholungslernens können hier ihren Stil ungezwungen praktizieren. Denn die Effizienz im Hinblick auf die Geschwindigkeit ist im freien Lernen nicht das ausschlaggebende Kriterium, sondern wie bei allen Maßnahmen der Kompetenzentwicklung ist es zunächst die Nachhaltigkeit, was nicht bedeutet, dass man die Erwerbs- und Umsetzungsgeschwindigkeit gänzlich aus den Augen verlieren darf. Gleichwohl ist nicht allein das individuelle Lerntempo freies Lernen, ein weiteres Charakteristikum ist z. B. das Stationslernen, das ohne weiteres im Transferhorizont eines betrieblichen Bildungssystems liegt. Allerdings ist die Offenheit wichtig, denn wenn Reformpädagogik etwas will, dann ist das: ein selbstbestimmtes Lernen. Eigentlich muss man von *so*-Lernen reden, weil selbstbestimmtes Lernen meist so verstanden wird, das man es selbst entscheiden kann, wie schnell man lernen will, wohingegen die Lerninhalte von außen vorgegeben sind. Beim *so*-Lernen bestimmt der Lerner sowohl das Tempo als auch die Inhalte selbst. In jedem Falle steht in der reformpädagogischen Schule die aktive Rolle des Lernenden im Vordergrund, was in der betrieblichen Weiterbildung wohl selten anzutreffen ist. Freies Lernen und freie Arbeit sind in reformpädagogischen Schulen die Grundlage für die Erziehung zur Mündigkeit. Hierbei ist Erziehung nicht als Regulativ zu verstehen, vielmehr ist der mündige Lerner ein Ziel im Entwicklungsprozess. Genauso sollte Mündigkeit in Zukunft ein wesentliches Ziel für die Kompetenzentwicklung der Mitarbeiter im Unternehmen sein – eine schwer verdauliche Kost für eine Unternehmensleitung, die mehr Allmachtfantasien als Weitblick hat.

Der konstruktivistische Ansatz der reformpädagogischen Schule spiegelt sich in der Regel in einer konstruktivistischen Didaktik wider, was nicht durchgängig bei freien Schulen vorausgesetzt werden sollte. Ist eine Didaktik erkennbar, liegt jedenfalls ein didaktisch-methodisches Konzept vor, das ebenfalls im System des freien Lernens im Unternehmen eine zwingende Voraussetzung darstellt. Hierin liegt auch der Schlüssel für den Erfolg beim Transfer des freien Lernens in die Unternehmensrealität. Es hilft nichts, isolierte Prinzipien zur Umsetzung zu bringen, wenn nicht ein ganzheitliches Konzept dahintersteht, denn das übergeordnete Modell ist der Garant für die Nachhaltigkeit und für die Integrität der Maßnahmen. Mit dem hier geschaffenen Modell wird ein Vorschlag unterbreitet, der nicht nur Anlass zur Diskussion geben soll, sondern auch ein Grundgerüst sein kann für die Implementierung des *so*-Lernens im Unternehmen. Eingebettet ist dieses Vorgehensmodell in eine moderne Wissenswirtschaft, die sich insbesondere durch ein ganzheitliches Wissensmanagement auszeichnet.

Mehr am Rande werden die Seiteneffekte des freien Lernens pointiert hervorgehoben, dennoch ist es ein Anliegen, möglichst eine Vorstellung davon zu geben, wie mächtig das Wirkungspotenzial der reformpädagogischen Schule ist. Ganz nebenbei werden im freien

Lernen die berufsbezogenen Schlüsselqualifikationen der Zukunft herausgebildet. Dazu zählen neben der Lernkompetenz die soziale Kompetenz und damit genauso die Teamfähigkeit, dazu gehören die kommunikative Kompetenz, das Problemlösen, die Selbstorganisation/das Selbstmanagement und die Durchführungskompetenz. Die Professionalisierung von Teil-Fähigkeiten, wie z. B. Präsentieren, Gesprächsführung und Moderieren, ist gleichfalls Bestandteil der methodischen Vorgehensweise im freien Lernen.

> Zusammenfassend lassen sich die Methoden und Instrumente der Selbstorganisation im Unternehmen wie folgt umreißen:
>
> - freigewählte Lernarbeit,
> - Stationslernen,
> - Stationslernen mit freigewählten Lernmaterialien,
> - Lernen als Projekt,
> - projektorientierte Lerngruppen,
> - Lernkreise zum Erfahrungsaustausch,
> - Tutorensystem zur Unterstützung und Sicherung der Lernprozesse,
> - Lerncoaches,
> - Portfolio-Mappe und Portfolio-Gespräche,
> - Wochen-, Monats- und Jahrespläne,
> - Steuerungskreis Wissen und Lernen,
> - Karteikastenarbeit,
> - …

Der Widerstand gegen das hier vorgestellte Modell ist noch sehr groß. Das liegt nicht allein an den grundlegenden Umwälzungen, sondern es liegt doch für viele außerhalb deren Vorstellungshorizonts, wie ein System ohne Führung funktionieren soll. Es mag genauso die Vorstellungskraft übersteigen, wie Mitarbeiter ihre Trägheit überwinden sollen, damit sie an die Vision vom mündigen Mitarbeiter herangeführt werden können.

3.8   Der mündige Mitarbeiter – Vision und Konzept

Bildungsmanagement braucht Visionen. Damit die betriebliche Weiterbildung effizient und wirkungsvoll ist, muss sie bedarfskonform und mitarbeiterspezifisch sein. Traditionelle Modelle der Bildungsorganisation erfüllen diese Anforderungen oft nur unzureichend. Die Förderung des *so*-Lernens kann eine Perspektive sein auf dem Weg zum mündigen Mitarbeiter. Die Vision vom mündigen Mitarbeiter ist durchaus reibungsintensiv. Daraus entsteht wiederum die Aufforderung, die Möglichkeiten und Grenzen zu diskutieren.

Der mündige Mitarbeiter ist fraglos keine originäre Vision, denn bereits Fuchs [54], Pelz [99], North und Güldenberg [96] und Rump und Eilers [108] haben in ihren Werken dargelegt, wie wichtig es ist, dass die Mitarbeiter selbst Verantwortung für ihre berufliche Entwicklung übernehmen. Diese Vision zu einem tragfähigen Konzept auszugestalten, bedarf allerdings schon einiger mentaler Anstrengungen, denn Mündigkeit lässt sich selbstverständlich nicht einfach verordnen. Es bedarf also mehr als eines Bekenntnisses zur Mündigkeit, sondern es muss danach gesucht werden, was den Mitarbeiter zur Begeisterung für seine persönliche Weiterentwicklung treibt.

Im Sinne einer Qualifizierungseffizienz im Rahmen der betrieblichen Weiterbildung ist es unausweichlich, das Konzept vom mündigen Mitarbeiter als Leitziel zu setzen. Oben wurde bereits erwähnt, dass die Realisierung des Vorhabens eine große Veränderungsbereitschaft in der Führung einer Unternehmung voraussetzt. Denn letzten Endes wird nicht nur die Verantwortung für die Qualifizierung in die Hände von Mitarbeitern gegeben, sondern auch die damit verbundenen Freiheiten und finanziellen Mittel – eine Entscheidung, die wahrlich nicht leichtfällt, zumal das Controlling eine Grundfeste deutscher Unternehmungsführungskultur darstellt.

Doch weiter oben wurde ebenfalls erwähnt, dass mit der Übertragung von Verantwortung auch Vertrauen geschaffen wird. Mit diesem Vertrauen können Potenziale bei Mitarbeitern freigesetzt werden, die sich nicht zuletzt auch positiv auf das Ideen- und Innovationsmanagement auswirken werden.

Damit ist das Konzept vom mündigen Mitarbeiter wahrlich nicht originär. Allein die Begriffsrecherche macht deutlich, dass es schon häufig das Ziel gab, mündige Mitarbeiter zur Säule einer Unternehmung zu machen. Gleiches gilt auch für das selbstgesteuerte respektive -organisierte Lernen, die Trefferliste zu den Begriffen scheint schier unübersichtlich. Dennoch wird hier sowohl für den mündigen Mitarbeiter als auch für das so-Lernen im Hinblick auf das Lernen nach reformpädagogischen Grundsätzen sehr wohl Originalität beansprucht, zumal zum Beispiel nicht nur auf deskriptivem Wege Mitarbeiter idealisiert werden, sondern auch praxisorientierte Handlungsempfehlungen eingebunden sind, damit Schritte auf dem Weg zur Umsetzung des Konzeptes nachvollziehbar werden.

Ähnliches gilt für die Selbstorganisation des Lernens durch den Mitarbeiter. In dem weiter unten aufgeführten Handlungsleitfaden sind Empfehlungen eingearbeitet, wie so-Lernen im Unternehmen aussehen kann, während die bisherigen Ausarbeitungen zum Thema sich mehr der Idealisierung widmeten oder die Verantwortung der Mitarbeiter zur individuellen Weiterentwicklung in den Vordergrund stellen wollten. Demgegenüber beinhaltet ein komplexes Modell zum so-Lernen im Unternehmen mehr als die Eigenverantwortung der Mitarbeiter, vielmehr müssen auch entsprechende Rahmenbedingungen geschaffen werden, die von der Unternehmens- bis zur Unterstützungskultur reichen.

In der Änderung der Betrachtungsweise und im Zusammenhang mit der Wertschätzung der Mitarbeiter sollte vielleicht mehr vom werten Mitarbeiter oder besser vom wertgeschätzten Mitarbeiter gesprochen werden. Denn mit der Wertschätzung wird die Mündigkeit des Mitarbeiters ohne Eingriff von außen Gestalt annehmen.

Eine wichtige Rahmenbedingung für einen Kooperationsvertrag zum lebenslangen Lernen stellt die Unternehmensstrategie dar. Es ist gewiss sehr naiv zu glauben, dass eine Wissensvereinbarung – ist sie denn geschaffen – alle Beteiligten bindet und alles geordnet seinen Lauf nehmen wird. Dagegen sprechen das Tagesgeschäft, unternehmenskulturelle Veränderungen, wechselnde Hierarchieverhältnisse und vieles mehr. Die Unternehmensstrategie als plakatives Leitbild ist ebenfalls kein Garant, wenn von Strategienotwendigkeit gesprochen wird. Es geht vielmehr um konkrete Strukturmaßnahmen und operative Ziele zur langfristigen Unternehmensgestaltung. Neben den allgemeinen Notwendigkeiten einer langfristigen und einer ernsten Strategie bestehen operative Maßnahmen u. a. in der Einrichtung einer Wissensberatung, die unternehmerische Wissensziele antizipiert, Qualifizierungs- und Ausbildungsmöglichkeiten systematisiert, Anforderungen strukturiert und Vorschläge unterbreitet.

Der mündige Mitarbeiter bestimmt seine Kompetenzentwicklung und nutzt dafür die Möglichkeiten des Selbstlernens. Sind traditionelle sowie virtuelle Lernformen einbezogen, ist in einem integrativen Konzept sicherzustellen, dass eine ausgewogene, bedarfskonforme Verteilung im Hinblick auf die Lernziele stattfindet. Nicht zuletzt ist es natürlich auch erheblich, ob beim Lerner Akzeptanz für die Lernformen vorhanden ist, ganz zu schweigen von der Kompetenz im Umgang mit neuen Lernformen. Mündigkeit ist demzufolge nicht frei von Unterstützungsbedarf, wenn der Mitarbeiter sich auf den Weg zur Mündigkeit begibt.

Damit Trainingsprojekte und Qualifizierungsmaßnahmen einen Wertbeitrag (*Business Value*) leisten und eine wirtschaftliche Kosten-Nutzen-Relation zeigen, ist es notwendig, dafür zu sorgen, dass an den Erfordernissen im Unternehmen orientiert qualifiziert wird und dass die Maßnahme wirklich zum Mitarbeiter, seinen Fähigkeiten sowie seinen Entwicklungsvorstellungen passt. Grundlage für diese Bewertung ist ein individuelles Kompetenzmodell, das intraindividuelle Besonderheiten einbeziehen kann. Die Lern-Angebote müssen auf den einzelnen Mitarbeiter abgestimmt sein und einen nachvollziehbaren Fortschritt in der Kompetenzentwicklung ermöglichen. Auf diese Weise nähern sich Unternehmensinteressen und Selbstverantwortung der Mitarbeiter einander an.

Mitarbeiter im Wert steigern bedingt, sie wertzuschätzen. Ein System auf dem Weg zum mündigen Mitarbeiter muss demnach auch folgende Prinzipien beinhalten:

- Wertschätzung zur Verbesserung der intrinsischen Motivation,
- Lernen als freigewählte Arbeit,
- eine entsprechende Unternehmens- und Lernkultur mit der Verankerung von Mitarbeiter und Wissen als strategische Zukunftsfaktoren
- und ein wirkungsvolles Coaching-System mit Qualifizierung und Menschenkenntnis.

Für manche betriebliche Praxis bedeutet das ein hartes Stück Arbeit.

Literatur

1. Albs, Norbert. 2005. Wie man Mitarbeiter motiviert. Motivation und Motivationsförderung im Führungsalltag. Berlin: Cornelsen Scriptor.
2. Anderson, John R. 2001. Kognitive Psychologie. 3. Aufl. Heidelberg/Berlin: Spektrum Akad. Verl.
3. Arbeitsgemeinschaft Betriebliche Weiterbildungsforschung e. V./Projekt Qualifikations-Entwicklungs-Management QUEM (Hrsg.). 2000. Informelles Lernen in alltäglichen Lebensführungen. Chance für berufliche Kompetenzentwicklung. Berlin: Arbeitsgemeinschaft QUEM, Geschäftsstelle der Arbeitsgemeinschaft Betriebliche Weiterbildungsforschung (Manuskriptdruck).
4. Arbeitsgemeinschaft Betriebliche Weiterbildungsforschung e. V./Projekt Qualifikations-Entwicklungs-Management QUEM (Hrsg.). 2004a. Kompetenzentwicklung 2004. Lernförderliche Strukturbedingungen. Münster [u. a.]: Waxmann.
5. Arbeitsgemeinschaft Betriebliche Weiterbildungsforschung e. V./Projekt Qualifikations-Entwicklungs-Management QUEM (Hrsg.). 2004b. Lernwirkungen neuer Lernformen. Berlin: Arbeitsgemeinschaft QUEM, Geschäftsstelle der Arbeitsgemeinschaft Betriebliche Weiterbildungsforschung (Manuskriptdruck). (QUEM-Materialien, Ausgabe 55).
6. Arbeitsgemeinschaft Betriebliche Weiterbildungsforschung e. V./Projekt Qualifikations-Entwicklungs-Management QUEM (Hrsg.). 2005. Kompetenzentwicklung 2005. Kompetente Menschen – Fundament für Innovationen. Münster [u. a.]: Waxmann.
7. Arbeitsgemeinschaft Betriebliche Weiterbildungsforschung e. V./Projekt Qualifikations-Entwicklungs-Management QUEM (Hrsg.). 2006a. Kompetenzentwicklung 2006. Das Forschungs- und Entwicklungsprogramm „Lernkultur Kompetenzentwicklung". Ergebnisse – Erfahrungen – Einsichten. Münster [et al.]: Waxmann.
8. Arbeitsgemeinschaft Betriebliche Weiterbildungsforschung e. V./Projekt Qualifikations-Entwicklungs-Management QUEM (Hrsg.). 2006b. Lernen in der Arbeit – Selbstorganisation des Lernens, Wissensnutzung in Wertschöpfungsketten. Berlin: Arbeitsgemeinschaft QUEM, Geschäftsstelle der Arbeitsgemeinschaft Betriebliche Weiterbildungsforschung (Manuskriptdruck). (QUEM-report, Heft 98).
9. Arbeitsgemeinschaft Betriebliche Weiterbildungsforschung e. V./Projekt Qualifikations-Entwicklungs-Management QUEM (Hrsg.). 2007. Lernkulturwandel – Selbsterneuerung der Professionalität in Organisationen beruflicher Weiterbildung. Berlin: Arbeitsgemeinschaft QUEM, Geschäftsstelle der Arbeitsgemeinschaft Betriebliche Weiterbildungsforschung (Manuskriptdruck). (QUEM-report, Heft 100).
10. Attwell, Graham. 2007. The Personal Learning Environments – the future of eLearning? eLearning Papers 2 (1): 1–8.
11. Becker, Nicole. 2006. Die neurowissenschaftliche Herausforderung der Pädagogik. Bad Heilbrunn: Klinkhardt.
12. Becker, Manfred, Anke Schwertner (Hrsg.). 2002. Personalentwicklung als Kompetenzentwicklung. München/Mering: Hampp.
13. Becker, Manfred, Volker Schwarz, Anke Schwertner (Hrsg.). 2002. Theorie und Praxis der Personalentwicklung. Aktuelle Beiträge aus Wissenschaft und Praxis. München/Mering: Hampp.
14. Bellmann, Matthias, Helmut Krcmar, Tom Sommerlatte (Hrsg.). 2002. Praxishandbuch Wissensmanagement. Strategien – Methoden – Fallbeispiele. Düsseldorf: Symposion.
15. Birkenbihl, Vera F. 2008. Lernen lassen! Mit 17 konkreten Methoden, Tricks und Lernspielen. 4. Aufl. München [u. a.]: mvg-Verl.
16. Birkenbihl, Vera F. 2009. Jungen und Mädchen: wie sie lernen. Welche Unterschiede im Lernstil sie kennen müssen. Mit Lernmodul Lernen und Schreiben. 4. Aufl. Regensburg: Walhalla-Fachverl.
17. Birkenbihl, Vera F. 2010. Die Birkenbihl-Methode, Fremdsprachen zu lernen. 33. kompl. überarb. Aufl. München [u. a.]: mvg-Verl.
18. Brähler, Elmar (Hrsg.). 2002. Brickenkamp-Handbuch psychologischer und pädagogischer Tests. Bd. 1–2. 3., vollst. überarb. und erw. Aufl. Göttingen: Hogrefe.
19. Bünnagel, Werner. 2009d. Leistungsbeurteilung im Dreischritt: Potenzialanalyse, Performanzmessung, Kompetenzentwicklung. wissensmanagement. Das Magazin für Führungskräfte 8: 4–44.

20. Bünnagel, Werner. 2010d. Handbuch zur Einführung einer modernen Wissenswirtschaft. Das Unternehmenswissen im Visier. München/Mering: Hampp.

21. Bürg, Oliver, Heinz Mandl. 2004. Akzeptanz von E-Learning in Unternehmen. München: Inst. für Pädag. Psychologie. (Forschungsbericht Nr. 167).

22. Comenius, Johann Amos. 1993. Große Didaktik. Die vollständige Kunst, alle Menschen alles zu lehren (hrsg. und übers. von Andreas Flitner. 8. überarb. Aufl. Stuttgart: Klett-Cotta.

23. Csikszentmihalyi, Mihaly. 1997. Finding flow. Psychology Today 30(4): 46–71.

24. Csikszentmihalyi, Mihaly. 2004. Flow im Beruf. Das Geheimnis des Glücks am Arbeitsplatz (aus dem Amerikan. von Ulrike Stopfel). 2. Aufl. Stuttgart: Klett-Cotta.

25. Csikszentmihalyi, Mihaly. 2008. Flow. Das Geheimnis des Glücks. Stuttgart: Klett-Cotta.

26. Davenport, Thomas H., Larry Prusak. 1998a. Working Knowledge. How Organisations manage what they know. Boston (Mass.): Harvard Business School Press.

27. Davenport, Thomas H., Larry Prusak. 1998b. Wenn Ihr Unternehmen wüßte, was es alles weiß. Das Praxisbuch zum Wissensmanagement (dt.). Landsberg/Lech: MI – Verl. Moderne Industrie.

28. Deci, Edward L. 1971. Effects of externally mediated rewards on intrinsic motivation. Journal of Personality and Social Psychology 18: 105–115.

29. Deci, Edward L., Richard M. Ryan. 1985a. Intrinsic motivation and self-determination in human behavior. New York: Plenum.

30. Deci, Edward L., Richard M. Ryan. 1985b. The general causality orientations scale: Self-determination in personality. Journal of Research in Personality 19: 109–134.

31. Deci, Edward L., Richard M. Ryan. 1993. Die Selbstbestimmungstheorie der Motivation und ihre Bedeutung für die Pädagogik. Zeitschrift für Pädagogik 39: 223–238.

32. Deci, Edward L., Richard M. Ryan. 2000a. The „what" and „why" of goal pursuits: Human needs and the self-determination of behavior. Psychological Inquiry 11: 227–268.

33. Deci, Edward L., Richard M. Ryan. 2000b. Self-determination theory and the facilitation of intrinsic motivation, social development, and well-being. American Psychologist 55: 68–78.

34. Deci, Edward L., Richard M. Ryan (Hrsg.). 2002. Handbook of self-determination research, Rochester (NY): University of Rochester Press.

35. Dehnbostel, Peter, Uwe Elsholz, Jörg Meister, Julia Meyer-Menk (Hrsg.). 2002. Vernetzte Kompetenzentwicklung. Alternative Positionen zur Weiterbildung. Berlin: Edition Sigma.

36. Dibbern, Peter, Claudia Müller. 2006. Selbstorganisiertes Wissensmanagement in Unternehmen auf Basis der Wiki-Technologie – ein Anwendungsfall. HMD – Praxis der Wirtschaftsinformatik 252: 45–54.

37. Dittler, Ullrich, Jakob Krameritsch, Nicolae Nistor, Christine Schwarz, Anne Thillosen (Hrsg.). 2009. E-Learning. Eine Zwischenbilanz: kritischer Rückblick als Basis eines Aufbruchs. Münster [u. a]: Waxmann. (Medien in der Wissenschaft; 5).

38. Dörfel, Lars, Ulrich Hinsen (Hrsg.). 2009. Führungskommunikation: Dialoge. Kommunikation im Wandel – Wandel in der Kommunikation. Berlin: SCM c/o Prismus.

39. Ebner, Martin, Sandra Schön (Hrsg.). 2011. Lehrbuch für Lernen und Lehren mit Technologien. http://l3t.tugraz.at/index.php/LehrbuchEbner10/issue/view/7/showToc. Zugegriffen: 6. Oktober 2011. Bad Reichenhall: BIMS e. V.

40. Edelmann, Walter. 2000. Lernpsychologie. 6. vollst. überarb. Aufl. Weinheim: Beltz/Psychologie Verlags Union.

41. Einsiedler, Herbert E., Kathrin Breuer, Sabine Hollstegge, Matthias Janusch. 2003. Organisation der Personalentwicklung. Strategisch ausrichten. Zielgenau planen. Effektiv steuern. 2. Aufl. Frankfurt a. M.: Luchterhand.

42. Erpenbeck, John, Lutz von Rosenstiel (Hrsg.). 2007. Handbuch Kompetenzmessung. Erkennen, verstehen und bewerten von Kompetenzen in der betrieblichen, pädagogischen und psychologischen Praxis. 2. Aufl. Stuttgart: Schäffer-Poeschel.

43. Eysenck, Michael W., Mark T. Keane. 2010. Cognitive Psychology: A Student's Handbook. 6. Aufl. Hove/New York: Psychology Press.

44. Falk, Samuel. 2006. Personalentwicklung, Wissensmanagement und Lernende Organisation in der Praxis. Zusammenhänge Synergien Gestaltungsempfehlungen. München/Mering: Hampp. (Personal- und Organisationsentwicklung; 2).

45. Fietz, Gabriele, Annette Junge, Thomas Reglin. 2005. Wie lernen Führungskräfte? Verfahren der Selbstqualifizierung für den Mittelstand. Bertelsmann: Bielefeld 2005. (Wirtschaft und Bildung, 36).
46. Forneck, Hermann J. 2005. Selbstlernumgebungen. Zur Didaktik des selbstsorgenden Lernens und ihrer Praxis. Hohengehren: Schneider Verlag.
47. Freinet, Célestin. 1980. Pädagogische Texte: mit Beispielen aus d. prakt. Arbeit nach Freinet/Célestin Freinet. Hrsg. von Heiner Boehncke u. Christoph Hennig. Reinbek bei Hamburg: Rowohlt. (Rororo; rororo-Sachbuch, 7367).
48. Freinet, Elise. 1991. Erziehung ohne Zwang: der Weg Célestin Freinets. L'Itinéraire de Célestine Freinet (dt.), ungekürzte Ausg. 4. Aufl. München: Dt. Taschenbuch-Verl.
49. Fröbel, Friedrich. 1982a. Ausgewählte Schriften. Bd. 2. Die Menschenerziehung, hrsg. von Erika Hoffmann. 4., unveränd. Aufl. Stuttgart: Klett-Cotta 1982.
50. Fröbel, Friedrich. 1982b. Ausgewählte Schriften. Bd. 3. Texte zur Vorschulerziehung und Spieltheorie, hrsg. von Helmut Heiland. 2., unveränd. Aufl. Stuttgart: Klett-Cotta.
51. Fröbel, Friedrich. 1982c. Ausgewählte Schriften. Bd. 4. Die Spielgaben, hrsg., z. T. erstmals veröff., von Erika Hoffmann. Stuttgart: Klett-Cotta.
52. Fröbel, Friedrich. 1984. Ausgewählte Schriften. Bd. 1. Kleine Schriften und Briefe von 1809–1851, hrsg. Von Erika Hoffmann. 4., unveränd. Aufl. Stuttgart: Klett-Cotta.
53. Fröbel, Friedrich. 1986. Ausgewählte Schriften. Bd. 5. Briefe und Dokumente über Keilhau: erster Versuch der Sphärischen Erziehung, hrsg. von Erika Hoffmann u. Reinhold Wächter. Stuttgart: Klett-Cotta.
54. Fuchs, Jürgen. 1999. Wege zum vitalen Unternehmen. Wiesbaden: Gabler.
55. Geldermann, Brigitte. 2009. Führungskräfte kontinuierlich entwickeln. Arbeitsbegleitendes und selbständiges Lernen fördern. Bielefeld: Bertelsmann.
56. Geldermann, Brigitte, Andreas Hinz, Alexander Krauß, Barbara Mohr, Thomas Reglin. 2008. Führungskräfte als Lerngestalter. Flexible und individuelle Kompetenzentwicklung im Betrieb. Bielefeld: Bertelsmann. (Wirtschaft und Bildung, 45).
57. Gillen, Julia, Peter Dehnbostel, Uwe Elsholz, Thomas Habenicht, Gerald Proß, Jörg-Peter Skroblin (Hrsg.). 2005. Kompetenzentwicklung in vernetzten Lernstrukturen. Konzepte arbeitnehmerorientierter Weiterbildung. Bielefeld: Bertelsmann.
58. Gronau, Norbert, Julian Bahrs, Jane Fröming, Claudia Müller, Simone Schmid, Edzard Weber. 2009. Wissen prozessorientiert managen. Methoden und Werkzeuge für die Nutzung des Wettbewerbsfaktors Wissen in Unternehmen. München [u. a.]: Oldenbourg.
59. Hartmann, Klaus, Klaus D. Hildemann (Hrsg.). 2009. Persönlichkeit und Führungsverantwortung. Leipzig: Evangelische Verlagsanstalt.
60. Heidack, Clemens (Hrsg.). 2001. Praxis der kooperativen Selbstqualifikation, Selbstgesteuertes Lernen und Kompetenzentwicklung in Berufsbildung und Potentialbildung, Kulturwandel und lernende Organisation in Wirtschaft und Verwaltung, kompetente Gestaltung von kommunikativen Ereignissen an verschiedenen Lernorten, Medienkompetenz. München/Mering: Hampp.
61. Herrmann, Ulrich (Hrsg.). 2009. Neurodidaktik. Grundlagen und Vorschläge für gehirngerechtes Lehren und Lernen. 2., erw. Aufl. Weinheim: Beltz.
62. Hofmann, Jan, Ingo Rollwagen, Stefan Schneider. 2007. Deutschland im Jahr 2020. Neue Herausforderungen für ein Land auf Expedition. Frankfurt a. M.: Deutsche Bank Research. (Fokus Deutschland, Aktuelle Themen, 382).
63. Hohenstein, Andreas, Karl Wilbers (Hrsg.). 2002. Handbuch E-Learning. Expertenwissen aus Wissenschaft und Praxis. Köln: Fachverlag Deutscher Wirtschaftsdienst.
64. Hossiep, Rüdiger, Michael Paschen, Oliver Mühlhaus. 2000. Persönlichkeitstests im Personalmanagement. Göttingen: Verlag für Angewandte Psychologie.
65. Hugger, Kai-Uwe. Markus Walber (Hrsg.). 2010. Digitale Lernwelten. Konzepte, Beispiele und Perspektiven. Wiesbaden: VS Verlag für Sozialwissenschaften.
66. Kasser, Tim. 2002. The high price of materialism. Cambridge (Mass.): MIT Press.
67. Kauffeld, Simone, Sven Grote, Ekkehart Frieling (Hrsg.). 2009. Handbuch Kompetenzentwicklung. Stuttgart: Schäffer-Poeschel.
68. Kirchhöfer, Dieter. 2004. Lernkultur Kompetenzentwicklung. Begrifflich Grundlagen. Berlin: Arbeitsgemeinschaft Betriebliche Weiterbildungsforschung e. V./Projekt Qualifikations-Entwicklungs-Management QUEM.

69. Kock, Renate (Hrsg.) 1996. Célestin Freinet/Elise Freinet: Befreiende Volksbildung. Frühe Texte. Bad Heilbrunn: Klinkhardt.
70. Kuhlmann, Annette M., Werner Sauter. 2008. Innovative Lernsysteme. Kompetenzentwicklung mit Blended Learning und Social Software. Berlin/Heidelberg: Springer.
71. Langer, Ellen J. 2001. Kluges Lernen. Sieben Kapitel über kreatives Denken und Handeln. Reinbek: Rowohlt.
72. Largo, Remo H., Martin Beglinger. 2009. Schülerjahre. Wie Kinder besser lernen. München/Zürich: Piper.
73. Lefrancois, Guy R. 2004. Psychologie des Lernens. 4. überarb. u. erw. Aufl. Berlin/Heidelberg: Springer.
74. Lüthy, Werner, Eugen Voit, Theo Wehner (Hrsg.). 2002. Wissensmanagement-Praxis: Einführung, Handlungsfelder und Fallbeispiele/Institut für Technologiemanagement. Universität St. Gallen, Zürich: vdf Hochschulverlag an der ETH. (Mensch – Technik – Organisation, 31).
75. Mandl, Heinz (Hrsg.). 2000a. Die Kluft zwischen Wissen und Handeln. Empirische und theoretische Lösungsansätze. Göttingen: Hogrefe.
76. Mandl, Heinz (Hrsg.). 2000b. Wissensmanagement. Informationszuwachs – Wissensschwund? Die strategische Bedeutung des Wissensmanagements. München [u. a.]: Oldenbourg.
77. Mandl, Heinz, Birgitta Kopp. 2006. Blended Learning: Forschungsfragen und Perspektiven. München: Inst. für Pädag. Psychologie. (Forschungsbericht Nr. 182).
78. Mandl, Heinz, Gabi Reinmann-Rothmeier. 2000. Individuelles Wissensmanagement. Strategien für den persönlichen Umgang mit Information und Wissen am Arbeitsplatz. Bern [u. a.]: Huber 2000.
79. Mandl, Heinz, Gabi Reinmann-Rothmeier (Hrsg.). 2004. Psychologie des Wissensmanagements. Perspektiven, Theorien und Methoden. Göttingen: Hogrefe.
80. McClelland, James L., David E. Rumelhart. 1986. Parallel Distributed Processing: Explorations in the Microstructure of Cognition. Vol. 2: Psychological and Biological Models. Cambridge (Mass.): MIT Press.
81. Meier, Rolf. 2006. Praxis E-Learning. Grundlagen, Didaktik, Rahmenanalyse, Medienauswahl, Qualifizierungskonzept, Betreuungskonzept, Einführungsstrategie, Erfolgssicherung [mit Arbeitshilfen auf CD-ROM]. Offenbach: Gabal-Verlag.
82. Mertins, Kai, Holger Seidel, (Hrsg.). 2009. Wissensmanagement im Mittelstand. Grundlagen – Lösungen – Praxisbeispiele. Berlin/Heidelberg: Springer.
83. Meyer-Ferreira, Peter. 2010. Human Capital strategisch einsetzen. Modelle und Konzepte für die Unternehmenspraxis, Köln: Luchterhand.
84. Mietzel, Gerd. 2001. Pädagogische Psychologie des Lernens und Lehrens. Göttingen: Hogrefe.
85. Montessori, Maria. 1994. Die Entdeckung des Kindes. Freiburg/Basel/Wien: Herder.
86. Montessori, Maria. 1996. Schule des Kindes – Montessori-Erziehung in der Grundschule. Freiburg/Basel/Wien: Herder.
87. Moriz, Werner. 2008. Blended-Learning. Entwicklung, Gestaltung, Betreuung und Evaluation von E-Learningunterstütztem Unterricht. Norderstedt: Books on Demand.
88. Muuß-Merholz, Jöran. 2009. Neues Lernen mit Medien. Wie man Internet und moderne Pädagogik verbindet. Kooperatives netzbasiertes Lernen und Kompetenzentwicklung. Saarbrücken: VDM Verlag Dr. Müller.
89. Neill, Alexander Sutherland. 1971. Theorie und Praxis der antiautoritären Erziehung. Das Beispiel Summerhill/Alexander Sutherland Neill. [Aus d. Engl. übertr. von Hermann Schroeder u. Paul Horstrup]. Ungekürzte Ausg. [19. Aufl.]. Reinbek bei Hamburg: Rowohlt. (Rororo; rororo-Sachbuch, 6707).
90. Neill, Alexander Sutherland. 1995a. Summerhill School. A New View of Childhood. New York: St. Martin's Griffin.
91. Neill, Alexander Sutherland. 1995b. Das Prinzip Summerhill. Fragen und Antworten. Argumente, Erfahrungen, Ratschläge/Alexander Sutherland Neill. [Nach der 3., vom Autor durchges. und bearb. Aufl. aus dem Engl. übertr. von Hermann Krauss]. Reinbek bei Hamburg: Rowohlt. (Rororo; rororo-Sachbuch, 6690).
92. Neumann, Karl (Hrsg.). 2010. Fröbelpädagogik im Kontext der Moderne: Bildung, Erziehung und soziales Handeln. Jena: IKS Garamond.

93. Nonaka, Ikujiro, Hirotaka Takeuchi. 1995. The Knowledge Creating Company. How Japanese Companies Create the Dynamics of Innovation. Oxford [u. a.]: Oxford University Press.

94. Nonaka, Ikujiro, Hirotaka Takeuchi. 1997. Die Organisation des Wissens. Frankfurt a. M.: Campus Verlag.

95. North, Klaus. 2002. Wissensorientierte Unternehmensführung. Wertschöpfung durch Wissen. 3. akt. u. erw. Aufl. Wiesbaden: Gabler.

96. North, Klaus, Stefan Güldenberg. 2008. Produktive Wissensarbeit(er), Antworten auf die Management-Herausforderung des 21. Jahrhunderts. Mit vielen Fallbeispielen. Performance messen, Produktivität steigern, Wissensarbeiter entwickeln. Wiesbaden: Gabler.

97. Olfert, Klaus. 2010. Personalwirtschaft. 14. verbess. u. aktual. Aufl. Herne: Kiehl/NWB Verlag.

98. Pawlowsky, Peter. 1998. Wissen als Wettbewerbsvorteil - Wissensmanagement als Weg zur lernfähigen Organisation. Weiterbildung. Jahrbuch 1998. Düsseldorf: Handelsblatt Fachverlag 1998.

99. Pelz, Waldemar. 2004. Kompetent führen. Wirksam kommunizieren, Mitarbeiter motivieren. Wiesbaden: Gabler.

100. Peterke, Jürgen. 2006. Handbuch Personalentwicklung. Durch Führung Mensch und Unternehmen fördern. Lernen zum Wettbewerbsvorteil entwickeln. Qualifizierung zielgerichtet und wirkungsvoll vornehmen. Berlin: Cornelsen Scriptor.

101. Potthoff, Willi. 2003. Einführung in die Reformpädagogik. Von der klassischen zur aktuellen Reformpädagogik. 4., aktualisierte Aufl. Freiburg: Reformpädag. Verl.

102. Probst, Gilbert J. B., Steffen Raub, Kai Romhardt. 2006. Wissen managen. Wie Unternehmen ihre wertvollste Ressource optimal nutzen. 5., überarb. Aufl. Wiesbaden: Gabler.

103. Rauner, Felix, Bernd Haasler, Lars Heinemann, Philipp Grollmann. 2009. Messen beruflicher Kompetenzen. Band I: Grundlagen und Konzeption des KOMET-Projektes. Münster [u. a.]: LIT. (Bildung und Arbeitswelt, 20).

104. Reich, Kersten. 2006. Konstruktivistische Didaktik – ein Lehr- und Studienbuch inklusive Methodenpool auf CD. Weinheim: Beltz.

105. Riegel, Enja. 2008. Schule kann gelingen! Wie unsere Kinder wirklich fürs Leben lernen. Frankfurt a. M.: Fischer.

106. Rosenstiel, Lutz von, Thomas Lang-von Wins (Hrsg.). 2000. Perspektiven der Potentialbeurteilung, Grundlagen, Instrumente und Anwendungen. Göttingen: Hogrefe.

107. Rosenstiel, Lutz von, Erika Regnet, Michel E. Domsch (Hrsg.). 2009. Führung von Mitarbeitern. Handbuch für erfolgreiches Personalmanagement. 6., überarb. Aufl. Stuttgart: Schäffer-Poeschel.

108. Rump, Jutta, Silke Eilers. 2010. Das Employability-Management-Konzept als ganzheitliches Unternehmensplanungs-Modell für den betrieblichen demografischen Wandel. In Demografischer Wandel in der betrieblichen Praxis. Mit Best-Pactice-Berichten, hrsg. G. Happe, 57–64. 2. Aufl. Wiesbaden: Gabler.

109. Sauter, Annette M., Werner Sauter. 2002. Blended learning. Effiziente Integration von E-Learning und Präsenztraining. Neuwied [u. a.]: Luchterhand.

110. Schachl, Hans. 2005. Was haben wir im Kopf? Die Grundlagen für gehirngerechtes Lehren und Lernen. 3., neu bearb. u. erw. Aufl. Linz: Veritas.

111. Seel, Norbert M. 2003. Psychologie des Lernens. 2. Aufl. München: Ernst Reinardt (UTB).

112. Siebert, Horst. 2008. Konstruktivistisch lehren und lernen. Augsburg: ZIEL, Zentrum für Interdisziplinäres Erfahrungsorientiertes Lernen.

113. Siebert, Horst. 2010. Selbstgesteuertes Lernen und Lernberatung. Konstruktivistische Perspektiven. 3., überarb. Aufl. Augsburg: ZIEL, Zentrum für Interdisziplinäres Erfahrungsorientiertes Lernen.

114. Skiera, Ehrenhard. 2010. Reformpädagogik in Geschichte und Gegenwart. Eine kritische Einführung. 2., durchges. u. korr. Aufl. München: Oldenbourg.

115. Solso, Robert L. 2005. Kognitive Psychologie. Berlin/Heidelberg: Springer.

116. Staiger, Mark. 2008. Wissensmanagement in kleinen und mittelständischen Unternehmen. Systematische Gestaltung einer wissensorientierten Organisationsstruktur und -kultur. München/Mering: Hampp.

117. Stöckl, Markus, Gerald A. Straka (Hrsg.). 2001. Lebenslanges Lernen in der Arbeitswelt. Bremen: Univ.-Buchh. (Forschungs- und Praxisberichte der Forschungsgruppe LOS [Lernen, Organisiert und Selbstgesteuert], 10).

118. Stübig, Heinz. 2010. Friedrich Wilhelm August Fröbel. Beiträge zur Biographie und Wirkungsgeschichte eines „verdienten deutschen Pädagogen". Bochum: Projektverl.

119. Weller, Martin. 2007. Virtual Learning Environments. Using, choosing and developing your VLE. London: Routledge.

Die Kybernetik des Wissens

4

Zusammenfassung

Beim Managen von Wissen als Prozess gilt es zu beachten, dass wir es mit einem dynamischen Kontinuum zu tun haben. Wissen ist kein starres Gebäude und schon gar nicht etwas Unveränderbares. Bei jeder Wissenssteuerung ist das implizite Wissen zu beachten, das nicht selten wahre Schätze birgt. Daher will dieses Kapitel zur Kybernetik des Wissens zum einen für die Aspekte *verdecktes Wissen* und *Informationskompetenz* sensibel machen, es will aber auch zum anderen davor warnen, dass mit erfolgreichen Mustern aus anderen Unternehmen oder mit der Hinwendung zum Wissenseinkauf keine Lösungen geschaffen sind. Die Abkehr von der Qualifizierung und die Hoffnung auf die Übertragbarkeit von Erfolgsstorys verstellen den Blick auf eine tragfähige Zukunfts- und Wissensstrategie.

Es ist sicherlich nicht einfach, die Bedeutung von Wissen umfassend oder sogar vollständig zu erfassen. Wobei der Drang nach Vollständigkeit wohl eher einem übertriebenen Streben nach Abgrenzung entspringt. Etwas, das in dem Maße wie Wissen veränderbar, individuell und damit derart vielfältig ist, kann nicht mit Grenzlinien eingepfercht werden. Eher noch kann man von einem Kontinuum mit unterschiedlichen Erscheinungsformen und -zuständen, also von einem dynamischen Kontinuum sprechen. Wissen ist demnach kein starres Konzept oder ein einheitliches Phänomen. Mit der nachstehenden Abb. 4.1 wird zunächst ein Einblick in die Kybernetik des Wissens gegeben, damit die Abhängigkeit der Komponenten und darin begründete Veränderbarkeit des Ganzen zumindest ansatzweise begreifbar und vorstellbar wird.

Auf der Grundlage dieser Kybernetik können die einzelnen Einflussvariablen isoliert und bearbeitet werden. Mit diesen Informationen lässt sich das Handlungsgerüst vorzeichnen, mittels dessen ein strukturiertes Ideenmanagement durchgeführt werden soll. Ganz im Gegensatz zu einem statischen Gebilde will die Kybernetik des Wissens ein Beziehungsgeflecht zeichnen, das insbesondere durch Wandel und Veränderbarkeit gekennzeichnet ist. Einen ersten Zugang verschafft die Deskription zur Erfassung (s. Abb. 4.1).

W. Bünnagel, *Selbstorganisiertes Lernen im Unternehmen*,
DOI 10.1007/978-3-8349-4264-7_4, © Gabler Verlag | Springer Fachmedien Wiesbaden 2012

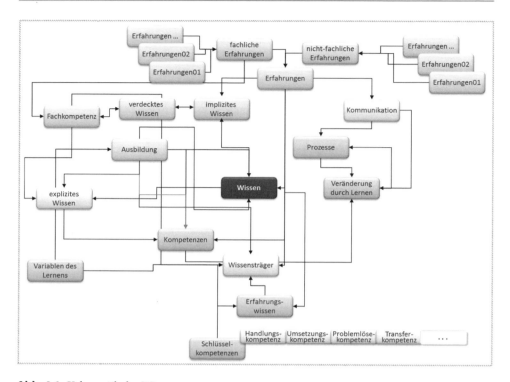

Abb. 4.1 Kybernetik des Wissens

Warum eine Kybernetik? Warum ein dynamisches Kontinuum? Zunächst muss bei der Annäherung an ein professionelles Wissensmanagement der Tatsache Rechnung getragen werden, dass Wissen eben nichts Einheitliches und Unveränderliches ist. Wissen unterliegt einer Vielzahl von Einflussfaktoren, die in der obigen Kybernetik in Abb. 4.1 nur ansatzweise zum Ausdruck kommt. Dabei handelt es sich bei jeder einzelnen Variable um eine das Erscheinungsbild von Wissen prägende Einheit. Aufgrund der Unterschiedlichkeit der Determinanten kann Wissen auch immer nur eine Momentaufnahme sein, kann sich das Erscheinungsbild von Wissen im nächsten Augenblick durch irgendeinen Einflussfaktor schon wieder verändert haben. Wird an einer Stellschraube gedreht, wird ein Parameter verändert, so beeinflusst dies zwangsläufig die Wissensrepräsentation.

Somit wird offenbar, dass eine Dynamik innerhalb des Ganzen für ständige Veränderung sorgt. Ähnlich einer Phänomenologie ist es zunächst nur das Erscheinungsbild, das sich ändert, die Wissensstruktur kann davon im Grunde genommen unberührt bleiben – je nachdem welches Wissenskonzept man zugrunde legt. Zur Umsetzung einer modernen Wissenswirtschaft ist es allerdings nicht zwingend notwendig, in die Philosophie um Wissensstrukturen und Wissensrepräsentationen einzusteigen. Das Bewusstsein, dass Wissen eine beeinflussbare Größe ist, mag für die Bewältigung der Aufgaben im Wissensmanagement genügen. Letztlich ist ja das Ziel, den Wert des betrieblichen Humankapitals zu steigern. Die Bemühungen darum können sporadisch oder strategisch und damit plan-

voll sein, im Sinne einer modernen Wissenswirtschaft sollte jedoch alles aus einem ganzheitlichen System heraus entstehen.

4.1 Wissen managen

Die Kybernetik weist die gleiche Aspekthaftigkeit auf wie das Wissen allgemein. Mit dem
Blick auf das Managen von Wissen sollten insbesondere die Facetten *Mitarbeiter* und *Motivation* interessieren (s. auch Abschn. 3.3). Deutlich ist wahrnehmbar, wie auch im Managen von Wissen die Motivation eine wesentliche Rolle spielt. Damit ist nicht gemeint, dass
die Führungskraft neben ihrer fachlichen Führungsaufgabe nun auch die Kapitalisierung
von Wissen im Unternehmen übernehmen muss. Dennoch muss die Führungskraft dafür
sorgen, dass das individualspezifische Wissen in die Wertschöpfung einfließt und dass die
Voraussetzungen erfüllt sind, damit der Einzelne motiviert ist, Wissen zu teilen, Wissen zu
erwerben und sich im Unternehmen weiterzuentwickeln (s. auch Abschn. 3.5).

Wissensmanagement ist derzeit ein sehr strapazierter Begriff, denn alles soll irgend-
wie etwas mit dem Managen von Wissen zu tun haben. Durch die vielfältige Verwendung
der Begrifflichkeit wird es geradezu unmöglich, rasch eine Übereinkunft zur Bestimmung
des Begriffes zu finden. Mit der Wissenswirtschaft ist vielleicht keine Antwort auf die Be-
zeichnungskonfusion gefunden, trotzdem böte es sich an, mit einem neuen Konzept zum
modernen Wissensmanagement einen einheitlichen Bezugspunkt zu finden. Die Wissenswirtschaft soll praxisorientiert sein und beinhaltet in jedem Falle ein Vorgehensmodell
zum Managen unternehmerischen Wissens. In einzelnen Phasen ist beschrieben, welche
Maßnahmen und welche operativen Schritte zur Wissenssicherung, zum Wissensausbau
und zum Wissenstransfer einzuleiten sind. In der Abb. 3.4 zum generalisierten Phasen-
modell sind die wichtigsten Komponenten der modernen Wissenswirtschaft zusammengefasst (s. ausführlich in Bünnagel Kap. 3, S. 56–110 [1]).

Das Managen von Wissen ist mehr als Bildungsorganisation, und selbst beim *so*-Lernen
bedarf es im betrieblichen Kontext einer Art Metaebene, auf der das individuelle Wissen
organisiert wird. Dazu gehört neben evaluierenden Maßnahmen genauso die Entwicklung
von Konzepten zur Vernetzung von Wissen. Denn längst ist das Management von Wissen
zur Wissensvernetzung, zur Prozessoptimierung, zur Sicherung des Wissenstransfers und
schließlich zur Förderung der Informationskompetenz geworden.[1]

Das Wissen im Fluss zu halten, dafür bedarf es im Unternehmen der Führungskräfte,
denn sie sind es, die als Schnittstelle zur Wissensstrategie und zur Konzeption der modernen Wissenswirtschaft für den Wissenswandel sorgen. Sie erkennen Potenziale, sie fördern
die individuelle Weiterentwicklung und sie fordern den Wissenstransfer wie die Wissens-

---

[1] Insbesondere die Wissensvernetzung ist sehr vielfältig, das Betrachtungsspektrum reicht von der
Hypertext-Organisation und vom kommunizierenden Lernen (s. Schnauffer et al. [13]) über das An-
zapfen des personalen Wissens (s. Schöller [14]) bis zum *Semantic Web* (s. Pellegrini und Blumauer
[10]).

kooperation. Mit dem Vertrauen, das sie bei den Mitarbeitern aufbauen, wird die Motivation zum Lernen gestützt.

4.2 Die Macht des impliziten Wissens

In Zeiten des harten Konkurrenzkampfs und des Veränderungswettbewerbs wird es immer wichtiger, klare strategische Ziele, das heißt auch definite Wissensziele herauszuarbeiten. Der Kampf gegen den Wettbewerber ist sinnloses Handeln. So können selbst kurzfristig erzielte Erfolge nicht darüber hinwegtäuschen, dass nur derjenige fortbestehen kann, der auch an morgen denkt. Es ist zweifellos zukunftsorientiert, das unternehmerische Humankapital in strategische Zielplanungen miteinzubeziehen. Hierbei sollte dann vor allem das implizite Wissen in den Fokus der Planungen rücken, denn darin steckt unermessliches Potenzial.[2] Selbst scheinbar und vermeintlich unbedeutende Mitarbeiter können einen reichen Schatz an Prozesswissen und Optimierungsimpulsen besitzen. Die Gründe dafür, dass diese Mitarbeiter sich nicht einbringen oder ihr Wissen nicht mitteilen, sind sehr vielfältig. Doch es sind gerade die Gründe für dieses Verhalten, die den Schlüssel zur Aufdeckung des impliziten Wissens bergen. Der Schlüssel kann vielleicht in der Einbindung der sozialen Wechselwirkungen liegen. Wandel und Netzwerken verspricht ein interessanter Ansatz für neue Wege zur kollektiven Intelligenz zu werden (s. u. a. Kruse [6]).[3] Dennoch bleibt dies reine Theorie, wenn nicht konkrete Instrumente und Methoden zur Hebung von Wissensschätzen zur Verfügung gestellt werden.

Es geht nicht um die Schaffung neuer Berufsbilder, wie z. B. den Wissenstransfer-Manager, in dieser Beziehung zeigen die Unternehmen mehr Innovationskraft als im Hinblick auf Maßnahmen zur Optimierung des Wissenstransfers. Es muss das Ziel sein, diejenigen im Unternehmen zu identifizieren, die mit Leidenschaft und Nachhaltigkeit die Transferprozesse begleiten, steuern und optimal gestalten. Nötigenfalls muss selbstverständlich auf externes *Know-how* zurückgegriffen werden, wenn die internen Ressourcen fehlen. Dennoch sollte es das Bestreben sein, derart wichtige und erfolgskritische Gestaltungsbereiche aus dem Unternehmen heraus zu besetzen.

Der Kern von Maßnahmen kann auch die stärkere Einbindung der Mitarbeiter bei der Kodifizierung von Wissen sein. Dann muss allerdings zuerst der Frage nachgegangen werden, was Mitarbeiter von der Pflege von Wissensdatenbanken abhalten könnte. Schließlich ist der Datenbankboykott kein unbekanntes Phänomen. Es ist oft der Alltag anzutreffen, dass Datenbanken nicht sauber gepflegt werden. Außer einer Überprüfung auf Vollstän-

---

[2] Zur Diskussion, Definition und Bedeutung von implizitem sowie verdecktem Wissen siehe insbesondere Polanyi [11, 12] sowie das *SECI*-Modell nach Nonaka und Takeuchi [8, dt. 9]). Weitere Darlegungen finden sich in Neuweg [7] und Katenkamp [3].

[3] Obschon P. Kruse den Wandel und das Managen von Wandel in den Mittelpunkt stellt (s. auch u. a. Kruse [4, 5]), bieten der Vernetzungsaspekt sowie die unterschiedlichen sozialen Netzwerke hinreichend Impulse, über neue Wege der Wissensvernetzung nachzudenken.

digkeit von Einträgen ist es durchgängig notwendig, dass Mitarbeiter mittels Aufforderungen respektive Arbeitsanweisungen zur Sorgfalt und Nachhaltigkeit aufgefordert werden. Es bleibt darüber hinaus eine Dunkelziffer dessen, was eigentlich noch in die Datenbank gehört hätte respektive was für das Unternehmen hätte nützlich sein können, sowie der Daten, die notwendig sind und ständig nachgefordert werden müssen.

Die Gründe für diesen Missstand sind mannigfaltig:

- fehlende Einsicht der Mitarbeiter,
- Datenpflege meist als Zusatzanforderung und Zusatzbelastung,
- dadurch mangelnder Mehrwert für den Mitarbeiter,
- Gefühl der Gängelung,
- Reduktion auf Datenbankarbeit und damit auf einen Verwaltungsakt,
- Fehlen eines persönlichen Nutzens,
- oft empfundene Sinnlosigkeit,
- Entfernung vom tatsächlichen Tagesgeschäft,
- mangelnde Anwenderfreundlichkeit,
- als unnötig empfundener Zeitverlust.

In gewisser Weise muss eigentlich nur das Gegenteil unternommen bzw. veranlasst oder die Rahmenbedingungen modifiziert werden.

Das implizite Wissen weckt Begehrlichkeiten bei denjenigen, die daran teilhaben wollen. Es steht nicht umsonst oft im Zentrum von vielen Ideen, Konzepten und Versuchen, ihm näherzukommen. Wenn vieles bisher punktuelles Handeln geblieben ist, dann mag ein Grund dafür in der Überheblichkeit derer liegen, die an die simple Steuerbarkeit oder Manipulierbarkeit von Mitarbeitern glauben. Wissen freiwillig preiszugeben oder nach entsprechendem Anreiz hin zu transferieren, unterliegt keinem überschaubaren Reiz-Reaktions-Schema.

Die Gesetze, die hier gelten, sind schnell umrissen und lassen sich kurz und knapp formulieren:

- ein Mitarbeiter muss motiviert sein, sein Wissen weiterzugeben;
- zu seiner Motivation bedarf es der Anreize;
- der Mitarbeiter muss eine *Win-Win*-Situation erkennen können;
- es muss eine Atmosphäre vorherrschen, die das Wissen-teilen begünstigt.

Damit alle Einflussfaktoren zugleich wirksam werden, muss der Mitarbeiter nicht nur Aufmerksamkeit erfahren, sondern auch die Bedeutung des impliziten Wissens sowie dessen

Komplexität ernst genommen werden. Ein erster Schritt, der weiter als der übliche Aktionismus reicht, besteht in einer Bestandsaufnahme. Diese umfasst eine konkrete Vorstellung zum vermuteten impliziten Wissen, eine qualitative wie quantitative Bemessung der Bedeutung dieses Unternehmenswertes und damit die eindeutige Beschreibung des Nutzens, der in der Hebung dieses Unternehmensschatzes bestehen soll. Nicht jede Archivierung von Informationen in Datenbanken wird irgendwann einer Bedeutung zugeführt. Die riesigen ungenutzten Datenvolumina in den Unternehmungen könnten davon zeugen, doch mehr zeugen sie von einer unmotivierten und unstrukturierten Datensammlung, die ohne klares Ziel und eindeutige Absicht vorgenommen worden ist.

4.3 Informationskompetenz

Neben Lern- und Entwicklungskompetenz wird sich zweifellos die Informationskompetenz als eine der zentralen Schlüsselqualifikationen der Zukunft herausbilden. Denn es liegt auf der Hand, dass das individuelle Management des Wissens und die intelligente Beschaffung von Informationen wie von Wissen die Effizienz und Leistungsfähigkeit der Mitarbeiter mitprägen werden. Das Notwendige für die Arbeit in der Daten- und Informationsflut wiederzufinden, aus den Datenströmen herausfiltern zu können oder im Datendschungel, sei er betriebsintern oder weltweit, zu lokalisieren, muss als Kompetenz ausgeprägt sein, zumindest müssen alle, die mit dem persönlichen Datenmanagement noch Schwierigkeiten haben, an diese Fertigkeit herangeführt werden.

Längst sind die Zeitfallen, die sich hinter der Informationsrecherche verbergen können, bekannt. Da wird nicht selten das Internet regelrecht umgegraben nach einer Information, ohne die es sich genauso gut weiterarbeiten lässt. Beseelt von der sportlichen Herausforderung scheut sich dann der eine oder andere Mitarbeiter nicht, seine wertvolle Arbeitszeit in den vermeintlichen Sieg über die Undurchdringbarkeit des weltweiten Heuhaufens zu investieren.

Informationskompetenz reicht aber noch über die Informationsrecherche hinaus. Seine Daten und sein kodifiziertes Wissen zu organisieren, erfordert genauso Fähigkeiten. Wer kennt nicht die Kolleginnen, die Kollegen, die imstande sind, ein oder zwei Stunden nach einer einfachen Excel-Liste im System zu suchen, während die Neuerstellung weitaus weniger Zeit und Energie in Anspruch nähme. In solchen Fällen muss es sogar angezeigt sein, auf vorhandenes Wissen zu verzichten. Kompetenz besteht dann darin, schnell entscheiden zu können, ob sich der Aufwand der Suche lohnt respektive der Verzicht auf bereits gewonnene und archivierte Daten/Informationen kompensierbar ist. Die Stärke kann auch darin liegen, dass im Verlauf des Reproduktionsprozesses alte Erfahrungen und vorhandenes Wissen reaktiviert werden.

In einer Art Reizdiskriminierung werden Mitarbeiter es künftig verstehen müssen, augenblicklich wertlose Informationen aktiv und frühzeitig auszugrenzen. Nur so kann verhindert werden, dass Zeit wie Energie unnötig eingesetzt sind. Mit dieser Informationsdiskriminierung ist zugleich der Grundstein gelegt für ein Informationsmanagement, das in

Zeiten hoher Informationsflut dabei hilft, sich nicht zu verlieren. Geschickte Suchabfragen und die adäquate Wahl der Suchmaschine sind konkrete Techniken, die leicht vermittelbar sind. Informationscoaching kann dann den Anwender zur Reflexion seines Suchverhaltens bringen, wodurch sich Optimierungsmöglichkeiten ergeben können.

Heranwachsende Generationen erleben Medienkompetenz als Unterrichtsinhalt, selbst wenn der Schwerpunkt noch auf den umsichtigen Umgang mit sensiblen Daten gelegt wird. Künftig werden sicherlich Methoden des *Information-Retrievals* miteingebunden sein, was die Medienkompetenz gewiss sinnvoll erweitert. Schließlich kann eine Suchmaschine noch lange nicht die Strategien des Suchens ersetzen. Selbst der *Hype* um das *Semantic Web* (s. u. a. Hitzler et al. [2]) darf nicht darüber hinwegtäuschen, dass am Ende nur zielführende Informationen weiterhelfen.

4.4 Best Practice – na und?

Best Practices werden in Publikationen und in Vorträgen als die Lösung, als das Allheilmittel oder schlechthin als die Wunderwaffe im Kampf um Veränderungen angesehen. *Best Practices* können nur etwas veranschaulichen, und dabei steckt das Wesentliche nicht in der Deskription des Musterhaften. Dies bedeutet, dass bei der Beschreibung von Prozessen und Erfolgen Faktoren in den Vordergrund gestellt werden, die nur vermeintlich entscheidende Einflussgrößen des Erfolgs sind. Oft liegen die wichtigen Informationen dahinter. Diese Erkenntnis ist ohne weiteres übertragbar auf das betriebliche Wissensmanagement.

Best Practices sind also nicht der Schatz der Nibelungen, der Stein der Weisen oder gar der Heilige Gral der Erkenntnis. Kurzum, das Wesentliche, der Vorbildcharakter der Musterpraktiken ist das spezifische Wirkungsgefüge. Leider ist die Vermarktung allein auf den Erfolg der Praktik ausgerichtet und die Wirkungsweise im besonderen Kontext kommt zu kurz. Dadurch sind diese erprobten Beispiele zunächst einmal schlechter als ihr Ruf.

Vielleicht ist es die Sehnsucht nach einfachen Lösungen oder nach einem Erfolg ohne Anstrengung, die den *Best Practices* so viel Aufmerksamkeit zuführt. Jedoch können die meisten Musterlösungen derartige Wünsche nicht erfüllen – vor allem dann nicht, wenn die Bereitschaft fehlt, die eigene Situation genau zu analysieren. Mit dem Bewusstsein für die eigenen Schwächen kann erst ganz gezielt nach Erfolg versprechenden Veränderungsmaßnahmen gesucht werden. Es ist zugleich dieses Problembewusstsein, das hilft, Angemessenheit wie Bedarfskonformität von Maßnahmen abschätzen zu können. Wer erkannt hat, dass bei den *Best Practices* nicht das Ziel der Weg ist, sondern die wichtigen Bausteine des Erfolgs einzusetzen, der kann die Zielerreichung planvoll vorbereiten.

Denn beispielhafte Muster sind im Grunde genommen eine (unternehmens-)spezifische und damit eine einzigartige Lösung. Dennoch ist diese übertragbar, wenn sauber die Umgebungsvariablen und Rahmenbedingungen analysiert und dargestellt werden, damit über das Beziehungsgeflecht die wahren Erfolgsparameter identifiziert werden können. Diese Relationen machen das wahre Geheimnis aus. Die Bewertung von *Best Practices* liegt also in der Analyse der vorhandenen Erfahrungen. Mit einer derart kritischen Distanz lassen sich anschließend die wirkenden Elemente eines musterhaften Beispiels isolieren. All dies trifft uneingeschränkt zu für das Managen von Wissen sowie für die Einführung des *so*-Lernens.

4.5 Das Sekundärziel: Kohortenausgleich

Obgleich der Begriff *Kohortenausgleich* sehr befremdlich wirkt, wird er dennoch der demografischen Realität gerecht. Letzten Endes wandern die Kohorten, die Mitarbeitergenerationen unaufhaltsam auf den jeweiligen Renteneintritt zu. Die Vorgabe zur Abwendung des Fachkräftemangels muss demnach lauten: Kohorten ausgleichen. All dies wäre nicht der Worte wert, wenn der Arbeitsmarkt problemlos die Ressourcen für Neueinstellungen zur Verfügung stellen würde. Um an dieser Stelle die letzten Optimisten zu ernüchtern: Die Quelle, die viele als unerschöpflich gesehen haben, wird mittelfristig austrocknen. Dazu brauchen an dieser Stelle keine Alterspyramiden aufgezeichnet zu werden.

Der Aufbau nachfolgender Kohorten in der Altersverteilung einer Unternehmung mittels massiver Neueinstellungen kann aus zwei Gründen nicht gelingen. Es wurde bereits erwähnt, dass der Markt freier Fachkräfte zum gegebenen Zeitpunkt nicht existieren wird. Der zweite Grund, warum der Kohortenaufbau kein praktikables Konzept darstellt, ist, weil der Wissenstransfer außen vor bleibt, die Integrationsproblematik ausgeblendet ist.

In der Vereinfachung zur Darstellung wandernder Kohorten ist zunächst festzuhalten, dass bei älteren Mitarbeitern ein großer Wissensschatz verborgen liegt, ein hohes Maß an Erfahrungen wie Handlungskompetenz vorhanden ist und all dies idealerweise auf nachfolgende Generationen zu übertragen ist. Während der demografische Kohortenausgleich allein auf die Altersverteilung fixiert ist, muss der idealisierte Wissensausgleich einer Art Wissenslinie folgen. Diese Ideallinie gibt vor, dass ein Mehr an Wissen bei älteren Mitarbeitern auf jüngere Mitarbeitergenerationen verteilt wird. Sobald also diese gedachte Linie der Wissensverteilung gezogen ist, sollten sich demzufolge die Frage sowie die Forderung nach Erfolg versprechenden Maßnahmen zum Wissenstransfer stellen. Dies trifft auf die erfolgreichen Alt-Jung-Modelle zum Wissenstransfer genauso zu wie auf die zahlreichen Annäherungsversuche an das implizite, verdeckte Wissen.

Unmittelbar daran, dass die Ideallinie genauso als Ziellinie gesetzt wird, schließt sich dann die Aufgabe an, sich nicht nur den altersspezifischen Mitarbeitergruppen, sondern auch dem einzelnen Mitarbeiter zu widmen. Wissenstransfer ist nicht allein ein Prozess, in dessen Verlauf das Wissen von einem zum anderen wandert. Einerseits können Wissenszuwachs und damit letztendlich Transfer gleichfalls von außen kommen, andererseits kann und soll Wissenstransfer selbstverständlich genauso in ein und derselben Mitarbeitergeneration stattfinden.

Soll das Zukunftspotenzial nutzbar gemacht werden, ist zuerst die Entscheidung für eine wirkende Lernkultur zu treffen. Werden dabei noch die Vorteile im *so*-Lernen erkannt, kann eine wirklich zukunftsweisende Grundlage für ein dynamisches Entwicklungssystem gelegt werden. *So*-Lernen ist natürlich nicht nur eine Herausforderung, sondern zugleich auch eine Chance für Verbesserungen in der Kompetenzentwicklung, die gleichfalls Kostenoptimierungen bringen. Allein der Hinweis darauf, wie kostenintensiv die gängigen Qualifizierungsstrukturen in vielen Unternehmen sind, mag genügen, dieses Potenzial genau zu betrachten.

Die Zukunft erfordert ein Umdenken im Hinblick auf das Personalmanagement, denn mit der wachsenden Bedeutung von Wissen muss auch das Wissensmanagement im Unternehmen vielschichtiger werden. Wissensausbau und Wissenstransfer dürfen kein planloses Handeln sein. Das Managen von Wissen braucht Strategie und professionelle Prozesse. Der Weg in die Zukunft kann mancherorts nur über die Organisationsentwicklung geschehen.

In diesem Zusammenhang sollen erste Aufforderungen für künftige Aufgaben sensibilisieren:

- Mitarbeiter als Mitgestalter sehen und einsetzen;
- Mut zur Vertikalisierung zeigen, flache Hierarchien werden doch allzu oft als Mittel der Mitarbeitergewinnung und der Pseudodemokratie entlarvt – also Vertikalisierung vorziehen statt aufschieben;
- trotz der Hierarchisierung auf das Erfolgsmodell *Demokratie* setzen;
- da sich Motivation nicht verfügen lässt, Anreize schaffen, die Mitarbeiter zu mehr Lernen und zu mehr Leistung bewegen;
- Bedarf und Bedürfnisse am besten gemeinsam erfassen;
- Identifizierung und *Commitment* fördern wie fordern;
- Wissenstransfer in alle Richtungen steuern respektive begünstigen;
- eine Mündigkeit des Mitarbeiters fördern, die weit über das selbstständige Arbeiten hinausgeht;
- den Mitarbeiter seine berufliche Weiterentwicklung selbst bestimmen lassen.

Wenn dann noch Alt-Jung-Modelle als hilfreich für den intergenerationellen Wissensaustausch propagiert werden, dann darf das Augenmerk nicht allein auf dem Transfer von Wissen von Alt nach Jung liegen, sondern muss genauso der Austausch von Jung nach Alt als hilfreich begriffen werden. Systematisierungen zu dieser Transferausrichtung stehen noch weitestgehend aus, da mehr über den Transfer von Alt nach Jung nachgedacht wird.

Statt allein auf Maßnahmen des Transfers zu setzen, müssen gleichfalls Handreichungen zum Aufbau wie zum Ausbau von Wissen gegeben werden. Demnach ist es in der heutigen Informationsflut unabdingbar, dass Mitarbeiter Strategien zur Informations- und Wissensselektion erwerben und sozusagen eine Diskriminierungsfähigkeit ausbilden, wodurch sie Wichtiges von Unwichtigem unterscheiden lernen.

Insbesondere mittelständische Unternehmen wissen, mit welchem Aufwand es verbunden ist, auf der Grundlage zentral gesteuerter Prozesse Bildungsveranstaltungen zu organisieren. Daneben sind die Kosten für externe Weiterbildungsmaßnahmen noch eine zusätzliche finanzielle Belastung. Bis es geregelt ist, ob ein oder zwei Mitarbeiter als Einzel-teilnehmer zu einem festen Termin an einer externen Veranstaltung teilnehmen können, müssen verschiedene Entscheidungsinstanzen durchlaufen werden. Ob dann das fixierte Bildungsprojekt wirklich zum Mitarbeiter passt und/oder auf den Bedarf der Unterneh-mung ausgerichtet ist, bleibt zunächst offen. Nicht selten wird diese Frage im Nachgang negativ beantwortet. Erschwerend kommt hier noch hinzu, dass derart starre Planungs- und Bildungsorganisationsstrukturen kaum bis kein Optimierungspotenzial bereithalten. Denn meist gestaltet es sich schwierig, mehrere Mitarbeiter mit demselben Bedarf zu bün-deln.

Wissenstransfer und Wissenserhalt sind im Zuge der Diskussionen zum Fachkräfte-mangel als ein großes Gesamtthema entdeckt worden. Zunächst ist anzumerken, dass die Debatten um den drohenden Fachkräftemangel oft überzeichnet sind, immerhin dann, wenn es mehr um das oben erwähnte Lamentieren geht statt um die aktive Suche nach Lö-sungen. Letztendlich lässt sich der demografische Wandel nicht von der Hand weisen, und im Sinne der Wissenssicherung und der Vermehrung des Unternehmenswissens muss je-des Unternehmen seine eigene Dynamik entwickeln. Wissen soll hier eng geknüpft sein an das betriebliche Humankapital und damit auch an eine Form des Wissenskapitals, das sich nicht einfach in einen vordefinierten Sicherungs- oder Generierungsprozess pressen lässt.

Auf der anderen Seite sollen die Begriffe *Ganzheitlichkeit* und *Komplexität* nicht ab-schrecken, zumal die Ganzheitlichkeit in der Betrachtung oft herhalten muss, wenn man sich an eine dezidierte Vorgehensweise nicht heranwagt. Dennoch verlangt es die Kyberne-tik des Wissens, dass unterschiedliche Sichtweisen auf das Unternehmenswissen gewählt werden und dass die verschiedenen Einflussfaktoren sowie Variablen aufgezeigt und auch durchleuchtet werden.

Wissen steht nicht als ein Konstrukt beziehungslos im System der Unternehmung. Ge-nauso lässt sich Wissenssicherung nicht allein auf Personalentwicklung reduzieren. Hier fordern Ganzheitlichkeit und Kybernetik gewissermaßen ihren Tribut.

Literatur

1. Bünnagel, Werner. 2010d. Handbuch zur Einführung einer modernen Wissenswirtschaft. Das Unter-nehmenswissen im Visier. München/Mering: Hampp.
2. Hitzler, Pascal, Markus Krötzsch, Sebastian Rudolph, York Sure. 2008. Semantic Web. Grundlagen. Berlin [u. a.]: Springer.
3. Katenkamp, Olaf. 2011. Implizites Wissen in Organisationen. Konzepte, Methoden und Ansätze im Wissensmanagement. Wiesbaden: VS Verlag für Sozialwissenschaften.
4. Kruse, Peter. 2007. Management des Wandels – Veränderung durch Vernetzung. In DRG und Struk-turwandel in der Gesundheitswirtschaft, hrsg. H. Kölking, 195–223. Stuttgart: Kohlhammer.
5. Kruse, Peter. 2009. Die Neue Dimension des Wandels. In Gestaltungsfeld Arbeit und Innovation. Pers-pektiven und Best Practices aus dem Bereich Personal und Organisation, hrsg. Klaus Schmidt, Ronald Gleich, Ansgar Richter, 81–105. Freiburg: Haufe-Lexware.

6. Kruse, Peter. 2010. nextexpertizer und nextmoderator: Mit kollektiver Intelligenz Veränderungsprozesse erfolgreich gestalten. In Change Management in der Praxis. Beispiele – Methoden – Instrumente, hrsg. Susanne Rank, Rita Scheinpflug, 210–217. 2., neu bearb. u. erw. Aufl. Berlin: Erich Schmidt Verlag.

7. Neuweg, Georg Hans. 1999. Könnerschaft und implizites Wissen: Zur lehr-lerntheoretischen Bedeutung der Erkenntnis- und Wissenstheorie Michael Polanyis. Münster [u. a.]: Waxmann. (Internationale Hochschulschriften, 311).

8. Nonaka, Ikujiro, Hirotaka Takeuchi. 1995. The Knowledge Creating Company. How Japanese Companies Create the Dynamics of Innovation. Oxford [u. a.]: Oxford University Press.

9. Nonaka, Ikujiro, Hirotaka Takeuchi. 1997. Die Organisation des Wissens. Frankfurt a. M.: Campus Verlag.

10. Pellegrini, Tassilo, Andreas Blumauer (Hrsg.). 2006. Semantic Web. Wege zur vernetzten Wissensgesellschaft. Berlin/Heidelberg: Springer.

11. Polanyi, Michael. 1966. The tacit dimension. New York: Doubleday & Co.

12. Polanyi, Michael. 1985. Implizites Wissen. Frankfurt a. M.: Suhrkamp.

13. Schnauffer, Hans-Georg, Brigitte Stieler-Lorenz, Sybille Peters (Hrsg.). 2004. Wissen vernetzen. Wissensmanagement in der Produktentwicklung. Berlin/Heidelberg: Springer.

14. Schöller, Thomas. 2009. Wissensvernetzung in Organisationen. Wissen entwickeln – teilen – nutzen. Saarbrücken, VDM Verlag Dr. Müller.

Teil II

Stationen auf dem Weg von der Vision zur Wirklichkeit

Erste Schritte

5

Zusammenfassung

Teil II des Buches steht ganz im Zeichen der Umsetzung, sei es die Realisierung der Vision vom mündigen Mitarbeiter oder die Einführung des selbstorganisierten Lernens im Unternehmen. Mit der Hinwendung zum Mitarbeiter und dessen Potenzialen geht eine Individualisierung der Personalarbeit einher. Dies bedeutet, dass der einzelne Mitarbeiter mit seiner Individualität zum Maßstab wird. Für die betriebliche Weiterbildung heißt das, über neue Modelle der Bildungsorganisation nachzudenken. Daher werden im Folgenden ein paar operative Aspekte moderner Wissenswirtschaft im Unternehmen herausgestellt. Sie dienen des Weiteren dazu, die Begründung für die Einbindung der Reformpädagogik vorzubereiten. Denn die reformpädagogischen Prinzipien zum selbstbestimmten Lernen können einen Ausweg aus einem möglichen Bildungsdilemma im Unternehmen aufzeigen. Die unterschiedlichen Schematisierungen und Prozessbeschreibungen erleichtern dabei das Verständnis und den Zugang zur operativen Umsetzung.

Die Zielprojektion zum *so*-Lernen und zum mündigen Mitarbeiter mögen noch viele befürworten, für das eigene Unternehmen die Verwirklichung anzustreben, fällt erfahrungsgemäß schon deutlich schwerer. Die Theoretisierung und die Darstellung von Modellen mögen für das Verständnis und als Zugang zur Materie hilfreich sein, die Praxis allerdings fordert eine wesentlich pragmatischere Herangehensweise. Wie das *so*-Lernen im Unternehmen eingeführt werden kann, dies lässt sich am besten an einer Art Einführungsleitfaden oder an einem Vorgehensmodell vorführen.

Es ist also beabsichtigt, über einzelne Prozessschritte, durch wichtige Rahmenbedingungen und mittels erfolgskritischer Momente das Rüstzeug an die Hand zu geben, mit dem ein Unternehmen aus sich heraus eine neue betriebliche Lernwelt aufbauen kann. Obgleich die Kernpunkte des Vorgehensmodells nur Handlungsempfehlungen sind, muss beachtet werden, dass mit einem punktuellen Aktionismus keine neue Lernkultur und kein nachhaltiges Konzept zum *so*-Lernen realisierbar sind.

Zweifellos ist der im Folgenden skizzierte Ablauf weder starr noch unabänderlich, so kann es je nach unternehmensspezifischer Lage sinnvoll sein, den einen oder anderen Pro-

W. Bünnagel, *Selbstorganisiertes Lernen im Unternehmen,*
DOI 10.1007/978-3-8349-4264-7_5, © Gabler Verlag | Springer Fachmedien Wiesbaden 2012

zessbaustein zu versetzen. Im Bewusstsein des Planers sollte immer die Interdependenz von Strukturen vorhanden sein. Betriebliche Weiterbildung funktioniert nämlich nicht ohne Motivation, Unternehmenskultur kann ohne Wertschätzung nicht gedeihen, Führungskräfte verlieren ohne Strategie wie Ziele die Orientierung und manche Mitarbeiter müssen erst an das Lernen herangeführt werden.

Den mündigen Mitarbeiter als Zielpunkt zu setzen, ist kein mutiges Unterfangen, sondern vielmehr ein Bekenntnis zu einem tiefgreifenden und letztlich notwendigen Wandel in der Unternehmensorganisation. Bis zur Vollendung ist es jedoch ein weiter und manchmal mühevoller Weg. Dabei wird es wichtig sein, einzelne Etappen fest im Visier zu haben und die damit verbundenen Schritte zu vollziehen. Allein sich auf den Genuss der Früchte zu konzentrieren, die man irgendwann ernten will, wird der Anstrengung des Kultivierens nicht gerecht und unweigerlich zum vorzeitigen Scheitern führen. Das bedeutet, dass weder Hochglanzprogramme noch Schönrederei ans Ziel führen. Eher müssen die Verantwortlichen von Unablässigkeit, Umsicht und Durchsetzungsfreude beseelt sein.

Wie soll dann eine erste Annäherung an die Zukunft aussehen? Diese zentrale Frage im Hinblick auf die Zukunftssicherung einer Unternehmung sollte nicht allein um den Erhalt einer statischen Größe *Wissen* kreisen. Sondern es ist unabdingbar, auch das Konzept vom Wissen als Unternehmenskapital zu dynamisieren. Diese Dynamisierung braucht zum Teil neue und vielleicht visionäre Konzepte, denn wenn auch ein großes Thema der Wissenserhalt ist, darf dahinter keine unveränderliche Konstante vermutet werden. Wissen selbst, sei es individualspezifisch oder kollektiv, unterliegt ständigen Veränderungen aufgrund von Anpassungsprozessen.

Daher ist Wissenserhalt auch nicht allein Sicherung, sondern im Grunde genommen gleichfalls Wissensausbau. Mit der Freude des Einzelnen an der Bereicherung mit Wissen wird das Fundament geschaffen, auf dem zugleich Wissenstransfer gelebt werden kann. Ansonsten sind die Begünstigung und die Steuerung von Wissenstransfer eine mühselige Angelegenheit. So muss genau analysiert werden, welche Anreize vonnöten sind, damit jemand Wissen preisgibt. Manchmal müssen regelrecht Wissensbunker aufgebrochen werden, sofern überhaupt die Mittel für derartige Versuche zur Verfügung stehen.

Aber die Erfolge all dieser Instrumente wie Methoden sind weit weg von der Qualität einer *Best Practice*. Denn was viele beim Versuch, erfolgreiche Modelle zu übertragen, unterschätzen, ist der spezifische Kontext, in dem das erfolgreiche Modell funktioniert hat (vgl. Abschn. 4.4). Eine erfolgreiche Struktur zu implementieren, bedarf einer bedarfsspezifischen Lösung und vorab einer tiefergehenden Prüfung der Rahmenbedingungen. Auch beim Wissenstransfer ist wie beim Lernen Motivation unabdingbar. Somit muss es das Ziel sein, allgemeine und hinreichende Voraussetzungen zu schaffen und die Anreize für die Mitarbeiter zu generieren, da diese sich zum einen weiterentwickeln und zum anderen bereitwillig ihr Wissen teilen sollen.

▶   Wissen ist ein Kontinuum, das dynamisch ist, wir haben es also mit einem sich ständig veränderndem Ganzen zu tun.

Ähnlich wie in der Kybernetik, wirkt sich das Drehen von Stellschrauben mitunter bis auf weit entfernte Strukturen im System aus. Ganz praktisch betrachtet: Wissen und Wissens-aus- wie -aufbau haben beim Einzelnen etwas mit Personalentwicklung zu tun. Personalentwicklung ist wiederum in einer modernen Unternehmung auch Organisationsentwicklung. Denn der Austausch von Erfahrungen lässt sich nicht einfach diktieren oder in ein Seminar, in einen Workshop oder einen Bildungsplan packen.

Wissen-teilen braucht eine entsprechende Atmosphäre und vor allem wirkungsvolle Anreize, die denjenigen einen Vorteil verspüren lassen, der aufgefordert ist, etwas weiterzugeben oder sogar preiszugeben. Anreize sind wieder eng an Motivation geknüpft und Motivation hat ihre Anknüpfungspunkte zu Vertrauen und Wertschätzung. Somit sind wir inmitten der Organisationsentwicklung, wenn eine Unternehmenskultur, basierend auf Vertrauen und Wertschätzung, unabdingbar ist und wenn Mitarbeiter Freude an einer kollaborativen Wissensarbeit spüren. Nun ist Kultur als Erfolgsfaktor zwar im Bewusstsein der Fachwelt sowie der meisten Entscheider, aber trotz der Forderung nach gelebter Unternehmenskultur bleiben einige wichtige Erkenntnisse häufig auf der Strecke.[1]

Einem drohenden Fachkräftemangel lässt sich auch nicht vorbeugen, indem die Weitergabe individuellen Wissens von einer Generation an die nächste sichergestellt wird. Fachkräftemangel ist sowieso erst ein Thema, wenn man etwas versäumt hat, z. B. durch Qualifizierung und Kompetenzentwicklung einem Wissensdefizit vorzubeugen. Fachkräftenotstand wird im Hinblick auf dessen Überwindung immer noch als etwas betrachtet und verstanden, was nur von außen gelöst werden kann. Gern glaubt man in diesem Zusammenhang an die langfristigen Folgen der demografischen Neige und damit an die Verknappung von Humanressourcen. Auf diese Weise erscheint das Problem gewissermaßen naturgegeben wie schicksalhaft. Oft wird auch die Lösung darin gesehen, dass man nur genug Anstrengungen unternehmen und materielle Anreize schaffen muss, damit die Personalgewinnung erfolgreich den Fachkräftemangel ausbremst.

Nicht selten bleiben die Verantwortlichen passiv, verharren in der Problemstellung, bewerten ihre Lage und klagen laut. Zukunft gestaltet sich nur aktiv, und so muss in dem Augenblick, in dem sich für das Unternehmen ein Fachkräftemangel andeutet, über vorbeugende Maßnahmen nachgedacht werden. Dies kann je nachdem die Umgestaltung des Unternehmens einbeziehen. Besteht für all dies auch keine kurz- oder mittelfristige Notwendigkeit, kann zumindest strategisch und damit langfristig das Feld für Veränderungen bereitet werden. Die Einbettung des Themas ist zur gleichen Zeit eine Art Orientierung für das weitere Vorgehen (s. Abb. 5.1).

Zusätzliche operative Arbeitsfelder sind: Bildungsorganisation, Kompetenzmodell, Lernmotivation, Mitarbeitermotivation, Anreizmodell und Motivraster, Lernkultur, Wett-

---

[1] Die Sichtweisen auf die Unternehmenskultur sind mannigfaltig, allem voran sollte die enge Beziehung zwischen Unternehmenskultur und Kompetenzentwicklung stehen (s. Fichtner [8]). Die besondere Bedeutung von Führung thematisieren Franken [10] und Homma und Bauschke [19], während in Niederhäuser und Rosenberger [26] die Aspekte Identität und Kommunikation wiederzufinden sind. Gleichwohl kommt in der Fachliteratur sowie im Alltag beständig die Menschlichkeit zu kurz, dem Lindemann und Heim [23] gerecht werden wollen.

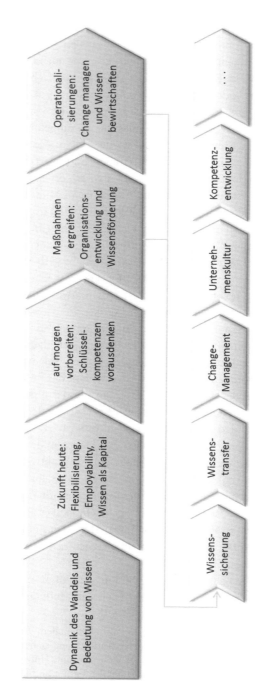

Abb. 5.1 Der rote Faden zur Organisationsentwicklung

bewerbsfähigkeit, Entwicklungsfähigkeit, Personalrekrutierung und *Employer Branding*, Ideen- und Innovationsmanagement. Darüber hinaus wird in Zukunft das Unternehmenswissen einen wichtigen Platz in der Unternehmensplanung und der Bilanzierung einnehmen.

Von der logischen Abfolge her gesehen sollen ein zuvor paar Vordersätze helfen, sich den Themen *Wissenssicherung* und *Wissenstransfer* im Unternehmen anzunähern und sie zugleich einzugrenzen:

Die neue Permanenz – Organisationsentwicklung Personalentwicklung ist genauso Organisationsentwicklung – Mitarbeiter zu Mitgestaltern zu machen und auf die Kompetenzanforderungen von morgen bereits heute vorzubereiten, dies bedingt mehr als eine individualisierte und bedarfskonforme Personalentwicklungsplanung, dies bedarf vor allem einer strategischen Organisationsentwicklung.

Potenziale erkennen und Schlüsselkompetenzen vordenken Modernes Bildungsmanagement ist längst mehr als das Drucken von Seminarkatalogen und die Auswertung wie Archivierung von Seminarbewertungen – auf der Grundlage zukunftsgerichteter Kompetenzmodelle und künftig geforderter Schlüsselqualifikationen werden nicht nur auf die Erfordernisse abgestimmte, sondern gleichfalls individualisierte Lern- und Entwicklungsrouten festgelegt.

Mündigkeit und Selbstorganisation als Entwicklungsziele Kompetenzentwicklung selbst ist seit langem mehr als Anordnung von Qualifizierung und der Besuch von Fachseminaren – das betriebliche Lernen sollte im Interesse des Unternehmens genauso ein Anliegen des Mitarbeiters sein, so dass im Unternehmen der Rahmen für die Mitarbeiter geschaffen wird, in dem sie mündig und aktiv ihre persönliche Entwicklung mitgestalten können.

Lernen setzt Lernmotivation voraus und Motivation braucht hauptsächlich immaterielle Anreize Lernen muss immer in dessen engen Bezug zur Lernmotivation gesehen werden, was für die Verantwortlichen in den Unternehmen bedeutet, dass ihnen die Wirksamkeit von Lernanreizen und die Bedeutung einer wirkenden Unternehmens- und Lernkultur bewusst sein müssen – denn betriebliche Weiterbildung wird erst richtig erfolgreich, wenn es für alle Beteiligten zu einer *Win-Win*-Situation kommt.

Erfolgsfaktoren moderner Wissenswirtschaft Wissen aufbauen, Wissen sichern und Wissen transferieren gedeihen auf einer Basis der Kultur im Unternehmen, des Vertrauens, der Wertschätzung, der Authentizität, der Gleichwürdigkeit, der Anreize und eines ausreichenden Raums zur Entfaltung – dazu gehören genauso neue Entwürfe des Wissensausbaus und schließlich ebenso neue Formen des Lernens.

In dem nachstehenden Stufenmodell in Abb. 5.2 wird zunächst eine Übersicht zu einzelnen Prozessschritten dargeboten. Die Veränderbarkeit der Stufen ist bereits genauso

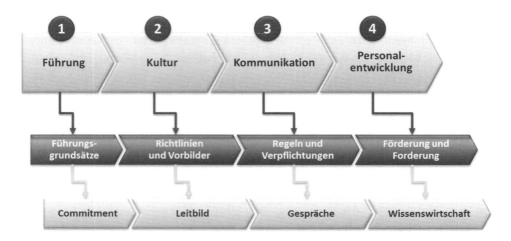

Abb. 5.2 Stufen zum selbstorganisierten Lernen

angesprochen worden wie die Interdependenz der Strukturen im Gesamtprozess. Jedenfalls führt diese Operationalisierung die wesentlichen Phasen anschaulich vor Augen, und das Stufenmodell kann sowohl bei der weiteren Lektüre als auch im Umsetzungsprozess immer wieder zur Orientierung herangezogen werden.

Die Veränderungsmanager müssen mit der Kultur beginnen und die Kultivierung kontinuierlich in einem parallelen Prozess betreiben. Der Unternehmenskultur ist gewissermaßen die Einstellung der Unternehmenslenker immanent, und von daher finden sich in ihr unzählige erfolgskritische Punkte (s. z. B. Kauth [22]).

5.1   Vision mit Pragmatismus – Arbeiten und Lernen zusammenführen

Wenn die Rede von Vision ist, dann muss sofort eine Abgrenzung von Utopie und Spinnerei stattfinden. Zukunft muss vorausgedacht sein, nicht ohne die Erfahrungen der Gegenwart wie der Vergangenheit mitzunehmen. Sie muss sowohl darstellbar als auch kommunizierbar sein und sie muss Anknüpfungspunkte zum bestehenden Unternehmen haben. Letzteres bedeutet auch, dass eine Vision zum Unternehmen passen muss, schließlich will eine Vision gelebt werden, damit sie eines Tages Wirklichkeit wird.

▶   Eine Vision braucht trotz allem Unbestimmten ein Fundament und eine klare Ausrichtung.

Alle reden von der strategischen Personalentwicklung – kaum einer macht's. Wenigstens (und glücklicherweise) nimmt die Diskussion um die strategischen Lösungen für eine zukunftsgerichtete Personalentwicklung zu, aber nur wenigen gelingt es, diesbezüglich wirklich Visionen zu entwickeln und der Nachhaltigkeit die notwendige Verankerung zu geben. Vielleicht liegt es daran, dass zu wenig Wissenswirtschaft betrieben wird, nämlich noch immer genießen spontane Aktionen und isolierte Operationen mehr Aufmerksamkeit als eine langfristige Planung. Da Lernen, Kultur und Mitarbeitermotivation das Resultat eines langen Entwicklungsprozesses sind, werden die Unternehmen, die mehr auf das Feuerwerk setzen, auf lange Sicht das Nachsehen haben, zumal eine schlecht kultivierte Landschaft schwerer zu kultivieren ist als unberührtes Brachland.

Eine moderne Wissenswirtschaft sieht nicht nur operative Schritte vor, sondern bietet auf einer objektorientierten Basis die Vernetzung von Wissen, die Evaluierung von Maßnahmen und die Einbeziehung der Erfolgsprinzipien einer modernen Personalentwicklung. Vor allem zeichnet die moderne Wissenswirtschaft aus, dass Gleichwürdigkeit angestrebt und Wertschätzung praktiziert wird. Demnach darf die Vision nicht einfach Ausgeburt einer spontanen Idee eines Einzelnen sein. Soweit es möglich ist, sollten Mitarbeiter bei der Zukunftsplanung einbezogen sein. In abteilungs- und hierarchieübergreifenden Workshops können die Mitarbeiter ihr betriebliches Erfahrungsspektrum und ihren Ideenreichtum einbringen. Im Zusammenhang mit der Gestaltung einer neuen Unternehmenskultur können ebenfalls Zukunftsprojekte von Mitarbeitern definiert und an diese zur Realisierung weitergegeben werden.

Sich an die Verwirklichung einer Vision zu begeben und Praxisorientierung zu leben, bedeutet konkrete Schritte zu definieren. In Abb. 5.3 sind grundlegende Etappen aufgezeichnet. Sie bilden den Ausgangspunkt sowohl für ein mögliches Vorgehensmodell als auch zur Orientierung dafür, welche Grundlagen zur Einführung des *so*-Lernens zu schaffen sind. Aus operativer Sicht sind es vor allem Grundsätze, Richtlinien, Vorbilder, Regeln, Verpflichtung, Förderung und Forderung, die als eine Art Leitplanken für die Wegbereitung eingesetzt sind. Nachdem die Mitarbeiterführung mehrfach in die Waagschale des Erfolgs gelegt worden ist, mag es nicht erstaunen, wenn Grundsätze für die Führung von Mitarbeitern eingefordert werden. In diesem Zusammenhang geht es nicht um die Systematisierung des Miteinanders, vielmehr ist es eine miteinander fixierte Richtschnur, die über das eigene Führungsverhalten reflektieren lässt.

Es ist nicht beabsichtigt, mit missionarischem Eifer die hier angekündigten Themenblöcke immer wieder vorzuführen. Es wird einfach noch einmal gezeigt, wie mit den einzelnen Anforderungen im Veränderungsprozess umzugehen ist. Kultur im Unternehmen ist nicht äquivalent zum Leitbild, das sollte inzwischen jedem durch Leitbildveranstaltungen Leidgeprüften bewusst sein. Also ist der Blick auf die Führungsmannschaft zu richten. Wird stringent und nachvollziehbar entschieden? Gibt es informelle Absprachen oder verdeckte Entscheidungen, die eine Orientierung erschweren? Gibt es feste Regeln oder ändert sich alles je nach Sachlage? Diese und ähnliche Fragen müssen gestellt werden, weil Mitarbeiter Orientierung brauchen und weil Verunsicherung demotiviert. Es kann sogar sinnvoll sein, ein Regelwerk zu entwerfen, das schriftlich fixiert wird und an dem jeder im Unternehmen gemessen wird.

Strategiefindung, Zieldefinition, Festlegung der Eckpunkte zur Organisationsentwicklung

Ausbildung der hinreichenden Unternehmenskultur, Entwurf beispielhafter Motivraster und Antizipation künftiger Fach- wie Schlüsselkompetenzen

Profilierung des Lernverhaltens im Unternehmen und ggf. Erarbeitung einer Lernertypologie

Gap-Analyse im Sinne eines IST-SOLL-Abgleichs und Ermittlung eines Deltas zur Operationalisierung von Zielen

Befähigung der Führungskräfte zu Entwicklungscoaches, Führen von Personalentwicklungsgesprächen und Treffen einer Qualifizierungsvereinbarung

operative Maßnahmen zum Lernen-lernen sowie zur individuellen Kompetenzentwicklung, Ausbau der Lernlandschaft und erste Schritte zum selbstverantwortlichen Lernen

Festlegung materieller wie immaterieller individueller Qualifizierungsbudgets und kontinuierliche Evaluierung der Entwicklungsschritte in Bezug auf den Einzelnen sowie auf das Modell des *so*-Lernens

kritische Gesamtprüfung, Überprüfung Return-on-Investment und Weiterentwicklung des unternehmensspezifischen Wissenscontrollings

Abb. 5.3 Schrittweise zur Umsetzung der Vision

Mit einem Vorgehensmodell gewinnt dann die Operationalisierung weiter an Kontur. Indes darf man nicht der Versuchung erliegen, mit diesem Instrument vorbehaltlos ans Werk gehen zu können. Eine Schematisierung braucht auch immer eine Passung mit der Unternehmenssituation. Daher sind Bedarfskonformität und Adäquatheit genauso eine Handlungsmaxime. All dies ist der Zusammenführung von Arbeiten und Lernen untergeordnet. Die Trennung von Arbeiten und Lernen verliert nämlich noch nicht an Bedeutung, wenn der Mitarbeiter am Arbeitsplatz lernt.

▶   Es ist beständig nach einer Überwindung der Trennung von Arbeiten und Lernen zu suchen.

So wie die Mündigkeit bei der Erledigung von Arbeitsaufgaben mit der Unabhängigkeit beim *so*-Lernen zusammenfließt, können die Grenzen zwischen Arbeiten und Lernen verschwimmen. Informelles Lernen, Wissenstransfer zwischen Generationen, *Training-on-*

the-Job oder Simulationen geben die Richtung vor. Die virtuelle Schultasche kann im selben Maße helfen, Arbeiten und Lernen zusammenzubringen, indem sie Unabhängigkeit zugunsten des *so*-Lernens schafft.

5.2 Personal 3.0 – Zukunft gestalten

Der Blick nach vorn sollte natürlich nicht geschehen, ohne dass man einen eingehenden Check des Ist-Zustandes vorgenommen hat. Dies dient dazu, einen Vergleichsparameter dafür zu erhalten, was sich in welchem Maße verändert. Insbesondere das Veränderungsdelta ist wichtig, will man operative Maßnahmen vorbereiten, die die Zukunft einer Unternehmung mitgestalten sollen. Wesentliche Prüfpunkte für die Ist-Analyse sind die Altersstruktur, das Qualifikationsniveau und das Qualifikationsverhalten der Mitarbeiter, die Unternehmens-/Lernkultur, die Wissensstrategie, der künftige Wissensbedarf, das Kommunikationssystem inklusive Kommunikationsverhalten und letztlich auch das Führungsverhalten der Führungskräfte.

Außer der Prüfung der Umgebungsvariablen wird es für die Operationalisierung von Zielen ebenfalls unausweichlich sein, eine besondere Kommunikationsstruktur sowie eine besondere Atmosphäre zu schaffen. Denn mit der Einführung von Neuerungen, mit unausweichlichen Veränderungen müssen die Mitarbeiter zurechtkommen. Hierbei hilft es wenig, mit einem System von Verordnungen oder allein mit Anweisungen Veränderungsbereitschaft bei den Mitarbeitern freisetzen zu wollen.

Leichte Abwandlungen eines bestehenden Systems können schon weitreichende Effekte erzielen. So kann die Einbeziehung der Mitarbeiter bei der Qualifizierungsplanung dazu beitragen, dass individual- wie bedarfsspezifische Lernziele definiert werden und dass der Mitarbeiter, der durch die Einbeziehung Wertschätzung verspürt, eher an der Zielerreichung mitwirken wird. Voraussetzung dafür ist allerdings, dass die Führungskräfte Coaching-Qualitäten zeigen. Schließlich liegt es in ihren Händen, zuverlässige Ziele gemeinsam mit dem Mitarbeiter zu entwickeln. Dies kann nicht einfach vorausgesetzt werden. Als Schnittstelle kommt der Führungskraft jedenfalls eine erfolgskritische Funktion zu, die von weitreichender Bedeutung ist.

▶ Mündigkeit und Selbstorganisation in Einklang zu bringen, bedarf gleichermaßen einer sorgfältigen Vorbereitung und einer langfristigen Heranführung.

Es kann nicht vorausgesetzt werden, dass jeder Mitarbeiter mit der neugewonnenen Freiheit umgehen kann. Sich selbst Lernziele zu setzen, Lerninhalte zu segmentieren und die Bearbeitung von Lernaufgaben selbst zu organisieren, erfordert einen eigenen Lernprozess. Auch bei dieser Methode sind es Erfahrungen, die den Lernfortschritt prägen. Dies soll nicht gleichbedeutend damit sein, dass Lernen eine Steuerung braucht. Allerdings kann das Grundprinzip, nach dem Lernen sich aus einer intrinsischen Motivation heraus gewissermaßen selbst gestaltet, in der betrieblichen Praxis meist nur begrenzt wirken. Deshalb ist es wichtig, dass Führungskräfte ein Coaching zum Management von Veränderungen erhalten, dass die Mitarbeiter dabei Unterstützung erfahren, ihre neue Freiheit optimal zu nutzen, und dass der Rückhalt durch die Unternehmensführung bei allen Maßnahmen deutlich spürbar ist.

Die Gemeinschaftlichkeit, der Gemeinsinn und ganz besonders das *Commitment* der Führungskräfte können erst gedeihen, wenn alle gemeinsam Zukunftsziele vereinbaren und wenn die Einsicht in die Notwendigkeit des Wandels aufrichtig ist. Dies braucht in den einzelnen Entwicklungsprogrammen Protagonisten, die sich unnachgiebig, nachhaltig, leidenschaftlich und begeisterungsfähig für den Fortgang ihrer Projekte einsetzen. Hier darf keine Unternehmenspolitik oder Geschäftsräson die Wahl der Hauptakteure beeinflussen, denn z. B. die Nachhaltigkeit entscheidet nicht selten über Erfolg und Misserfolg. Hierfür legen im Hinblick auf das Scheitern all die strategischen Vorhaben Zeugnis ab, die irgendwann sang- und klanglos zu den Akten gelegt worden sind, weil jemand fehlte, der all die guten Anfangsideen mit aller Kraft umgesetzt hat, oder weil im Verlauf eines Projektes der kritische Blick und das offene Wort zum Verlauf fehlten.

Meist wird es mit enormen Anstrengungen verbunden sein, das notwendige gegenseitige Vertrauen aufzubauen. Am Ende wartet aber ein modernes und vitales Unternehmen, das von der Bereitschaft, der Schaffenskraft und der Kreativität zu einer exponierten Wettbewerbsposition getragen wird. Die Themen *Nachwuchsförderung* und *Talent Management* gewinnen deshalb an Bedeutung, insbesondere dann, wenn man frühzeitig dem potenziellen Mangel an Fachkräften vorbeugen will. So sehen es zumindest Vertreter aus Wissenschaft und Forschung.

> Die demografische Entwicklung, Wissensemigration, die abnehmende Bindung innerhalb von Arbeitsbeziehungen sowie die ethnische Diversität und der verstärkte Einbezug der Frauen in den Arbeitsprozessen machen das Talent Management zu einem zentralen wie herausfordernden Element der Organisationsstrategie. (Ritz und Sinelli, S. 7 [29])

Ähnlich sehen es mittlerweile die Unternehmen, die Personal- wie Organisationsentwicklung als zielführende Notwendigkeit und Erfolgsfaktor erkannt haben. Entwicklungsmöglichkeiten sind bereits heute ein zentrales Element von Mitarbeiterbindung und *Employer Branding*, trotzdem muss die Entwicklung individueller Kompetenz bei den Mitarbeitern noch deutlich mehr Gewicht erhalten. Mit der Hinwendung auf das professionelle Management von Talenten geht einher, dass zugleich ein weiterer Perspektivwechsel stattfinden muss. Denn Bindungsmöglichkeiten müssen, außer dargeboten zu werden, für den Mitarbeiter erkennbar sein, damit er Lust hat, sich an das Unternehmen zu binden.[2]

Einen ganz besonderen Problemkern in der Umgestaltung der Weiterbildungslandschaft im Unternehmen kann die Qualifizierung älterer Mitarbeiter darstellen. Es ist daher

---

[2] A. Ritz und N. Thom [30] offerieren mit ihrer Sammlung von Beiträgen eine umfängliche Schau zum Talent-Management. Dabei sind es nicht allein die Praxisbeiträge, die einen Zugang zum Thema schaffen. Die wissenschaftlich ausgerichtete Darstellung, beispielsweise zum Erwartungshorizont der Talente, vermittelt genauso einen Einblick, was Förderung von Talenten und Bindung von Nachwuchskräften umfassen muss.

sinnvoll, sobald sich die Lernbereitschaft der Älteren als Herausforderung offenbart, sich dem Thema etwas intensiver zuzuwenden. Theoretische Deskriptionen, Standpunkte oder Empfehlungen, seien sie mit oder ohne Handreichungen verbunden, finden sich (wieder nur als eine Auswahl) bei Bünnagel [2], Bartscher [1], Flato und Reinbold-Scheible [9], Jasper et al. [21], Friebe [11], Geldermann [13] und Deutsche Gesellschaft für Personalentwicklung [7]. Beziehungstheoretische Besonderheiten des lebenslangen Lernens versucht Gieseke [18] zu durchleuchten.

Vielleicht muss man zuerst zu den Wurzeln der Personalentwicklung zurückkehren, um von da aus neue zukunftstaugliche Modelle für das eigene Unternehmen entwickeln zu können. Vermutlich macht es auch Sinn, erst die Grundlagen der Personalentwicklung nachzuarbeiten, damit darauf aufbauend ganz bedarfsspezifisch die moderne Kompetenzentwicklung für alle Mitarbeiter konkretisiert werden kann. Es versteht sich für einen derartig ganzheitlichen Ansatz von selbst, dass dabei neben den Inhalten der betrieblichen Weiterentwicklung genauso die individuellen Entwicklungs- und Lernmöglichkeiten förderungswürdig sind.

Der im Weiteren folgende Abstecher zur angewandten modernen Wissenswirtschaft spielt mit Blick auf das Thema eine untergeordnete Rolle, dennoch findet er in diesem Teil seinen Platz. Am Ende soll ja die Begründung der modernen Wissenswirtschaft zur Neuorganisation der betrieblichen Bildung beitragen.

5.3 Wissenswirtschaft konkret

Systematisierungen des Wissensmanagements und praktische Handreichungen können mannigfaltig sein. Ausgangspunkt für das Lernen und letzten Endes genauso für den Wissenstransfer ist die Motivation. Die wiederum entsteht im Handelnden und kann von außen gewissermaßen nur angespornt werden. Die Wege zur Motivation sind dabei sehr unterschiedlich. Die nachstehende Schematisierung in Abb. 5.4 kann allein einen Ausschnitt wiedergeben, dennoch einen Einblick in die Handlungsmöglichkeiten bieten (vgl. Bünnagel, S. 121 [3]).

Es lohnt sogar, sich den Stellgrößen der Motivation hinsichtlich der Wissens- und Potenzialträger im Unternehmen eingehender zu widmen. Es reicht bei weitem nicht aus, Anreize und Werte einfach zu definieren. Das Spektrum der Möglichkeiten, das sich in der Komplexität des Anreizsystems widerspiegelt, schafft erst vielfältige Steuerungsinstrumente.[3] Den entsprechenden Rahmen für eine individualisierte Kompetenzentwicklung bieten eine Unternehmenskultur, die auf Vertrauen fußt, und eine Führung, die auf Wertschätzung setzt. Damit letztlich dann eine *Win-Win*-Situation für die betriebliche Weiterentwicklung des Einzelnen hergestellt werden kann, müssen Motivraster vorliegen, die es erlauben, die richtigen Anreize zu schaffen. Es muss an dieser Stelle klar herausgestellt

---

[3] Zum Spektrum materieller wie immaterieller Anreize s. u. a. Przygodda [27, 28]. Siehe aber auch ggf. Frieling und Sonntag [12].

Abb. 5.4 Wege zur Motivation

˙werden, dass es nicht darum geht, den Mitarbeiter zu hofieren. Vielmehr müssen Mitarbeiter und Unternehmung die Konstellation erkennen bzw. finden, die für beide Partner zu gleichen Teilen Zufriedenheit bringt.

Wissen ist zunächst einmal – wie erwähnt – keine statische Größe, vielmehr ist dieses dynamische Kontinuum ständig Veränderungen unterworfen. Dabei ist es unerheblich, ob es sich um explizites oder implizites Wissen, um erkennbares oder verdecktes Wissen handelt. Wissen unterliegt so vielen Variablen und Einflussfaktoren, dass es nicht leicht ist, sich auf definitorischem Wege diesem Konstrukt zu nähern. Daher ist es auch besser, wenn man von der Kybernetik des Wissens spricht (s. Kap. 4). Damit soll zum Ausdruck kommen, dass es die Veränderungsfaktoren sind, die von besonderem Interesse sind. Zweifellos muss in einem ersten Schritt eine Entscheidung getroffen werden, worauf Maßnahmen abzielen wollen. So ist die Bearbeitung erkennbaren Wissens, wie z. B. werte Unternehmensdaten oder explizites Prozesswissen von Mitarbeitern, wesentlich leichter zu handhaben, da die Information, das Wissen in Form von konkreten Daten vorliegt. Solche formalisierten Wissensobjekte lassen sich dann einfach mit Datenarchivierungs- und Datenmanagement-Werkzeugen bearbeiten (zur Differenzierung von Wissenspräsentationen s. auch Abb. 5.5 und vgl. Bünnagel, S. 22 [3]).[4]

Fraglos gehört es auch zu diesen Techniken, dass sie intelligent und effizient eingesetzt werden. Bei der Bearbeitung von verdecktem Wissen im Unternehmen werden zusätzlich weitaus kreativere Methoden sowie bedarfsspezifischere Instrumente zum Einsatz kommen müssen.

---

[4] Zum impliziten Wissen s. auch Abschn. 4.2.

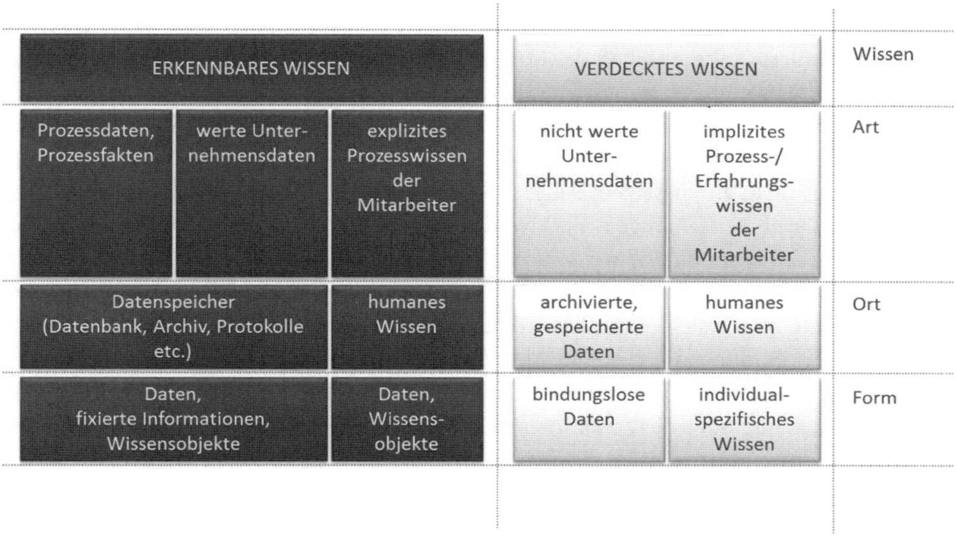

ERKENNBARES WISSEN			VERDECKTES WISSEN		Wissen
Prozessdaten, Prozessfakten	werte Unternehmensdaten	explizites Prozesswissen der Mitarbeiter	nicht werte Unternehmensdaten	implizites Prozess-/ Erfahrungswissen der Mitarbeiter	Art
Datenspeicher (Datenbank, Archiv, Protokolle etc.)		humanes Wissen	archivierte, gespeicherte Daten	humanes Wissen	Ort
Daten, fixierte Informationen, Wissensobjekte		Daten, Wissensobjekte	bindungslose Daten	individualspezifisches Wissen	Form

Abb. 5.5 Implizites Wissen im Spektrum der Wissenspräsentationen

Mit der Begründung der modernen Wissenswirtschaft soll der Weg bereitet werden zur pragmatischen, das heißt praxisorientierten Bearbeitung des betrieblichen Wissenskapitals. Schon im roten Faden der Prozessschritte wird deutlich herausgestellt, dass der Organisationsentwicklung künftig eine noch entscheidendere Rolle in der strategischen Unternehmensentwicklung zukommen muss. Zweifelsfrei war auch in der Vergangenheit die Bedeutung der Organisationsentwicklung jedem Unternehmensführer bewusst. Mit dem rasanten Tempo z. B. in der technologischen Entwicklung oder in der Entwicklung von Märkten muss sich jedoch die Organisationsveränderung zu einem professionellen *Change-Management* entwickeln.

► *Change* muss sowohl in Bezug auf das Unternehmen als auch vom Mitarbeiter als Chance verstanden werden.

Change darf dabei kein Schreckgespenst sein. Zumindest wird der Wandel in der Organisation zu einer der zuverlässigen Konstanten in der Unternehmensentwicklung werden. Verkürzte Produktzyklen, Ausbreitung der Dienstleistungs- wie Wissensgesellschaft und ständig wechselnde Arbeitsplatzanforderungen werden eine Flexibilisierung von Strukturen und Personal unausweichlich machen. Die Professionalisierung des *Change-Managements* soll dabei gewährleisten, dass all die Veränderungen ohne großen Reibungsverlust vonstattengehen.

Und es wird vielleicht in diesem Moment schon deutlich, dass dem Faktor *Wissen* eine große Bedeutung zukommt. Schließlich lebt der erfolgreiche Wandel einer Unternehmung von der schnellen Anpassungsfähigkeit der Mitarbeiter, vom Erhalt sowie der Systematisierung des Wissens, vom Know-how-Transfer, von der Atmosphäre zum Wissen-teilen, von der Veränderungsbereitschaft der Mitarbeiter und damit letzten Endes von deren Motivation, zu lernen und sich beruflich weiterzuentwickeln.

Nochmals, *Change* ist eine Chance und *Change-Management* sollte als eine wesentliche Komponente der Führungskompetenz begriffen werden. Veränderungsbereitschaft lässt sich allerdings nicht voraussetzen, daher muss in den Unternehmen darüber nachgedacht werden, wie Lernbereitschaft gefördert werden kann, wie die Schlüsselqualifikationen von morgen aussehen könnten und wie Wissensziele mit verfügbaren Ressourcen zu erreichen sind.

Schon heute zeigen sich die angewandten Systeme des betrieblichen Bildungsmanagements und der Bildungsorganisation im Unternehmen als unzureichend. Längst ist der Anspruch an Individualisierung, an Bedarfskonformität und an Effizienz so hoch, dass ein Bildungskatalog oder die Zusammenstellung von Seminarangeboten nicht mehr den Anforderungen genügen können. Selbstverständlich stellt sich dann die Frage, ob man sich auf einen neuen Ansatz, auf ein neues System einlassen soll, statt am alten Modell der Bildungsorganisation festzuhalten und mit viel Mühe wie Aufwand sich das überalterte System passend zu machen.

Bei dem einen oder anderen mag die Vision von der Mündigkeit der Mitarbeiter vielleicht eher heftiges Abwinken erzeugen. Will eine Unternehmung dem Wandel und der Dynamik begegnen, muss über eine Flexibilisierung und letztendlich über eine kontinuierliche Qualifizierung der Mitarbeiter nachgedacht werden. Seminarorganisation oder die Verordnung von Bildung sind dabei ungeeignete Maßnahmen. Lernen ist Verhaltensänderung und Verhaltensänderung hat etwas mit Veränderungsbereitschaft gemein. Die Bedeutung der Motivation wird an dieser Stelle augenscheinlich. Lernen ist eng und muss eng mit Motivation verknüpft werden. Der Schritt dahin, den Mitarbeiter in die Gestaltung sowie in die Planung seiner individuellen Kompetenzentwicklung einzubeziehen, scheint nachvollziehbar. Selbstständiges Arbeiten ist als Schlüsselqualifikation seit langem etabliert, warum sollte das *so*-Lernen im Unternehmen nicht die logische Erweiterung sein?

Betrachten wir an dieser Stelle nochmals die weiter oben erwähnten Zukunftsszenarien, muss es fast zwangsläufig erscheinen, dass der Mündigkeit der Mitarbeiter weiter Vorschub geleistet wird. Wie sollen sonst permanent Veränderungen aufgefangen und die kontinuierliche Organisationsentwicklung vorangetrieben werden? Der Weg zur Mündigkeit und zur Verantwortung der eigenen Entwicklung kann allerdings nicht in eine Arbeitsanweisung gepackt werden. Diese organisationale Anpassung kann nicht sprunghaft sein, hier bedarf es einer strategischen Herangehensweise und einer langfristigen Planung, zumal wenn in der Vergangenheit das Thema *Personalentwicklung* mehr ein Schattendasein im Unternehmen führte.

▶   Hat man akzeptiert, dass Wissensausbau nicht mit Seminartourismus zu erreichen ist, kann man ans Werk gehen, neue Wege der Weiterentwicklung von Mitarbeitern zu finden.

Erste Schritte hin zu einer modernen Wissenswirtschaft müssen nicht unweigerlich mit Kosten verbunden sein. Nachhaltigkeit lässt sich einfach mit Beharrlichkeit schaffen. Sobald es Leistungsbeurteilungen und Personalgespräche im Unternehmen gibt, gilt es doch einfach diese Personalprozesse mit Leben zu füllen. Werden beispielsweise Leistungen identifiziert, dann sollten die Wertschätzung des Mitarbeiters, das Lob und die Honorierung für diese außergewöhnliche Anstrengung nicht ausbleiben. Schwächen und Mangelleistungen dürfen dementgegen nicht zum Ausbruch einer inquisitorischen Verfolgung des Mitarbeiters führen. Hier müssen die Verantwortlichen Zeichen der Fairness und der Fürsorge setzen. Das bedeutet, dass bei der Lokalisierung derart defizitärer Strukturen eher eine zielführende Unterstützung einsetzen muss. Fehlertoleranz bis Fehlerkultur und Verständnis bis Hilfsbereitschaft sind in dieser Situation wertvolle Kultureigenschaften des Führungspersonals.

Als Nächstes sollten die Prozesse in der Weise erweitert werden, dass Personalentwicklungsgespräche eingeführt werden. Damit diese Personalentwicklungsgespräche nicht genauso misstrauisch beäugt werden wie oftmals Personalgespräche im Allgemeinen, muss ein wirksames Personalentwicklungsgespräch professionell vorbereitet wie durchgeführt werden. Die Zusammenkunft darf kein spontanes Treffen sein. Die Vorbereitung umfasst neben der Strukturierung des Gesprächs des Weiteren ein Kompetenzmodell. Dieses Muster für relevante Fähigkeiten und Fertigkeiten ist kein Raster, durch das der Mitarbeiter fallen kann. Das Kompetenzmodell mit arbeitsspezifischen Kompetenzprofilen ist für beide Gesprächspartner ein Orientierungspunkt, der zusammen mit der Zielvereinbarung zu einer Art Jahresplan werden kann.

Kulturmaßnahmen dürfen also nicht leere Propaganda sein, Kultur muss gelebt werden, damit sie Unternehmenskultur wird. Auf dieser Basis kann erst Vertrauen entstehen, und dieses Sich-aufeinander-verlassen-Können ist das Fundament für einen Evaluierungsprozess, der nicht zu früh einsetzen darf. Eine Kompetenz- und eine Potenzialanalyse sind nur sinnvoll, wenn sie brauchbare Ergebnisse liefern. Bestandteil solcher Analysen ist die Performanzanalyse. An dieser Stelle wird offenbar, wie wichtig die Vertrauenskultur und das faire Miteinander ist. Ansonsten werden Leistungsanalysen schnell zu einer heiklen Angelegenheit, an dessen Ende ein Datenmaterial steht, das meist wenig Aussagekraft besitzt.

Ein zielführendes Kurzszenario
Haben alle ein gemeinsames Ziel, können Stärken wie Schwächen zuverlässig identifiziert werden. Der mündige Mitarbeiter wird die Notwendigkeit zur Veränderung dank seiner zuverlässigen Selbsteinschätzung schnell wahrnehmen, und weil er sich mit den Zielen des Unternehmens identifizieren kann, wird er mit der Unterstützung seines Lerncoachs einen Lernweg definieren, wie er sich zur Kompetenzanforderung hin entwickelt. Er wird die vorhandenen Materialien für seinen Lernprozess nutzen oder sich eigene Materialien schaffen. Auf der Grundlage seiner Erfahrungen im individuellen sowie kollektiven Lernen wird er wissen, wie er sein Wissen weitergeben und wie er andere sowohl an seinen Lernerfahrungen als auch an seinen Lernmitteln teilhaben lassen kann.

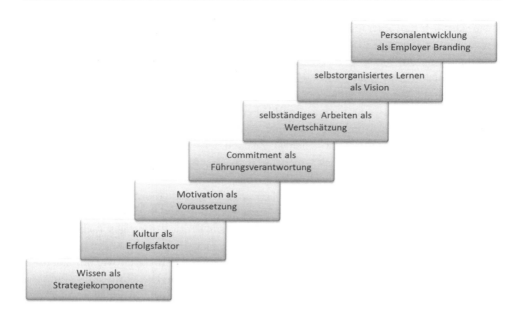

Abb. 5.6 Prozessschritte zum selbstorganisierten Lernen

Zweifellos ist dieses kleine Szenario stark idealisiert, dennoch verbergen sich dahinter die Zielrichtung und nicht zuletzt die wichtigen Eckpunkte des Modells. Die Operationalisierung dieses Modells als Methode der modernen Personalentwicklung kann ein Vorgehensmodell sein, das über die Deskription hinaus gleichfalls Handlungsempfehlungen gibt.

5.3.1   Das Vorgehensmodell

In der Abstraktion oder in einer Verkürzung des Gesamtprozesses lassen sich die in Abb. 5.6 aufgeführten Prozessschritte hervorheben. Diese Schritte sind schon oft strukturiert worden, aber aufgrund der Bedeutung muss unablässig diese Reihenfolge propagiert werden. Dabei geht es nicht um die Chronologie, sondern um die Einhaltung der einzelnen Schritte.

Also stehen weniger die Etappen als mehr die Komponenten im Vordergrund. Es wäre müßig, sich jetzt der Deskription hinzugeben. Ein paar Teilschritte sollen immerhin veranschaulicht werden.

Vor allem der Weg zum selbstorganisierten Lernen und zum mündigen Mitarbeiter bietet die Gelegenheit, Schritte von der Strategiebildung wie -ausbringung zur Kultur im Unternehmen vorzuzeichnen und die nachstehende Wertschöpfungskette anzustoßen, die dabei hilft, zur Umsetzung zu finden: Kultur ▸ Unternehmenskul-

tur ▶ Kompetenz- und Performanzanalyse ▶ Lernkultur ▶ Selbsteinschätzung und
Potenzialbewusstsein ▶ Transparenz in Bezug auf die (künftigen) Anforderungen ▶
Coaching und Unterstützung ▶ Identifizierung individueller Defizite ▶ Einsicht in
die notwendige Veränderung ▶ Lernwelt und Lernbedingungen ▶ mündiger Mitarbeiter ▶ Lernmotivation, Leistungs- und Veränderungsbereitschaft ▶ selbstorganisiertes Lernen.

Es ist durchaus diskutabel, welche Prozesse bei der Einführung einer modernen Wissenswirtschaft, eines neuen Personalentwicklungssystems oder des *so*-Lernens am bedeutsamsten sind. Jedoch haftet jeglicher Diskussion zur Wertigkeit auch etwas Passives wie Reaktives an. Hilfreich kann dagegen ein Vorgehensmodell sein, das zugleich eine Art Einführungsleitfaden ist. Unabhängig von Priorisierungen und Wertigkeiten werden Prozessschritte wie Meilensteine vorgelegt. Als Wegmarken dienen sie der Orientierung und sind Punkte, die irgendwann passiert werden müssen. In gewisser Weise sind es auch mehr Prozessbausteine als Prozessschritte, denn ein Vorgehensmodell muss nicht zwangsläufig ein rigides Ablaufmuster mit fester Chronologie sein. Das hier skizzierte Vorgehensmodell sensibilisiert und gibt Hilfestellungen dabei, den richtigen Weg zu finden.

Zur Sicherung einer realistischen Einschätzung der vorhandenen Unternehmenskultur im Speziellen und der wirkenden Lernkultur im Allgemeinen kann eine informelle Befragung wertvolle Dienste leisten und hilfreiche Hinweise geben. Da dieser Bewertungsprozess auf Langfristigkeit wie Langlebigkeit angelegt sein sollte, sind weitere Daten/Informationen einzusammeln sowie einzubinden. Hierbei können Personalentwicklungsgespräche herangezogen werden genauso wie strukturierte Selbstbewertungen. Letzteres ist für viele ein brisantes Thema, da sozusagen allein mit dem Ansinnen das Terrain der Mitbestimmungspflicht betreten wird. Zudem finden jegliche Bewertungsverfahren meist schnell das Misstrauen von Mitarbeitern und der Mitarbeitervertretungen. Auch hier gilt es, dass in einer Atmosphäre des Vertrauens und mit dem festen Willen zur Gemeinschaftlichkeit selbst die scheinbar grenzwertigen Befragungsabsichten auf fruchtbaren Nährboden treffen. Von daher ist der Weg langwierig und kann gelegentlich – wie erwähnt – steinig sein. Unter den vielen Aufgaben und Umsetzungsschritten gibt es ein paar Kernelemente, anhand derer ein Prozess- und Vorgehensmodell ganz nach dem Bedarf des Unternehmens entwickelt wird (s. Abb. 5.7).

Die Vielfalt der Bausteine darf nicht abschrecken. Jeder, der den Weg einer weitreichenden Organisationsveränderung geht, muss das Ganze im Auge behalten, jedoch darf dies nicht die Entscheidungsfähigkeit einschränken. Also muss in einem System, in einer Planung von Teilschritten und der Zuordnung von Prioritäten festgelegt werden, was als Erstes anzupacken wäre. Fast alle Mosaiksteine sind sehr komplexe Einheiten. Es darf nicht erwartet werden, dass mit ein paar Handgriffen ein Punkt nach dem anderen abgearbeitet werden kann. Themen wie z. B. Konfliktkultur, Leitbild, Wissenstransfer und Motivation brauchen strukturierte Planungen und klare Controlling-Vorgaben.

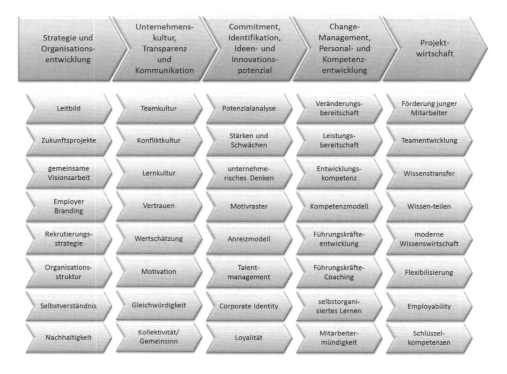

Abb. 5.7 Umsetzungsschritte im Prozessmodell

5.3.2 Lernwelten schaffen

Wider den Trend, Seminare unter dem Aspekt der Altershomogenität zusammenzustellen, ist es ein Prinzip des freien Lernens, altersübergreifende Lerngruppen zu bilden. Das verdient besondere Erwähnung, weil eine Lernwelt nie allein ein individueller Kosmos sein sollte. Neben der individuellen Kompetenzentwicklung liegen viele Lernmomente im gemeinsamen Lernen. Daher bestehen moderne Lernwelten nicht allein aus einem üppigen Angebot von Lernmaterialien. Mitarbeiter zum gemeinsamen Lernen zu animieren und gegenseitige Unterstützung als Kulturgut zu etablieren, ist die eigentliche Aufgabe in der Schaffung neuer Lernwelten. Dazu müssen den Mitarbeitern nötigenfalls geeignete Räumlichkeiten zur Verfügung stehen. Es mag nun sein, dass sich dem einen oder anderen Unternehmen bereits an diesem Punkt unüberwindbare Hürden auftürmen.

▶   Ist man vom Willen beseelt, sich auf neue Lernformen einzulassen, und erkennt
      man die Chancen in der Lernförderung, wird kein Hindernis zu groß sein.

Doch auch die kleinen Bausteine müssen gesetzt sein, indem jedem Mitarbeiter Lernmaterialien für seine ganz spezifischen Bedürfnisse zur Verfügung stehen. Dabei geht es nicht um die Einrichtung von Bibliotheken oder die Bereitstellung einer unüberschaubaren Menge von Lernsoftware. Zum einen müssen die Mitarbeiter den Bedarf definieren, der nicht unbedingt vorbehaltlos zu erfüllen ist, zum anderen sollen die Mitarbeiter Lernmaterialien erarbeiten, die sie ihrerseits den anderen zur Verfügung stellen sollen. Jedenfalls darf das Konzept einer betrieblichen Lernwelt nicht auf Konsum und Passivität reduziert sein.

5.3.3   Eigene Potenziale erkennen und selbst fördern

Ein Charakteristikum der Mündigkeit beim *so*-Lernen ist das Vermögen des Lerners, seine Fähigkeiten selbst einschätzen zu können. Gerade daher ist er auch imstande, seine Lernziele selbst bestimmen zu können. Ein Lerncoaching ist allenfalls vonnöten, wenn Unsicherheit besteht, ob das Maß der Fähigkeit wirklich künftig dem Entwicklungstempo des Unternehmens genügt. In besonderen Situationen kann es ebenfalls hilfreich sein, wenn der Coach dabei unterstützt, die richtige Lernroute zu finden. Damit wird zugleich der prinzipielle Wandel in der Personalentwicklung deutlich. Längst geht dieses Konzept des Lerncoachings weit über das gängige Modell der Personalabteilung als *Business Partner* hinaus. Lerncoaching umfasst hier auch mehr als eine simple Hilfestellung, denn der Coach ist in der Personalentwicklung von morgen kein Über-Lehrer und kein Antreiber. Er ist allenfalls eine Art Sparrings-Partner und Impulsgeber, der ganz im Sinne Maria Montessoris zeigt, wie es der Lerner selbst machen kann.

Damit erhält die Performanzanalyse eine neue Dimension, fernab vom reinen Controlling-Instrument und von der Leistungskontrolle. Sie gibt dem Lerner vielmehr die Gelegenheit zu überprüfen, inwieweit sich die Selbsteinschätzung mit den Unternehmenserwartungen in Deckung bringen lässt. Der Aspekt der Autonomie und die Einschränkung bei der Steuerung drängen an dieser Stelle besonders in den Vordergrund. Und diese Autonomie muss immer ein Wesensmerkmal des *so*-Lernens bleiben, ohne dass das betriebliche Umfeld der Versuchung des Eingreifens erliegt.

> ► Mit der autonomen Gestaltung des Lernprozesses werden in der fortschreitenden Ausprägung diskussionsträchtige Themen wie z. B. das Lerntempo, die Lernkontrolle und der Lerntransfer obsolet. Der mündige Mitarbeiter wird immer nur die Kompetenzinhalte identifizieren, die er für seine Weiterentwicklung braucht, und die Lerninhalte auswählen, deren Aneignung er sich zutraut.

Damit gewinnt die Lernberatung eine besondere Bedeutung. War sie bisher mehr geprägt von der externen Lernberatung, z. B. beim Bildungsanbieter, sowie vom Aufbau einer Infrastruktur zum Selbstlernen im Unternehmen (s. Geldermann und Geldermann [14] und Geldermann et al. [16]), werden beim *so*-Lernen unmittelbare Beratungselemente gefordert sein. Bestenfalls hat der Lerncoach Erfahrungen mit unterschiedlichen Lerntypen und deren Strategien des Lernens (s. Mandl [25]). Es liegt nahe, dass das höchste Maß an Unmittelbarkeit in der Beziehung zwischen Vorgesetztem und Mitarbeiter vorhanden ist. Demnach überrascht dann nicht die Schlussfolgerung, dass das Spektrum der Coaching-Kompetenzen bei Führungskräften genauso die Entwicklungs- und Lernberatung umfassen muss (s. Geldermann et al. [15]). Einen Handlungsleitfaden, wie Führungskräfte zur Qualifizierungsberatung geführt werden sollen, versprechen Loebe und Severing [24]. Nicht warnend, aber mahnend sei dem hinzugefügt, dass Beratungskompetenz nur bedingt anhand eines formalen Lernplans vermittelt werden kann. Für den Blick auf den Mitarbeiter und für ein gewisses Maß an Empathie zu sensibilisieren, ist mindestens genauso wichtig.

Die Potenziale und die Ressourcen der Mitarbeiter brauchen nicht nur Aufmerksamkeit, es bedarf sogar der Achtsamkeit ihnen gegenüber.

5.3.4   Einmal Coach, einmal Tutor und dann noch Kompetenzstratege

Der Personaler als Lerncoach erfordert ein breites Fähigkeitsspektrum und ein hohes Maß an Einsatzfreude. Dazu bedarf es der Empathie, der Menschenkenntnis und der Analysefähigkeit. Wenngleich sich sich einiges erlernen wie erwerben lässt, muss der Lerncoach genauso viel Lebenserfahrung mitbringen. Zuerst muss er sich vor allem zurücknehmen können, denn er ist ja eher Lernbegleiter als Lehrer.

Bildungscoaching wird schon heute in den Unternehmen praktiziert, deshalb kann die formale Positionierung eines Bildungs- und Lerncoachs keine Neuerung sein. Selbst wenn weitere Gewänder über diese zweifellos wichtige personale Begleitung im individuellen Personalentwicklungsprozess geworfen werden, wenn man noch so kreativ sein mag und wenn z. B. der Entwicklungsscout eingeführt wird, am Ende bleibt all dies eine punktuelle Unterstützung, die in ein Gesamtkonzept einzupassen ist. Dieser umspannende Bogen ist nicht die Personalentwicklung, vielmehr müssen viele Unternehmer die Organisationsentwicklung als strategische Aufgabe und zugleich als strategisches Instrument erkennen.

▶   Vielleicht ist es sogar so, dass man konstatieren muss: Personalentwicklung adé.

Nicht dass die Organisationsentwicklung als Bekenntnis ein Heilsbringer ist. Das Personal mit all seinen Kompetenzen sowie mit seinen Potenzialen ist eingebunden in eine Unternehmenskultur, in Arbeitsbedingungen, in Projekten wie Teams und in ein Geflecht sich ändernder Anforderungen. Deshalb umfasst die Entwicklung des Einzelnen mehr als die Beratung zu Qualifizierungsmaßnahmen oder die Heranführung an ein effizientes wie bedarfsadäquates Lernen. In einem wahrhaftig ganzheitlichen Ansatz verschwimmen zu Recht die Grenzen zwischen Personalentwicklung und Organisationsentwicklung. Existieren im Unternehmen sogar personell unterschiedlich besetzte Stäbe, die sich isoliert voneinander mit dem Thema *Zukunft* beschäftigen, steht ein gutes Stück Arbeit für eine Restrukturierung an.

5.3.5 Bildungsmanagement umdenken

Bildungsmanagement hat mehr psychologische Elemente, als manch einem lieb sein mag. Mitarbeiter an das (lebenslange betriebliche) Lernen heranzuführen, setzt eine Befreiung von hemmenden Faktoren voraus. Wer kennt nicht die selbsterfüllende Prophezeiung, dass Ältere dieses und jenes nicht mehr lernen können, dass Ältere Schwierigkeiten beim Lernen haben und dass ab einem gewissen Alter das eine oder andere nicht möglich sei. Erfahren dagegen z. B. ältere Mitarbeiter ihre Selbstwirksamkeit, das heißt ein wenig pauschalisiert, dass sie aus sich heraus etwas erreichen können, kann ein ungeheures Lernpotenzial entstehen. Es ist durchaus legitim, von der Macht der Selbstwirksamkeit zu sprechen (vgl. auch Zimpel [32]). Diese hat obendrein noch Einfluss auf den Wissenstransfer. Es muss schon eine vielgestaltige Anreizsituation geschaffen sein, damit ein älterer Mitarbeiter sein Wissen mit anderen teilt.[5]

Zuerst müssen die Rahmenbedingungen für eine positive Lernumgebung, muss das geeignete Klima zum Lernen geschaffen werden. Eine förderliche Lernkultur ist allerdings nicht allein ein Konstrukt von Variablen oder ein Netz von Faktoren. Wichtig ist, dass Sensoren installiert sind, die festhalten oder prüfen, wie sich der Einzelne im Bildungssystem der Unternehmung fühlt, was er in diesem System empfindet. Es geht also ebenfalls um das subjektive Erleben, will man das vorhandene Potenzial umfänglich ausschöpfen. Die Freiheit, selbst zu entscheiden, ist eine grundlegende, zentrale Forderung für die Anlage einer strukturierten Lernumgebung, die umfänglich Mitarbeiterfähigkeiten fördern will, denn sie ist sinnstiftendes Verbindungselement im Lernprozess:

Erst die Entscheidungsfreiheit des Menschen gibt der Bildung einen Sinn. (Zimpel, S. 167 [32])

Und Zimpel fügt fast unmittelbar daran an:

Ohne Sinn aber ist Bildung eine kraftlose Pflichtübung. (Zimpel, S. 167 [32])

Ist demzufolge die berufliche Bildung für den Mitarbeiter sinnentwertet, degeneriert sie zur bloßen Routine.

Kooperative Lernstrukturen, kollaboratives Lernen und demokratische Strukturen sind weitere notwendige Orientierungspunkte für das Lernen, aber genauso für das Bewusstsein des Lerners, für dessen Haltung und dessen Mündigkeit. Daher ist auch an dieser Stelle die Fehlerkultur so nahe, denn Lernen lebt von Rückmeldungen, sie sind ein hilfreiches und bestimmendes Moment im Aufbau des *so*-Lernens. Fehler brauchen Spielräume, was bedeuten soll, dass jemand die Gelegenheit bekommen muss, aus Fehlern zu lernen. Auf diese Weise kann ein Mitarbeiter seine Möglichkeiten und Grenzen erfahren und sich dann besser wie zuverlässiger selbst einschätzen, was sein Potenzial betrifft.

Bei der operativen individuellen Kompetenzentwicklung kommt den Lerncoaches dann die psychologische Aufgabe zu, in Problemsituationen, bei Fehlern oder beim Scheitern unmittelbar eine positive Wendung herbeizuführen. Sie müssen demnach vor allem

---

[5] Eine ausführliche Darstellung zum Anreizsystem bei älteren Mitarbeitern geben Jahnke et al. [20].

eins können, nämlich ermuntern, wenn etwas nicht gelingt, wenn sich eine Lernschwierigkeit abzeichnet.

5.3.6   Lebendiger Wissenstransfer durch Gemeinsinn

Wissensbunker aufzusprengen ist zweifellos kein leicht erfüllbares Begehren, wenn man am Anfang einer Einführung der modernen Wissenswirtschaft steht. Verständlicherweise hat sich dieses Problem verflüchtigt, wenn unter den Mitarbeitern ein Gemeinsinn in der Weise herrscht, dass Erfahrungen der Vergangenheit gezeigt haben, wie sich der Austausch lohnen kann, und dass sich eine *Win-Win*-Diskussion erübrigt. Damit ist augenscheinlich, dass Wissenstransfer keine technische Aufgabe ist. Vielmehr muss der psychologische Aspekt der Frei- und Weitergabe von Wissen mehr Gewicht erhalten. Es ist mehrfach angesprochen worden, wie der Glaube an vermeintlich erprobte Techniken den Blick auf das Wesentliche verstellen kann. Die Bereitschaft, etwas zu tun, ist eine Haltung, die nicht einfach durch eine Übung veränderbar ist. Dazu gehört insbesondere Überzeugung.

Am Anfang des Transfers steht die Kommunikation und damit die Suche nach geeigneten Mitteln des Austauschs. Die Lösung ist keine rein technologische. Dies verdient der besonderen Erwähnung, weil in der Vergangenheit der eine oder andere der Naivität erlegen war, mit der Einführung z. B. einer *Lotus-Notes*-Plattform (später dann mit einem Unternehmens*wiki*) allen Ansprüchen Genüge getan zu haben. Obgleich technologische Möglichkeiten nicht aus dem Blickfeld rücken dürfen, ist es trotzdem mehr die erwähnte Motivation des Wissensgebers. Die Förderung des Teamgedankens ist ein erster Schritt, die Kommunikation in Gang zu bringen. Die emotionale Komponente innerhalb einer Gruppe zu steuern, erfordert demgegenüber ein hohes Maß an Einfühlungsvermögen und Erfahrungen. Dennoch lohnt diese Einflussnahme von außen, da ein enormes Potenzial in den Beziehungen von Gruppenmitgliedern steckt, was überdies veranschaulichen soll, dass es nicht der Einzelne allein ist, der das Zukunftskapital birgt.

> ►   Aus dem Zusammenwirken einzelner Wissensträger, aus dem Zusammenfließen spezifischer Kompetenzen wie Erfahrungen kann eine Art kollektives Wissen entstehen, dem die generative Kraft zur Erzeugung neuen Wissens innewohnt.

Zwar sind die Angebote zur Teamförderung mehr als reichhaltig, dennoch darf nicht vergessen werden, dass die punktuelle Förderung nicht nur eine kurze Halbwertzeit im Hinblick auf den Wirkungsgrad besitzt, sondern dass auch das Beziehungsgeflecht der Mitglieder untereinander eher von untergeordneter Bedeutung ist.

5.3.7   Vom gemeinsamen Lernen zum Lernen im Team

Lernen in Gruppen erfordert mehr als Teamgeist und Teamfähigkeit. Mit Gemeinsinn und lebendigem Wissenstransfer sind wichtige Vorbereitungen für das Lernen im Team geschaffen. Allerdings steht diese Lernform in direkter Abhängigkeit zur gesellschaftlichen Realität. Wachsender Egoismus muss sich demnach kontraproduktiv auf das Ziel auswirken, gemeinsam Lernerfolge auszukosten. Es ist klar, dass die Fähigkeit, sich mit anderen an der Zielerreichung zu erfreuen, sozusagen einem gesellschaftlichen Wert gleichkommen muss, damit das gemeinschaftlich erreichte Ergebnis angestrebt wird.

Das Lernen im Team fördert gleichzeitig das informelle Lernen. Beispielsweise kann die Diskussion von Aufgabenstellungen Wissen aufwerfen, das Teammitgliedern bisher nicht bekannt war. Auf diese Weise fördern Erklärungen und Erfahrungen ganz nebenbei den Wissensausbau. Informell sind diese Lernmomente, weil weder Inhalte noch Zeitpunkt irgendeiner Progression zugeordnet sind, weil spontan Wissen transferiert wird und weil es keine Steuerung von außen gibt.[6]

Es kann nicht die Maßgabe sein, im Unternehmen Parallelgesellschaften zu konstruieren. Dessen ungeachtet hilft ein unternehmensspezifisches Wertesystem dabei, Orientierungs- wie Haltepunkte vorzugeben.

▶   Ähnlich wie in einer Gesellschaftsform müssen alle Werte zunächst von der Führung vorgelebt werden, damit sie von den Mitarbeitern akzeptiert und übernommen werden können.

Regelpakete, wie z. B. Kommunikations-, Verhaltens- und Führungsregeln, können beim Aufbau des betrieblichen Wertesystems behilflich sein. Wie bei jedem gut funktionierenden Regelsystem ist indes auf die Einhaltung der Regeln zu achten.

5.4   Die Reformpädagogik als Chance für den Wandel

Bisher ist in der beruflichen Weiterbildung mehr auf Standard gesetzt worden. Gewiss ist die Abwicklung von Standardqualifizierungen eine Art Muss, dennoch sollte im Interesse der Zukunftssicherung darauf geachtet werden, dass im Unternehmen mehr geschieht als das Übliche. Die Veränderung in diesem Bereich bedingt allerdings, dass der Mitarbeiter selbst weitaus mehr in die Prozesse der Bildungsorganisation einbezogen werden muss. Selbst wenn sich dies sehr theoretisch und mehr programmatisch anhört, ist die Fokussierung auf den Mitarbeiter eine unabdingbare Voraussetzung für einen möglichen Wandel im Bildungsmanagement.

In der aufgeführten Schematisierung zur Kybernetik des Wissens ist vornehmlich der Aspekt der Motivation herausgehoben worden. Motivation braucht wiederum einen pä-

---

[6] Zum informellen Lernen s. u. a. Stegemann [31].

dagogischen sowie didaktischen Rahmen, obschon der pädagogische Kontext in der betrieblichen Weiterbildung zunächst erstaunen mag. Da aber mit der Psychologisierung des Lernprozesses ein komplexeres Feld der Bildungsorganisation im Unternehmen betreten wird, muss in gleichem Maße ein vielschichtiges Bildungsmodell konzipiert werden. Dazu bietet die Reformpädagogik wertvolle Hilfestellungen.

Diejenigen, die den Charme der Reformpädagogik für das betriebliche Bildungsmanagement erkennen wie schätzen, sollen sich nicht dadurch abschrecken lassen, dass die Entstehung des didaktischen Rahmens durch Schule und schulische Anforderungen geformt worden ist. Diese Rahmenbedingungen sind keine Strukturierungen, die Richtungsänderungen verhindern, genauso wenig ist nicht ausgeschlossen, dass sich Handlungsrichtlinien, didaktische Inhalte und Praxiserfahrungen auf den Unternehmensalltag übertragen lassen. So sind in vielen reformpädagogischen Schulen altersgemischte Klassen ein Grundprinzip der Organisation. Wird in den aktuellen Bemühungen zum Wissenstransfer auf die Konstituierung von Alt-Jung-Teams gesetzt, ist schnell die Nähe zu diesem reformpädagogischen Grundprinzip augenscheinlich. Wochen-, Monats- und Jahrespläne selbst zu organisieren, ist ebenfalls nah an der betrieblichen Realität. Den Mitarbeitern Wertschätzung vermitteln, genauso wie es Schüler in einer reformpädagogischen Schule erfahren, ist im Grunde genommen ebenso leistbar. Allerdings muss zum Können ein Wollen hinzukommen, damit bei den Mitarbeitern diese Form der Anerkennung glaubhaft ankommt.

▶   Zusammengefasst stehen sich Reformpädagogik und betriebliches Bildungsmanagement näher, als manch einer vermuten mag. Die Einführung des so-Lernens scheint deshalb gar nicht mehr so visionär. Dennoch ist der Wandel dorthin tiefgreifend.

Die reformpädagogischen Gedanken sind hier nicht kategorisch abgetrennt von konstruktivistischem Gedankengut. So ist z. B. unter dem Begriff *Flow* bereits konstruktivistische Lerntheorie in die betriebliche Weiterbildung eingeflossen.[7] Im Spektrum der *Flow*-Methodik verdient besonders das *FlowTeam* nach Gerber und Gruner [17] Beachtung. Obschon der Ursprung der Methode nicht in der Didaktik liegt, entsteht durch die Verbindung von methodisch-didaktischer Adaption des Konstruktivismus mit Systemtheorie, Selbstorganisation und Chaos-Theorie eine besondere Form. Denn mit der Methode ist hinsichtlich der Selbstorganisation ein pragmatisch orientierter Zugang zur betrieblichen Weiterbildungspraxis bereitet worden.[8]

Wenn allein die Reformpädagogik im Mittelpunkt des Interesses steht, dann kommt damit zum Ausdruck, wie viele Anregungen dort gegeben sind, die sich durchaus ohne großen Aufwand in das Bildungsmanagement einer Unternehmung integrieren lassen. Dabei

---

[7] Siehe u. a. Csikszentmihalyi [4–6].

[8] Die Beschreibung des *FlowTeams* nach Gerber und Gruner [17] kann unter dem Link http://www.flowteam.com/doc/O_108_D-Gesamt.pdf (zugegriffen: 6. Okt. 2011) heruntergeladen werden.

darf die Begrifflichkeit *Reformpädagogik* nicht abschrecken, vielmehr sind die Inhalte und die damit verbundenen Chancen zu erkennen und damit die kritische Distanz zu überwinden. Voraussetzungen für eine erfolgreiche Adaption der Ideen sind strategisches Denken und langfristiges Planen – neben dem Zulassen von Initiativen.

Seit Jahren und sogar seit Jahrzehnten bringen die reformpädagogischen Ideen die schulische Bildung und das Verständnis für notwendige Veränderungen voran. Arbeitspsychologische wie neurobiologische Forschungen unterstreichen die Forderungen der Reformpädagogik, wenn die unterschiedlichen Experten z. B. den Vorzug von (Entscheidungs-)Freiheit, Selbstbestimmung und Authentizität in den Vordergrund stellen. Viele in den Unternehmungen haben bereits begriffen, dass Worthülsen und Plakatives keinen Mitarbeiter mehr zur Leistung treiben. Der von Maria Montessori propagierte Grundsatz „Hilf mir, es selbst zu tun. Zeig mir, wie es geht. Tu es nicht für mich. Ich kann und will es allein tun" hat sich in der schulischen Landschaft längst etabliert. Es ist kaum noch Überzeugungsarbeit zu leisten, wenn schulpolitische Veränderungen angemahnt werden. Diese Einsichten sind der betrieblichen Weiterbildungspraxis nicht verborgen geblieben, dennoch tun sich die Verantwortlichen schwer, Reformpädagogik und Konstruktivismus in das Bildungskonzept der Unternehmen aufzunehmen.

Erfolgreiche Anwendungen, die aus einer konstruktivistischen Pädagogik hervorgegangen sind, haben dennoch den Markt für Weiterbildung und Teamentwicklung erobert und werden diesen weiterhin bereichern. Und allein im Hinblick auf das Ideen- und Innovationsmanagement wird es kaum einen Ausweg aus der Einfallslosigkeit geben, wenn weiterhin auf hausbackene Methoden zur Findung neuer Ideen gesetzt wird. Reformpädagogik im Unternehmen ist kein politisches Bekenntnis, sondern Chance.

▶ Wer im Zuge eines *Change-Managements* von seinen Mitarbeitern den Mut zur Veränderung und die Bereitschaft fordert, sich auf Neues einzulassen, muss dieselben Eigenschaften zeigen.

Einige Prinzipien der Reformpädagogik mögen hinsichtlich deren Transferierbarkeit und nach erstem Augenschein untauglich erscheinen. Dies liegt nicht an der schulischen Ausrichtung reformpädagogischer Ideen, vielmehr erfordern manche Prinzipien so umwälzende Veränderungen, dass sie Abwehr provozieren müssen.

Literatur

1. Bartscher, Ann Ch. 2008. Personalentwicklung und ältere Arbeitnehmer. Herausforderungen an eine altersgerechte Personalpolitik. Bremen: Salzwasser-Verlag.
2. Bünnagel, Werner. 2009a. Qualifizierung Älterer tut Not. PERSONAL. Zeitschrift für Human Resource Management 3: 40–42.
3. Bünnagel, Werner. 2010d. Handbuch zur Einführung einer modernen Wissenswirtschaft. Das Unternehmenswissen im Visier. München/Mering: Hampp.
4. Csikszentmihalyi, Mihaly. 1997. Finding flow. Psychology Today 30(4): 46–71.

5. Csikszentmihalyi, Mihaly. 2004. Flow im Beruf. Das Geheimnis des Glücks am Arbeitsplatz (aus dem Amerikan. von Ulrike Stopfel). 2. Aufl. Stuttgart: Klett-Cotta.
6. Csikszentmihalyi, Mihaly. 2008. Flow. Das Geheimnis des Glücks. Stuttgart: Klett-Cotta.
7. Deutsche Gesellschaft für Personalführung e. V. (Hrsg.). 2004. Personalentwicklung für ältere Mitarbeiter, Grundlagen, Handlungshilfen, Praxisbeispiele. 2. Aufl. Bielefeld: Bertelsmann.
8. Fichtner, Hanno. 2008. Unternehmenskultur im Strategischen Kompetenzmanagement. Wiesbaden: Gabler.
9. Flato, Ehrhard, Silke Reinbold-Scheible. 2008. Zukunftsweisendes Personalmanagement. Herausforderung demografischer Wandel: Fachkräfte gewinnen, Talente halten und Erfahrung nutzen. München: MI-Verl. Moderne Industrie.
10. Franken, Swetlana. 2010. Verhaltensorientierte Führung. Handeln, Lernen und Diversity in Unternehmen. 3., überarb. u. erw. Aufl. Wiesbaden: Gabler.
11. Friebe, Jens. 2007. Weiterbildung in einer alternden Gesellschaft. Bestandsaufnahme der demografischen Entwicklungen, des Lernens im höheren Lebensalter und der Perspektiven für die Weiterbildung. Bonn: Deutsches Institut für Erwachsenenbildung.
12. Frieling, Ekkehart, Karlheinz Sonntag (Hrsg.). 1999. Lehrbuch Arbeitspsychologie. 2., vollst. überarb. Aufl. Bern [u. a.]: Huber.
13. Geldermann, Brigitte. 2005. Weiterbildung für die Älteren im Betrieb. In Wettbewerbsfähigkeit mit alternden Belegschaften, hrsg. H. Loebe/E. Severing, 69–79. Bielefeld: Bertelsmann.
14. Geldermann, Brigitte, Roland Geldermann. 2005. Lernberatung für selbstgesteuertes Lernen. Neue Aufgaben für Bildungsdienstleister, Bielefeld: Bertelsmann. (Leitfaden für die Bildungspraxis, 10).
15. Geldermann, Brigitte, Andreas Hinz, Alexander Krauß, Barbara Mohr, Thomas Reglin. 2008. Führungskräfte als Lerngestalter. Flexible und individuelle Kompetenzentwicklung im Betrieb. Bielefeld: Bertelsmann. (Wirtschaft und Bildung, 45).
16. Geldermann, Roland, Sabine Bescherer, Eva Hörwick. 2007. Gestaltung von Lerninfrastrukturen für selbstgesteuertes Lernen im Betrieb, Bielefeld: Bertelsmann. (Leitfaden für die Bildungspraxis, 14).
17. Gerber, Martin, Heinz Gruner. 1999. FlowTeams – Selbstorganisation in Arbeitsgruppen. http://www.flowteam.com/doc/O_108_D-Gesamt.pdf. Zugegriffen: 6. Oktober 2011. Goldach (CH): Crédit Suisse.
18. Gieseke, Wiltrud. 2009. Lebenslanges Lernen und Emotionen. Wirkungen von Emotionen auf Bildungsprozesse aus beziehungstheoretischer Perspektive. 2. unveränd. Aufl. Bielefeld: Bertelsmann.
19. Homma, Norbert, Rafael Bauschke. 2010. Unternehmenskultur und Führung. Den Wandel gestalten – Methoden, Prozesse, Tools. Wiesbaden: Gabler.
20. Jahnke, Bernd, Erdal Yalcin, Sven Bauer. 2006. Anreizsysteme zur Verbesserung der Wissensteilung in Unternehmen. Tübingen: Universität Tübingen, Abteilung für Betriebswirtschaftslehre. (Arbeitsberichte zur Wirtschaftsinformatik, 31).
21. Jasper, Gerda, Uwe Jürgenhake, Annegret Rohwedder, Cordula Sczesny. 2008. Fit mit alternden Belegschaften. Altersgerechte Personal- und Organisationsentwicklung in Brandenburger klein- und mittelständischen Unternehmen. München: Hampp.
22. Kauth, Hans. 2007. Passgenaue Unternehmenskultur. Einfluss auf Führung und Produktivität. Bielefeld: Bertelmann.
23. Lindemann, Gabriele, Vera Heim. 2010. Erfolgsfaktor Menschlichkeit. Wertschätzend führen, wirksam kommunizieren. Ein Praxishandbuch für effektives Beziehungsmanagement und neue Unternehmenskultur. Paderborn: Junfermann.
24. Loebe, Herbert, Eckart Severing (Hrsg.). 2007. Wege in den Betrieb. Erschließung betrieblicher Führungskräfte für Qualifizierungsberatung. Bielefeld: Bertelsmann. (Handlungshilfen für Bildungsberater, 20).
25. Mandl, Heinz (Hrsg.). 2006. Handbuch Lernstrategien. Göttingen: Hogrefe.
26. Niederhäuser, Markus, Nicole Rosenberger. 2011. Unternehmenspolitik, Identität und Kommunikation. Modell Prozesse Fallbeispiele. Wiesbaden: Gabler.
27. Przygodda. Iris. 2004a. Immaterielle Anreizsysteme im Wissensmanagement. Essen: PIM, Inst. für Produktions- und Industrielles Informationsmanagement.
28. Przygodda. Iris. 2004b. Materielle Anreizsysteme im Wissensmanagement. Essen: PIM, Inst. für Produktions- und Industrielles Informationsmanagement.

29. Ritz, Adrian, Peter Sinelli. 2011. Talent Management – Überblick und konzeptionelle Grundlagen. In Talent-Management. Talente identifizieren, Kompetenzen entwickeln, Leistungsträger erhalten, hrsg. A. Ritz/N. Thom, 3–24. 2., aktual. Aufl. Wiesbaden: Gabler.

30. Ritz, Adrian, Norbert Thom (Hrsg.). 2011. Talent-Management. Talente identifizieren, Kompetenzen entwickeln, Leistungsträger erhalten. 2., aktual. Aufl. Wiesbaden: Gabler.

31. Stegemann, Anna. 2008. Informelles Lernen. Identifizierung, Bewertung und Anerkennung informell erworbener Kompetenzen. Hamburg: Diplomica Verlag.

32. Zimpel, André Frank (Hrsg.). 2010. Zwischen Neurobiologie und Bildung. Individuelle Förderung über biologische Grenzen hinaus. Göttingen: Vandenhoeck & Ruprecht.

Wandel mit Weitblick

Zusammenfassung

Dass die Einführung des selbstorganisierten Lernens ins Unternehmen nun nicht einfach diktiert werden kann, ist bereits mehrfach erwähnt worden. Also macht es Sinn, in diesem Kapitel weitere Vorüberlegungen respektive vorbereitende Maßnahmen zusammenzufassen, die den Übergang vom selbstständigen Arbeiten zum selbstständigen Lernen erleichtern. Dazu gehören demokratische Strukturen im Unternehmen, ein professionelles *Change-Management* und die aktive Einbindung der Mitarbeiter in die Veränderungsprozesse. In gewissem Sinne findet noch einmal eine notwendige Reflexion der Ausgangssituation im Unternehmen und der anstehenden Veränderungen statt.

Die Notwendigkeit, bestehende Strukturen kontinuierlich zu bewerten und zu hinterfragen, ist das Tagesgeschäft im unternehmerischen Handeln. Ketzerische Geister könnten jetzt die Frage stellen, warum dies denn in so vielen Unternehmen und vor allem im Bereich Personalentwicklung/Wissensmanagement so selten geschieht. Es ist noch weit verbreitet, Personalentwicklung auf die Qualifizierungsorganisation zu reduzieren. Dies ist ein Verharren in einem unhaltbaren Zustand. Man mag die Dynamisierung des Wandels bewerten, wie man will. Da sie auf den meisten Märkten eine etablierte Realität ist, muss ein Unternehmen sich auf ständige Veränderungen einstellen. Es geht dabei nicht allein um geringfügige Verschiebungen im Markt. Technologien, Materialien, Dienstleistungen sind weitaus stärkeren Änderungen unterworfen, als dies früher der Fall war.

Die Konsequenz kann dann nur sein, dass Unternehmensorganisation und Personal zur Wandlungsfähigkeit hingeführt werden. Flexibilisierung der Mannschaft sowie stete Anpassung der Organisation müssen Zielvorgaben sein. Neue Konzepte sind daher genauso unumgänglich wie eine sorgfältige Vorbereitung zu Maßnahmen der Organisationsveränderung. All das kann nur von Erfolg gekrönt sein, wenn alle Beteiligten Wandlungsfähigkeit mitbringen. Veränderungsbereitschaft basiert ihrerseits darauf, dass die Beteiligten einen Nutzen spüren. Und der ist genau herauszuarbeiten, will man Mitarbeiter mitreißen.

Das Wissen der Mitarbeiter als Zukunftskapital zu werten, haben Greif und Kurtz schon 1996 im Vorwort zu dem von ihnen herausgegebenen Handbuch für das *so*-Lernen vorweggenommen, wenn sie von der

W. Bünnagel, *Selbstorganisiertes Lernen im Unternehmen*,
DOI 10.1007/978-3-8349-4264-7_6, © Gabler Verlag | Springer Fachmedien Wiesbaden 2012

Entwicklung und Nutzung des Menschen als entscheidende Ressource des Unternehmenserfolgs (Greif und Kurtz, S. 7 [8])

sprechen. Doch noch richtungsweisender ist deren Hinweis darauf, das *so*-Lernen ein offenes System im Unternehmen sein muss:

> Selbstorganisiertes Lernen ist kein dogmatisches Konzept, sondern ein offenes Programm, das evolutionär weiterentwickelt werden soll. (Greif und Kurtz, S. 9 [8])

Damit geben Greif und Kurtz die Richtschnur vor für die Realisierung des *so*-Lernens in der betrieblichen Praxis. Dies gebührt der besonderen Erwähnung, weil viele bei der Einführung neuer Modelle oder Konzepte dem Glauben erliegen, ein fest vorgegebenes System ersetze die notwendige Analyse des betrieblichen Kontextes, die Erfüllung der hinreichenden Rahmenbedingungen sowie die Erfassung der unternehmensspezifischen Anforderungen.

6.1 Vom selbstständigen Arbeiten zum *so*-Lernen

Im Grunde genommen ist der Weg zum mündigen Mitarbeiter ein kurzer, der Schritt zur Selbstorganisation ein kleiner. In kaum einem Stellenangebot verzichten die Inserenten auf den Hinweis, dass der Mitarbeiter selbstständig seine Arbeiten zu verrichten hat und dass die individuellen Entwicklungsmöglichkeiten dem potenziellen Arbeitgeber sowieso am Herzen liegen.

> ▶ Traut man dem Mitarbeiter die Organisation seiner Arbeit zu, ist es nicht abwegig zu erwarten, dass er genauso seine persönliche Entwicklung im Unternehmen selbst bestimmen kann.

Warum wird dann so selten die Verknüpfung von all dem zu einer Art autarken Mitarbeiter gesucht? Wenn selbstständiges Arbeiten erwartet wird, kann *so*-Lernen doch ebenfalls erwünscht sein. Es stellt sich also nur die Frage: Woran scheitert es, dass mit letzter Konsequenz nach vorn geschritten wird? Oft ist es zweifelsfrei mangelnde Erfahrung mit den Konzepten des *so*-Lernens oder es ist ein – nicht immer zu Unrecht – mangelndes Vertrauen in die Organisationsfähigkeit der Mitarbeiter, zumindest was die Bereitschaft für das betriebliche Lernen betrifft.

Ein Grund dafür mag sein, dass einerseits die Personalentwicklung in der Vergangenheit hier und da ein stiefmütterliches Dasein gefristet hat und dass den Mitarbeitern die Erfahrung mit der eigenen beruflichen Weiterbildung fehlt. Andererseits ist es zugleich eine weitverbreitete Skepsis gegenüber der Loyalität und der Lern- wie Leistungsbereitschaft der Mitarbeiter. Jedenfalls ist es so, dass die Ursache dafür in der Vergangenheit bzw. im Erfahrungsraum der Mitarbeiter zu suchen ist.

Es wird das Wichtigste sein, in gewisser Weise einen Neuanfang zu unternehmen. Der Pakt für die Zukunft bietet dazu den idealen Ausgangspunkt, kombiniert mit einer Kampagne lässt sich ohne weiteres eine neue Ära einläuten. Zum Wesen dieser Kampagne gehört ein gutes Maß an Emotion, am Ende soll ein Gefühl transportiert werden, nämlich das Gefühl, dass sich etwas ändern wird und dass man den Initiatoren trauen kann, weil diese es ernst meinen. Damit ist der Kampagne implizit, dass es sich bei der Einführung des *so*-Lernens um ein nachhaltig verfolgtes Projekt handelt und dass allen Ankündigungen nichts von Schaumschlägerei anhaftet. Was einer guten Kampagne selbstverständlich gleichfalls eigen sein sollte, das ist das kollaborative Moment. So können Emotionen erst geweckt werden, wenn die Vorstellungen sowie Erwartungen aller einfließen. Der *Kick-off* setzt erst dann den Ball in Bewegung, wenn dieser auch getroffen wird. Dazu reicht es nicht aus, ein Leitbild zur (neuen) Lernkultur zu plakatieren und ein Feuerwerk geplanter Vorhaben zu zünden. Lieber sollten alle Beteiligten den großen Entwurf einer neuen Lernwelt im Unternehmen mitgestalten und Gelegenheit haben, Potenziale und Energie einzubringen.

Meist sind die Rahmenbedingungen zur Einführung des *so*-Lernens noch einschränkend, zum anderen sind die Mitarbeiter aufgrund ihrer schulisch geprägten Lernerfahrungen oft noch vorbelastet. Das muss bedeuten, dass erst die Analyse der Lernerfahrungen sowie des Lernverhaltens einen Einstieg bietet, zu neuen Ufern der Lernkultur aufzubrechen. In dieser Hinsicht besteht ein Desiderat darin, ein standardisiertes Verfahren zu entwerfen, das diese Analysearbeit erleichtert wie zeitlich optimiert. Solange derartige Instrumente fehlen, können Interimslösungen weiterhelfen. So kann sich die Analyse auch auf die Identifizierung einiger weniger Lernertypen und die Verteilung der Belegschaft auf diese Gruppen beschränken, damit darauf aufbauend entsprechende Unterstützungsmaßnahmen initiiert werden können. Es wäre ein Missverständnis, wenn diese Typologie als Grundlage für die Bildung homogener Lerngruppen nach Lernverhalten genutzt würde. Es ist ein weit verbreiteter Fehlschluss, generell Homogenität z. B. nach Altersklassen anzustreben. Selbst wenn es je nach Ausgangssituation Sinn macht, zu einem gegebenen Zeitpunkt aus ganz bestimmten Gründen eine homogene Lerngruppe zu bilden, darf dies nicht allgemeingültige, sondern nur bedarfsspezifische Planung sein.

Altersmischung in Lerngruppen als reformpädagogisches Prinzip läuft derzeit dem erwähnten Trend in der beruflichen Weiterbildung zuwider, altershomogene Lerngruppen zu bilden. Meist geschieht diese Homogenisierung mit Rücksicht auf die besonderen Lerngewohnheiten älterer Mitarbeiter. Wenn Lernen vom Mitarbeiter gewollt ist, dann wird ihm die Zusammensetzung der Lerngruppe grundsätzlich egal sein. Es muss nur sichergestellt sein, dass eine Atmosphäre der Gemeinschaftlichkeit geschaffen ist, in die man sich vertrauensvoll hineinbegeben kann. Sobald Teilnehmer einer Lerngruppe Ausgrenzungstendenzen – egal in welche Richtung – zeigen, besteht Gefahr für das Lernklima und damit für den Lernerfolg des Einzelnen. Der ältere Lerner wird bei einer hinreichenden Lernmotivation auch erkennen, wie er von Jüngeren noch etwas lernen kann.

▶   Die Bereicherung durch altersübergreifende Lernteams muss als bewährtes wie zielführendes Prinzip verstanden werden.

Mit den Informationen zum Lernverhalten gewappnet und einer professionalisierten Intuition kann dann der Lerncoach ans Werk gehen. In der Startphase der Einführung ist dieses Coaching unabdingbar, denn erst über die Reflexion der neuen Prozesse und durch die nachhaltigkeitsorientierte Begleitung kann der Veränderungsprozess vorangetrieben werden. Obwohl das Ganze den Beigeschmack von Überwachung hat, ist es gerade in dieser sensiblen Phase sehr wichtig, dass noch Steuerungsmöglichkeiten zur Verfügung stehen. Die Einbindung von Lerncoaches ist jedoch eine temporäre und damit eine zeitlich begrenzte Maßnahme. Schließlich sieht die radikale Vision vom Lernen vor, dass Lernen im wahrsten Sinne des Wortes selbstorganisiert geschieht. Die kategorische Zielsetzung einer prinzipientreuen Reformpädagogik im Unternehmen muss dagegen nicht von Beginn an angestrebt werden.

Das selbstbestimmte sowie das selbstorganisierte Lernen haben als Themen in der Fachliteratur seit vielen Jahren ihren Platz. Selbst der Bezug zur Arbeitswelt fehlt nicht. Wenn es noch nicht zum Durchbruch gereicht hat, dann ist sicherlich einer der Gründe dafür, dass vieles sehr theorielastig dargestellt oder eine exklusive Methode propagiert worden ist. Vergleichbar mit dem Beispiel der *Best Practices* gilt gleichfalls für das *so*-Lernen im Unternehmen, dass eine universell einsetzbare Methodik nicht erwartet werden darf. Wie auch die musterhaften Lösungen sind punktuelle Maßnahmen des *so*-Lernens im Unternehmen kein Allheilmittel. So überzeugend auch Planspiele und offene Formen des Gruppenlernens sein mögen, sie allein können kein Modell des *so*-Lernens im Unternehmen etablieren.

►   Das Modell ist die Lösung, von diesem ausgehend erzeugt jedes Unternehmen aus sich heraus seine eigenen spezifischen Umsetzungen.

Der geforderte Paradigmenwechsel in der betrieblichen Bildungspraxis ist genauso wenig wie die Einsicht in die Bedeutung des Mitarbeiterwissens für die Unternehmenszukunft ein originärer Gedanke (s. u. a. Angress [1]). Konzepte zur Selbstorganisation und Selbststeuerung standen vor einiger Zeit allerdings noch unter dem starken Einfluss der Nutzung neuer Medien. Nichtsdestotrotz ist das selbstständige Lernen mit und ohne Einfluss von Konstruktivismus oder Reformpädagogik ins Zentrum der Betriebspädagogen und Didaktiker gerückt (s. u. a. Euler et al. [5], Lang und Pätzold [14], Noß [17] und insbesondere Forneck [6]). Manches ist allerdings sehr lerntheoretisch (s. Reinert von Carlsburg und Wehr [19]), andere Texte stellen naheliegende Beziehungen zur lernenden Organisation in den Mittelpunkt (s. Lederer [16]). Der eine oder andere Buchtitel mag falsche Erwartungen wecken, denn nicht alles ist einfach auf die Personalentwicklung übertragbar (s. Jünger [12]). Manchmal werden spezifische Kompetenzen isoliert (s. die Orientierung auf Handlungs- und Lösekompetenz bei Grotian und Beelich [9]). Auch der Bezug zur Reformpädagogik fehlt nicht (Herold und Landherr [11]). Ab und zu kommen Impulse aus anderen Disziplinen, wenn zum Beispiel auf Erfahrungen des Sprachenlernens zurückgegriffen und der Einblick in die Sprachlernforschung gewagt wird (s. Arntz et al. [3]).[1]

---

[1] Die Autoren widmen sich ungesteuerten Lernsituationen und freigewählten sprachlichen Äußerungen, was durchaus Analogien zum selbstbestimmten Lernen im Allgemeinen zulässt.

Der Blick auf die *Prinzipien zur Förderung des eigenverantwortlichen Lernens* nach Harting und Ramm [10] zeigt, wie leicht ein Bezug zur Praxis des betrieblichen Lernens herzustellen ist.[2] Danach sind es die Transparenz, die klaren Regeln/Strukturen, die Überschaubarkeit der Lernabschnitte, das Rückmeldesystem und die gemeinsame Reflexion, die ein wirksames Fundament für die Umsetzung bilden. Allein das Prinzip der gemeinsamen Reflexion lässt sich problemlos in einem professionell geführten Personalentwicklungsgespräch umsetzen. Weitere Beispiele dazu, wie diese und andere Prinzipien im Lernalltag wirken können, finden sich in Abschn. 7.3 und 7.4.4.

▶   Jeder Selbstbestimmung ist auch ein bestimmtes Maß an selbstgewählter Arbeit immanent.

Eine vollständig selbstgewählte Arbeit im Unternehmen mag noch recht utopisch anmuten, doch warum sollte es nicht möglich sein, einen Erfüllungsrahmen zu stecken und relative Freiheiten innerhalb dieser Grenzen zuzulassen. Sind in einem solchen System noch Führungskräfte vorhanden, müssen diese einiges aushalten können, denn letztlich stellt die selbstgewählte Arbeit im Grunde genommen ein Führungssystem in Frage.

6.2   Erfolgsmodell Demokratie – warum nicht auch im Unternehmen?

Obgleich es noch heute Monarchien und Diktaturen gibt, so hat sich der demokratische Ansatz weitestgehend etabliert. Von der Macht der Demokratie-Idee zu reden, ist gewiss allzu pathetisch. Dennoch hat der demokratische Geist bisher unzählige Menschen angetrieben. So gibt es in den Unternehmen schon lange die Mitbestimmung, ein Produkt demokratischen Strebens. Gleichwohl ist nicht selten das Recht auf Mitsprache von einer gewissen Polarität im Unternehmen begleitet, statt dass ein harmonisches Miteinander gepflegt wird. Ganz demokratisch ist die Rede von Betriebsparteien, die angetreten sind, betriebliche Belange meist kontrovers zu diskutieren.

Dennoch gibt die Mitsprache Gelegenheit, die eigene Meinung einzubringen. Anders als in der Mitbestimmung ist die Einbindung der Mitarbeiter eine andere Form der Demokratisierung. Hierfür steht beispielhaft die Gruppen- und Teamarbeit (s. u. a. Freimuth und Straub [7]). Mit den unterschiedlichsten Formen der Kooperationen im Unternehmen und dem Einzug von Eigenverantwortlichkeit ist zweifelsohne der Freiheit des Einzelnen ein gebührender Raum bereitet worden.

Gruppenarbeit ist als Form der Demokratisierung zu sehen, die dabei geholfen hat, hierarchische Systeme zugunsten einer steigenden Leistungsbereitschaft und Einsatzfreude zu durchbrechen. Moderne Arbeitergenerationen können sich in einer solchen Arbeitsumgebung ihre Identifikation über Freiheiten und Selbstverantwortung holen. Arbeitsmittel wie z. B. Metaplan® dienen dabei als Form der Moderation und der Strukturierung von

---

[2] Siehe Harting und Ramm, S. 32 ff. [10].

Kooperationen. Dieser Anspruch des Einzelnen auf Freiheit muss in letzter Konsequenz desgleichen durch die Demokratisierung im Lernen erfüllt sein.[3]

Die Wege der Demokratisierung führen zur Förderung der Entscheidungsfreiheit bei den Mitarbeitern. Selbstverständlich setzt die freie Entscheidung einen mündigen Mitarbeiter voraus – genauso wie eine funktionierende Demokratie einen mündigen Bürger braucht. Wo soll ein Mitarbeiter frei entscheiden? Was kann ein Mitarbeiter überhaupt frei entscheiden? Das Konzept vom mündigen Mitarbeiter geht schon etwas weiter, als Arbeitsbeginn und Arbeitsende in einem festgesteckten zeitlichen Rahmen selbst zu bestimmen. Freiheit reicht bis in die Arbeitsgestaltung und bis in die individuelle Entwicklung des Mitarbeiters.

Freiheit muss nicht bedeuten, dass Mitarbeiter destruktiv sein dürfen oder nach Belieben dem Unternehmen schaden können, wie es ihnen gefällt. Der mündige Mitarbeiter weiß um die Bedeutung seines Arbeitsplatzes für seine eigene Existenzsicherung, und er weiß darum, wie wichtig es ist, seine Arbeits-, Einsatz- und Beschäftigungsfähigkeit für das Unternehmen zu erhalten. Ähnlich wie die Bürger eines Staates sollte er sich zugleich mit den Zielen und Regeln seines Unternehmens identifizieren. Diese muss er verständlicherweise erst kennenlernen, womit erneut herausgestellt ist, wie wichtig es ist, ins Gespräch zu kommen.

Wikis sind bisher viel zu sehr als ein Instrument des modernen Wissensmanagements gewertet worden, wobei der vielleicht wesentlichste Aspekt in den Hintergrund gedrängt wurde: die Kommunikation. Alle Beteiligten rund um die Einführung eines Unternehmens*wikis* sollten sich bewusst sein, dass eine neue Form der Kommunikation implementiert wird. Ein *Wiki* ist eine Kommunikationsplattform und sollte auch als diese in das Unternehmen eingeführt werden. Also macht es Sinn, außer einer Häufung von Daten im *Wiki* obendrein die Gelegenheit zum aktiven Informations-, Wissens- und Meinungsaustausch bereitzustellen. Es können neben der Wissenssystematisierung auch Prozesse beschrieben werden, so dass jeder Mitarbeiter Abläufe nachvollziehen kann. In *Blogs* können Meinungen ausgetauscht werden, mittels intelligent strukturierter *Yellowpages* können Adressen oder individuelle Kompetenzen recherchiert und Kontakte geknüpft werden. Die mittlerweile etablierten *Tag*-Mechanismen können unterschiedlichste Recherchen stützen. Am Ende steht mit der Demokratisierung von Wissen die notwendige Transparenz - eine Transparenz, die Grundlage für das gegenseitige Vertrauen ist.

In der simpelsten Umsetzung des Demokratiegedankens ist Freiheit die Gewährleistung von Selbstbestimmung und damit haben derartig initiierte Demokratiestrukturen wenig mit Mitbestimmung oder Einflussnahme zu tun. Es ist wichtig, diese Art der Demokratisierung von jeglichen Ambitionen der Mitarbeiter auf Beteiligung streng abzutrennen.

▶   Das eigene Arbeiten bestimmen, die eigene Entwicklung im Blick haben und das Gefühl, Freiräume wahrzunehmen, sind Quellen für die Mitarbeitermotivation.

---

[3] Siehe hierzu insbesondere Rogers [20–22].

Demokratisierung im Unternehmen stellt sowohl einen Veränderungs- als auch einen Lernprozess dar. Denn Demokratie und Freiheit entsteht im Unternehmen nicht spontan. Genauso wenig entspricht die Verkündung dem Vollzug. Das Wachsen demokratischer Strukturen im Unternehmen muss begleitet sein, ganz im Sinne eines Lernprozesses.

6.3   Change mit Professionalität und Umsicht

In der Vorbereitung von Wandel wird es immer wichtiger werden, das *Change-Management* auf Transparenz auszurichten. Die Akteure, die den Wandel umzusetzen haben, und diejenigen, die der Wandel betrifft, müssen diesen auch verstehen. Es wurde bereits erwähnt, dass *Change-Management* heutzutage weitaus mehr als sozialverträglicher Stellenabbau sein muss. Erst mit der Einbeziehung aller in den Veränderungsprozess kann gewährleistet werden, dass alle an einem Strang ziehen.

Den Gefahren im Wandel, wie z. B. der Verlust von Wissen oder die Abwanderung von Wissensträgern, muss in klar definierten Prozessen des *Change-Managements* vorgebeugt werden. Die Veränderungsprozesse im Einzelnen sowie erfolgsichernde Rahmenbedingungen sind Gegenstand des nächsten Kapitels. Denn es ist wichtig, sich deren Bedeutung bewusst zu werden. An dieser Stelle wird vorweg Grundlegendes zu Veränderungen im Unternehmen thematisiert.

Den Prozessen vorangestellt sind demnach die Kernpunkte eines Umbaus oder einer Weiterentwicklung:

* nach internen und externen Gründen für eine Umstrukturierungen mit dem Ziel der Verbesserung der Unternehmenssituation differenzieren (*Differenzierung*);
* Szenarien erstellen zum Finden der Ziele (*Szenarien-Sammlung*);
* bereits bei der Analyse sowie der Optimierung von Prozessen die Führungskräfte einbinden (*Prozessanalyse*);
* die wesentlichen Strukturen zur Umgestaltung sowie den Ablauf mit allen gemeinsam erarbeiten (*Veränderungsstrukturen*);
* sich bei der Zielfindung einigen, Ziele als Grundlage jeden *Change-Managements* vereinbaren und die Führungskräfte zum gemeinsamen Weg verpflichten (*Commitment/ Multiplikatoren*);
* die Verbreitung der Ziele auf allen Ebenen sicherstellen (*Kommunikation*);
* Moderatoren zur Unterstützung des *Roll-outs* einsetzen (*Roll-out*);
* den Prozess des Umdenkens bei Führungskräften wie Leitenden kritisch verfolgen (*Umdenken*);
* positive Erfahrungen wie Erkenntnisse systematisieren und für weitere Umstrukturierungsmaßnahmen nutzen (*Erfahrungen*).

In Bezug auf das gesamte Spektrum des Veränderungsmanagements sind in dieser Auflistung nur für das Einführen des *so*-Lernens relevante Bausteine aufgeführt. Fraglos können je nach Unternehmenssituation zusätzliche Aufgaben unumgänglich sein. Das *Change-Management* als Ganzes bietet noch weitere Blickwinkel auf unternehmenskritische Prozesse im Rahmen von Veränderungen (s. unter dem reichhaltigen Literaturangebot Zink et al. [26]).[4]

Nachhol- und Systematisierungsbedarf besteht höchstwahrscheinlich in vielen Unternehmen, was die Einbindung moderner Kommunikationsformen betrifft. Sowohl im betrieblichen Kontext als auch im privaten Bereich hat sich durch *SMS*, *E-Mail* und *Social Web* das Kommunikationsverhalten entscheidend geändert, was auf jeden Fall in der Gestaltung betrieblicher Wandlungsprozesse zu berücksichtigen ist. Dasselbe trifft folgerichtig auf die Einführung neuer Lernmethoden zu.

Bei all dem muss ständig präsent sein, dass Veränderungen und Lernen eng zusammenhängen, sogar miteinander verwoben sind. Dies erlaubt den Rückschluss, dass der Veränderungsprozess kein rein mechanisches Vorgehen darstellt, vielmehr handelt es sich um einen Lernprozess, sobald Menschen beteiligt sind.

Damit gelten ebenfalls die Richtlinien für erfolgreiches Lernen:

- Motivation sicherstellen,
- Lernen nach dem Bedarf und den Voraussetzungen des Lerners ausrichten,
- Lernprozess segmentieren,
- Lernerfolg evaluieren,
- Transfer des Gelernten überprüfen.

Empathie ist in diesem Prozess kein Hindernis, denn die Ängste derer, die Veränderungen mittragen sollen, müssen wahrgenommen und unbedingt respektiert werden. Neues schürt Ängste und trifft nicht selten auf Misstrauen und Vorbehalte. Daher müssen im Zuge von Veränderungen Mitarbeiter gewissermaßen abgeholt, überzeugt und mitgenommen werden.

Da es nun Veränderungsprozessen eigen ist, das sie zugleich einen Zustand der Instabilität mit sich bringen, sind es wieder die Führungskräfte, an die besondere Anforderungen gestellt werden. Sie als Gestalter des operativen Tagesgeschäfts erkennen als Erste, ob Entwicklungen ihren geplanten Verlauf nehmen und ob Veränderungen von den Mitarbeitern angenommen werden. Dazu müssen die Führungskräfte dann gegebenenfalls den einen oder anderen mitreißen.

Transparenz als unternehmerisches Kulturgut und ein Kompetenzmanagement mit einem zukunftsweisenden Kompetenzmodell können die Flexibilisierung im Wandlungs-

---

[4] Mehr zu den Prozessen des *Change-Managements* findet man in Keuper und Groten [13], Lauer [15], Pescher [18] oder in einer Studie mit Bezug zum Personalmanagement von B. Sedlacek [23]. Diese Studie steht unter http://www.dgfp.de/wissen/empirische-studien/change-management-veraenderungsprozesse-aus-sicht-des-personalmanagements-befragungsergebnisse-1192 als Download zur Verfügung (zugegriffen: 6. Okt. 2011). Einen ganz besonderen Blick bieten Thota und Munir [25].

Abb. 6.1 Nachhaltigkeit als Zielorientierung

prozess vorbereiten und somit die Beschäftigungsfähigkeit der Mitarbeiter sichern. An einem Arbeitsplatz der Zukunft werden mündige Mitarbeiter Leistung aus eigener Motivation heraus erbringen und Servicedenken als Arbeitsplatzsicherung verstehen. Wenn Motivation und Identifikation zusammenkommen, wird die Leistung zum Selbstläufer. Mit gemeinsamen Zielen und darauf basierenden Vereinbarungen hat jeder im Unternehmen eine Orientierung, und jeder wird erkennen, dass Arbeitseinsatz nicht auf kurzfristige Erfolge abzielen soll, sondern dass die individuelle Leistung zur Zukunftssicherung auch Aspekte von Langfristigkeit hat.

6.4 Alle zusammen

Wenn die Kultur und weitere Rahmenbedingungen wichtige Voraussetzungen darstellen beim Aufbau einer modernen Wissenswirtschaft im Unternehmen, dann sind es im operativen Tagesgeschäft die Führungskräfte, die den Ausschlag des Erfolgsbarometers bestimmen. Mit Maßnahmen zur Motivationssicherung, wozu u. a. die Wertschätzung, die Gleichwürdigkeit, die Offenheit und das Vertrauen gehören, können zunächst nur Veränderungen initiiert werden. Dieser Plattform Stabilität zu verleihen verlangt Nachhaltigkeit. Und es ist eben diese Nachhaltigkeit, die nicht allein durch die Initiierung gegeben ist. Ständige Prüfsteine für eine Veränderung sind das Verhalten der Führungskräfte und die Akzeptanz der strategischen Ausrichtung. Daher muss konsequent daran gearbeitet werden, dass Führungskräfte sich ziel- wie kulturkonform verhalten und dass darauf geachtet wird, die Mitarbeiter durchgängig bei der Zielfindung einzubinden (s. Abb. 6.1).

Mit dem Bekenntnis zur Führungskräfteentwicklung und zum Coaching von Führungskräften ist kein Controlling intendiert, darauf ist besonders zu achten. Schnell kann nämlich ein Coaching von den unerfahrenen Führungskräften als Kontrollinstrument und als versteckte Kritik verstanden werden. Damit nicht der Eindruck entsteht, dass Schwächen oder Minderleistung der Führungskraft Anlass für eine korrektive Maßnahme sein könnten, muss sehr umsichtig und möglichst in kleinen Schritten mit Hilfe von externen Coaches ein internes Coaching-System aufgebaut werden. Über die Reflexion findet der Vorgesetzte dann zu seiner Funktion, Gestalter eines Teams zu sein.

Um in Gemeinschaft Unternehmensentwicklung voranzutreiben und über Gemeinsinn auch Loyalität entwickeln zu können, müssen durchgängig wie nachdrücklich die Zufriedenheit und der Identifikationsgrad hinterfragt werden. Das Miteinander muss gepflegt sein, damit alle gemeinsam sich ans Werk machen. Der Gewinn entsteht dadurch, dass Reibungsverluste ausbleiben, dass Energie eingespart wird und dass sich ungeahnte Potenziale offenbaren.

An dem Punkt, an dem alle oder zumindest die meisten Rahmenbedingungen erfüllt sind, können sich die Mitarbeiter zusammenfinden und gemeinsam die Unternehmensentwicklung mitprägen. Dies reicht dann bis zum Lernen im Team, was in der Umsetzung mehr ein natürlicher Prozess sein sollte. Jegliche einengende Didaktisierung ist dabei zu vermeiden. Am besten findet die Gruppe selbst zu der Team-Lernform, die zu ihr passt. Vorbild können auch hier schulisch orientierte Ansätze zur *Teamentwicklung* sein, das heißt im Besonderen für das Lernen im Team.[5]

Es ist nicht einfach, den Gemeinsinn im Unternehmen zu entwickeln, denn Mitarbeiter müssen erst davon überzeugt sein, dass sie einen Nutzen davon haben, miteinander gemeinsame Ziele zu verfolgen. Dieser Gemeinsinn darf nicht sprachliche Plattitüde sein, vielmehr muss ein Unternehmen imstande sein, alle Mitarbeiter wertzuschätzen, und alle Voraussetzungen dafür schaffen, damit Mitarbeiter nach ihrer Meinung gefragt werden. Schließlich sind es die Mitarbeiter, die nicht nur zur erfolgreichen Entwicklung einer Unternehmung sowie zur Veränderung des Unternehmens beitragen, sondern die auch aktiv mitgestalten. Erst deren individuelle Leistung und deren Leistungsbereitschaft sind der Garant für die positive Unternehmensentwicklung und somit für die Zukunft des Unternehmens. Alle gemeinsam sehen das Marktpotenzial und nehmen den Wettbewerb wahr.

Es muss das Ziel sein, ein Leistungssystem zu implementieren, das nicht auf einer rein monetären Basis funktioniert. An dieser Stelle greift das Konzept von Mündigkeit und Selbstbestimmung der Mitarbeiter, denn dadurch wird unter anderem indirekt eine Atmosphäre und eine Kultur der Gemeinschaftlichkeit gefördert. Mag man auch vermuten, dass diese Form der Individualisierung kontraproduktiv zur Teamarbeit sei, ist es gerade die Arbeitszufriedenheit, die den Einzelnen für Kooperation und kollaboratives Lernen öffnet. So wird nachvollziehbar, dass Mitarbeiterinnen und Mitarbeiter die eigenverantwortlich ihr Tun steuern, zufriedener sind.

---

[5] Siehe u. a. Berg [4].

▶ Mit gemeinsamen Zielen und darauf basierenden Vereinbarungen hat jeder im Unternehmen eine Orientierung und jeder wird erkennen, dass Arbeitseinsatz nicht auf kurzfristige Erfolge abzielen soll, sondern dass die individuelle Leistung zur Zukunftssicherung auch Aspekte von Langfristigkeit hat.

Motivation, die u. a. durch selbstbestimmtes Handeln gefördert wird, ist künftig nicht nur Alleinstellungsmerkmal, vielmehr ist die positive Einstellung zur Arbeit gleichfalls hinreichende Voraussetzung für die Leistungsbereitschaft. An dieser Stelle fließen Lern-, Veränderungs- wie Leistungsbereitschaft sozusagen zusammen und bilden den fruchtbaren Boden für eine Leistungs- bzw. Vertriebsorientierung, die ohne Druck auskommt und die nicht allein auf materielle Anreize zurückgeht. Damit ist ein solches Unternehmen zugleich Vorreiter sowie Vorbild für ein menschenwürdiges Arbeiten. Und es ist auch Maßstab dafür, wie die Zukunft der Arbeit auszusehen hat, will man erfolgreich sowohl der Dynamik des Wandels als auch den demografischen Veränderungen gerecht werden.[6]

Literatur

1. Angress, Alexandra. 2002. Selbstorganisiertes Lernen als Paradigma der betrieblichen Weiterbildung? EU-Programm- und Projektergebnisse. Hamburg: Bibliothekssystem Universität Hamburg. http://ediss.sub.uni-hamburg.de/volltexte/2002/654/. Zugegriffen: 6. Oktober 2011.
2. Arbeitsgemeinschaft Betriebliche Weiterbildungsforschung e. V./Projekt Qualifikations-Entwicklungs-Management QUEM (Hrsg.) 2005. Kompetente Menschen – Fundament für Innovationen. Münster [u. a.]: Waxmann.
3. Arntz, Reiner, Hans P. Krings, Bärbel Kühn (Hrsg.). 2011. Autonomie und Motivation. Erträge des 2. Bremer Symposiums zum Autonomen Fremdsprachenlernen. Bochum: AKS-Verl.
4. Berg, Christoph. 2006. Selbstgesteuertes Lernen im Team. Heidelberg/Berlin: Springer.
5. Euler, Dieter, Martin Lang, Günter Pätzold (Hrsg.). 2006. Selbstgesteuertes Lernen in der beruflichen Bildung. Stuttgart: Steiner. (Zeitschrift für Berufs- und Wirtschaftspädagogik, Beiheft, 20.2006).
6. Forneck, Hermann-Josef. 2002. Selbstgesteuertes Lernen und Modernisierungsimperative in der Erwachsenen- und Weiterbildung. Zeitschrift für Pädagogik, 48: 242–261. http://www.pedocs.de/volltexte/2011/3832/pdf/ZfPaed_2_2002_Forneck_Selbstgesteuertes_Lernen_D_A.pdf. Zugegriffen: 6. Oktober 2011.
7. Freimuth, Joachim, Fritz Straub (Hrsg.). 1996. Demokratisierung von Organisationen. Philosophie, Ursprünge und Perspektiven der Metaplan®-Idee. Wiesbaden: Gabler.
8. Greif, Siegfried, Hans-Jürgen Kurtz (Hrsg.). 1996. Handbuch selbstorganisiertes Lernen. Göttingen: Verl. für Angewandte Psychologie.
9. Grotian, Kristine, Karl Heinz Beelich. 2004. Arbeiten und Lernen selbst managen. Effektiver Einsatz von Methoden, Techniken und Checklisten für Ingenieure. 2., vollst. überarb. Aufl. Berlin/Heidelberg: Springer.
10. Harting, Angela, Gesa Ramm 2011. Eigenverantwortliches Lernen. Prinzipien – Befunde – Handlungsstrategien. München: Oldenbourg. (Schulmanagement-Handbuch, 30: 137).

---

[6] Zum Zusammenhang zwischen Innovation und Personalentwicklung s. Streich und Wahl [24] oder Arbeitsgemeinschaft Betriebliche Weiterbildungsforschung e. V./Projekt Qualifikations-Entwicklungs-Management QUEM [2].

11. Herold, Martin, Birgit Landherr. 2003. Selbstorganisiertes Lernen. SOL. Ein systemischer Ansatz für den Unterricht. Neue Lernkultur. Lernen in Lernfeldern. Fraktale Unterrichtsorganisation. Neue Formen der Leistungsbeurteilung. 2., überarb. Aufl. Baltmannsweiler: Schneider-Verl. Hohengehren.

12. Jünger, Sebastian. 2004. Selbstorganisation, Lernkultur und Kompetenzentwicklung. Theoretische Bedingungsverhältnisse und praktische Gestaltungsmöglichkeiten. Wiesbaden: Deutscher Universitäts-Verlag.

13. Keuper, Frank, Heinz Groten (Hrsg.). 2007. Nachhaltiges Change Management. Interdisziplinäre Fallbeispiele und Perspektiven. Wiesbaden: Gabler.

14. Lang, Martin, Günter Pätzold (Hrsg.). 2006. Wege zur Förderung selbstgesteuerten Lernens in der beruflichen Bildung. Bochum/Freiburg: Projektverl. (Dortmunder Beiträge zur Pädagogik, 39).

15. Lauer, Thomas. 2010. Change Management. Grundlagen und Erfolgsfaktoren. Berlin/Heidelberg: Springer.

16. Lederer, Bernd. 2005. Das Konzept der lernenden Organisation. Bildungstheoretische Anfragen und Analysen. Hamburg: Kovač. (Schriftenreihe Studien zur Berufspädagogik, 17).

17. Noß, Martina 2000. Selbstgesteuertes Lernen am Arbeitsplatz. Wiesbaden: Deutscher Universitäts-Verlag.

18. Pescher, Julia. 2010. Change Management. Taxonomie und Erfolgsauswirkungen. Wiesbaden: Gabler.

19. Reinert von Carlsburg, Gerd Bodo, Helmut Wehr. 2004. Selbstbestimmtes Lernen lernen. Donauwörth: Auer.

20. Rogers, Carl R. 1977. Lernen in Freiheit. Zur Bildungsreform in Schule und Universität (übers. aus d. Amerikan. von Frank u. Claire Höfer). 2. Aufl. München: Kösel-Verlag.

21. Rogers, Carl R. 1988. Lernen in Freiheit. Zur inneren Reform von Schule und Universität (übers. aus d. Amerikan. von Frank u. Claire Höfer). Frankfurt a. M.: Fischer-Taschenbuch.

22. Rogers, Carl R. 1989. Freiheit und Engagement. Personenzentriertes Lehren und Lernen (übers. aus d. Amerikan. von Wolfgang Rhiel). Frankfurt a. M.: Fischer Taschenbuch.

23. Sedlacek, Bronia. 2010. Change Management – Veränderungsprozesse aus der Sicht des Personalmanagements. Befragungsergebnisse. Düsseldorf: Deutsche Gesellschaft für Personalführung.

24. Streich, Deryk, Dorothee Wahl (Hrsg.). 2007. Innovationsfähigkeit in einer modernen Arbeitswelt. Personalentwicklung – Organisationsentwicklung – Kompetenzentwicklung. Frankfurt a. M. [u. a.]: Campus.

25. Thota, Hamsa, Zunaira Munir. 2011. Key concepts in innovation. Basingstoke [u. a.]: Palgrave Macmillan.

26. Zink, Klaus J., Wolfgang Kötter, Jörg Longmuß, Martin J. Thul (Hrsg). 2009. Veränderungsprozesse erfolgreich gestalten. Berlin/Heidelberg: Springer.

Veränderungsprozesse

7

Zusammenfassung

Es ist gewissermaßen die finale operative Phase im Einführungsprozess, wenn man daran geht, die einzelnen reformpädagogischen Prinzipien in den Alltag des Bildungs- und Wissensmanagements einer Unternehmung einzubinden. Allerdings wird auch an dieser Stelle noch einmal die Bedeutung der Motivation vorangestellt, weil sie die treibende Kraft im Lernprozess ist. Erst dann werden Möglichkeiten aufgezeigt, wie der neuen Lernform Gestalt verliehen werden kann. Einzelne Prinzipien, eine Art Leitfaden sowie grafische Übersichten machen den Gesamtprozess lebendig. Und am Ende darf ebenfalls nicht der Bezug zur multimedialen Lernwelt fehlen. Mit der Virtualisierung von Lernprozessen erhält die Theorie zum selbstbestimmenden wie selbstsorgenden Lernen noch mehr Gewicht.

Der Blick auf das Künftige darf selbstverständlich nicht dazu führen, dass man sich mehr der zu erwartenden Früchte erfreut, als dass man sich der Umgestaltung und Veränderung widmet. Innovation im Unternehmen erfordert ein professionelles *Change-Management*, wobei es weniger um Techniken geht als um Einstellungen. Nachhaltigkeit und Problembewusstsein stehen hier an erster Stelle, aber gewiss gehört noch mehr dazu. Vielleicht ist es zuerst die Identifizierung von Schwachstellen, die Ansatzpunkte für eine Weiterentwicklung liefert. Typische Aktionsfelder zu Beginn der Neuorientierung sind die oft beschriebenen: Motivation, Vertrauen, Kultur, Überwindung von Lernentwöhnung und die Entwicklung von Führungskräften zu Coaches.

Doch bei allem Veränderungswillen darf nicht die Veränderungsbereitschaft all derer vergessen werden, die Veränderungen mittragen sowie vorantreiben sollen. Fast folgerichtig ist es dann, den Mitarbeiter mehr in den Mittelpunkt zu rücken, was eine Orientierung an den Handlungsmaximen einer mitarbeiterorientierten Personalpolitik nötig macht. Mit diesen Navigationspunkten ausgestattet kann dann die Einführung des *so*-Lernens in Angriff genommen werden.

W. Bünnagel, *Selbstorganisiertes Lernen im Unternehmen*,
DOI 10.1007/978-3-8349-4264-7_7, © Gabler Verlag | Springer Fachmedien Wiesbaden 2012

7.1   Mitarbeiterzentrierte Personalpolitik

Den Mitarbeiter in den Mittelpunkt zu stellen, das nichts mit Verhätscheln oder Schmu-
sekurs zu tun, vielmehr bekommen die Wertschätzung und die Motivation einen neuen
Raum. Wird der Mitarbeiter wertgeschätzt, können die Motivation zur Leistung, die Bereitschaft für Veränderung und das Maß des gegenseitigen Vertrauens gesteigert werden. Die
Ausrichtung auf den Mitarbeiter bedeutet zugleich, dass man sich seiner Wertewelt widmet,
denn selbst wenn Werte den Charakter von Stabilität und etwas Überdauerndes vermitteln, muss doch ebenso hier dem Wandel gebührende Aufmerksamkeit geschenkt werden.
Werte scheinen innerhalb von Mitarbeitergenerationen eine überdauernde Größe zu sein,
allerdings kann sich die Präferenz von Werten je nach Mitarbeitergeneration verändern.

Mitarbeiter ins Zentrum personalpolitischer Überlegungen zu stellen, ist keine aktuelle
Forderung,[1] sie muss freilich noch mit wesentlich mehr Leben in der Unternehmenspraxis
gefüllt sein. Eventuell muss man dazu noch einmal zu den Anfängen zurückkehren und
sich damit auseinandersetzen, wie Kompetenz entsteht, welche Formen von Kompetenz es
gibt und wie der Kompetenzerwerb verläuft.[2]

Die Zeit für den Paradigmenwechsel ist reif. Bisher waren die meisten Bemühungen zur
Strukturierung des Personalmanagements dadurch gekennzeichnet, dass ein mehr oder
minder klares Weisungssystem mit starren Orientierungspunkten geschaffen worden ist.
Die Grundhaltung zu einem derartigen System ist dann überwiegend durch den Glauben
geprägt, dass ein hierarchisches System alles regelt und dass wenige Motivationsmomente
ausreichen, eine Belegschaft bei Laune zu halten respektive Leistungsbereitschaft freizusetzen.

Für ein System, das mit einfachen Strukturen der instrumentellen Konditionierung
wunderbar funktioniert, mag ein solches grundlegendes Schema durchaus adäquat sein.
In einem modernen Dienstleistungssektor mit einem Personal, das sich durch Flexibilität,
durch Einsatzfreude und durch Mitdenken auszeichnen soll/muss, ist dieses eher rudi-
mentäre Motivationsinstrumentarium vollkommen unzureichend. Heutige Mitarbeitergenerationen und wahrscheinlich auch folgende werden subtiler angesprochen werden
müssen. Deshalb werden Personaler künftig mehr Kompetenz in Motivationspsychologie
mitbringen müssen.

▶   Wenn längst bekannt ist, dass man Mitarbeiter nicht motivieren, sondern allen-
          falls Anreize bieten kann, sich zu bewegen, dann sollte dies endlich zum Anlass
          genommen werden, den geforderten Paradigmenwechsel zu vollziehen.

Das bedeutet konkret, dass man sich mehr dem Mitarbeiter zuzuwenden hat, um zu sehen,
wie dieser tickt. Denn erst mit einem validierten Motivraster des Einzelnen hat man ein

---

[1] Siehe u. a. Cisek et al. [4], darin insbesondere H. P. Moser: „Unternehmen als Wertsystem. Praxis
einer mitarbeiterorientierten Personalpolitik in einem mittelständischen Unternehmen", S. 170–180.
[2] Siehe dazu Jung [23] oder Erpenbeck und Heyse [10].

Wirkungsgefüge zur Hand, mittels dessen gezielt Anreize für Leistung oder Veränderung geschaffen werden können. Während in der Vergangenheit pauschalierte Reiz-Reaktion-Schemata die Handlungsgrundlage bildeten, müssen in Zukunft die Mitarbeiter als Individuen in den Mittelpunkt gerückt und subtile Wege der Mitarbeiteransprache geschaffen werden. Das beinhaltet, dass der Personalwirtschaft mehr Motivationspsychologie zuteilwerden muss.

Mitarbeiterzentrierung ist gleichfalls Empathie und Gleichwürdigkeit. Den Mitarbeiter mit all seinen Befindlichkeiten zu akzeptieren, gehört ebenso zur Empathie wie die Wahrnehmung von Bedarfssituationen. Diese Rücksichtnahme ist kein Kotau vor dem Mitarbeiter, genauso wie Gleichwürdigkeit nicht zwangsläufig einer Auflösung hierarchischer Strukturen gleichkommt. Achtung statt Missachtung ist eine kleine und dennoch richtungsweisende Kulturänderung.

Keine Organisationspsychologie kann so gut sein, dass sie ohne die Individualisierung der Personalarbeit im Allgemeinen und der Kompetenzentwicklung im Besonderen auskommt. Von daher überrascht es nicht, dass mit Blick auf die älteren Mitarbeiter und insbesondere hinsichtlich der Mitarbeiter, die, was das betriebliche Lernen betrifft, deutliche Zeichen der Lernentwöhnung vorweisen, ganz spezifische Maßnahmen zur Verbesserung der Lernmotivation gefordert sind. Ängste vor Versagen und Misserfolg können nicht ausschließlich über rationale Argumentation aufgelöst werden. Ältere Mitarbeiter wieder für das beruflich ausgerichtete Lernen zu interessieren, verlangt dem Lerncoach einiges an Empathie und manchmal Einfallsreichtum ab. All dies muss eingebunden sein in ein ganzheitliches Personalkonzept, das die engen Zusammenhänge zwischen Arbeitsqualität und Leistungsbereitschaft sowie zwischen Kultur und Führung würdigt (s. hier beispielhaft Hauser et al. [16]).

Eine erste Annäherung an die Mitarbeiterzentrierung kann ein einfaches Rating sein. Das Rating fungiert dabei weniger als Instrument der Empirie, ganz im Gegensatz dazu kann ohne Aufwand eine strukturierte Bewertung die Reflexivität fördern. Anhand eines kleinen Fragenkatalogs nähert man sich der Ausgangssituation an. Führen mehrere dieses Rating durch, kann sich Konsens offenbaren respektive Perspektivität deutlich abheben. Ein Fragenkatalog, wie z. B. der nachfolgende, kann zum Nachdenken anregen, er kann obendrein zusätzlich Handlungsbedarf offenlegen: Wie ist die Leistungsbereitschaft des Personals – auf die Gesamtheit bezogen – einzuschätzen? Wie schätzen Sie die Motivation der Mitarbeiter ein – mit einer Art Mittelwert? Wie sehen Sie die Loyalität der Mitarbeiter? Wie schätzen Sie die Veränderungsbereitschaft der Mitarbeiter ein – wiederum auf die Gesamtheit der Belegschaft bezogen? Wie hoch setzen Sie den Flexibilisierungsgrad der Belegschaft an? Wie lässt sich das unternehmerische Denken und Handeln nach der vorgegebenen Skalierung bewerten?

Mit den Antworten erhält man eine erste Bewertung des Ist-Zustandes, und danach ist vielleicht sichtbar, wo bei der Mitarbeiterzentrierung nachzubessern ist.

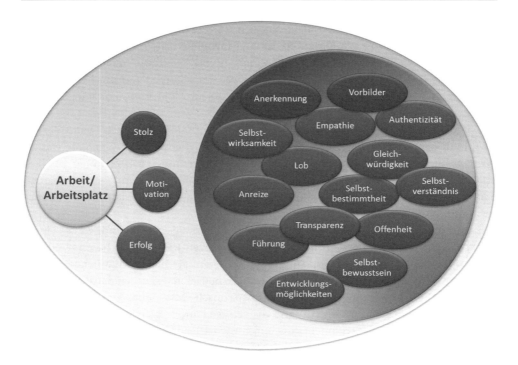

Abb. 7.1 Arbeitsplatzbezogene Faktorenkomplexion der Motivation

7.2   Ursprung und Quelle der Schaffenskraft: Motivation

Wenngleich die Motivation als Ausgangspunkt des Handelns und der Einflussnahme relativ klar vor Augen steht, darf nicht aus dem Blick geraten, dass die Motivation eingebunden ist in Wirkungssystem höherer Ordnung. Dies allein soll nicht als Erkenntniszuwachs propagiert werden, vielmehr bilden all die wirkenden mentalen Faktoren rund um den Arbeitsplatz eine Faktorenkomplexion, die als Ganzes in allen Planungen zu berücksichtigen ist (s. Abb. 7.1).

Es macht genauso Sinn, sich damit auseinanderzusetzen, was nicht Motivation ist. So gibt es das Missverständnis, dass beispielsweise Lob das Lernen begünstigt, während dies den Lerner nur bedingt und im Einzelfall antreiben kann. Wird Lob wie Strafe eingesetzt, bringt dies mehr ein instrumentelles und damit konditioniertes Lernen hervor. Gerald Hüther hat dieses Missverständnis leicht nachvollziehbar aufgelöst (s. Hüther, S. 125 f. [22]):

Was die meisten Führungskräfte, Ausbilder, Lehrer und Erzieher stattdessen ständig versuchen, nämlich andere „zu motivieren", ist hirntechnischer Unsinn, führt nicht in die Selbstverantwortung und Selbstgestaltung, sondern erzeugt bestenfalls Dressur- und Abrichtungsleistungen, also erzwungene Anpassung an die Wünsche oder Anordnungen des jeweiligen Dompteurs. Wer andere zu motivieren versucht, will sie genau genommen nach seinen

Vorstellungen bilden, erziehen, einsetzen. Das hat mit Ermutigung und Inspiration zu eigener Potenzialentfaltung nichts zu tun.

In erster Konsequenz bedeutet das für die Gestaltung des *so*-Lernens, dass der Blick mehr auf das Darbieten von Möglichkeiten gerichtet sein sollte. Die Selbsttätigkeit im Lernen und die Selbstverantwortlichkeit für den Lernfortschritt liegen im Lerner. Sein Umfeld bezieht der Lerner selbst ein, wenn er Rückmeldungen braucht. Lob und Ermutigung werden auf diese Weise nicht verteufelt, sondern deren Bedeutung soll nur relativiert und noch einmal deutlich deren Funktion im Rahmen eines Konditionierungsprozesses hervorgehoben werden.

Die Motivation im Konzert der Leistung bildet einen Ausschnitt, wenn es nur darum geht, das Leistungsergebnis zu steigern. Motivation als Gesamtkonzept verdient es dagegen, dass alle möglichen Komponenten, die die Motivation des Einzelnen ausmachen, näher in Betracht gezogen werden. Dazu gehören dann genauso Perspektiven wie z. B. die Motivation Älterer, weil besondere Zielgruppen gegebenenfalls spezifische Maßnahmen erforderlich machen. Hinsichtlich der älteren Arbeitnehmer und unter dem Aspekt der individuellen beruflichen Weiterentwicklung muss man sich in der Praxis der Personalentwicklung nicht selten mit einem erheblichen Mangel an Motivation auseinandersetzen. Die Personalentwicklung braucht dabei nicht streng den Erfahrungssätzen der Motivationspsychologie zu folgen, dennoch macht es Sinn, außer Personalpolitik zu betreiben, sich überdies der Personalpsychologie zuzuwenden.[3]

▶   Zweifelsohne gilt die Maxime: Motivation braucht Freiraum.

In einer flankierenden Maßnahme zur Bereitstellung von Freiräumen muss aber zusätzlich darauf geachtet werden, dass auch Ängste genommen werden. Jeder weiß, wie Versagensängste selbst ein hohes Maß an Motivation lähmen können. Dieselbe Wirkung kann die Angst vor Eigenverantwortung freisetzen. Das Lernen und die Wirksamkeit von Motivation sind also anhand der verschiedensten Aspekte beim Einzelnen zu beleuchten.

Unter all den wichtigen Parametern, die die individuelle Leistungsbereitschaft mitbestimmen, sind es erneut die Führungskräfte, die entscheidenden Einfluss auf das Arbeitsverhalten des Einzelnen sowie des Teams nehmen.[4] Im Idealfall bringen sie Coaching-Qualitäten mit, die auf Empathie und Menschenkenntnis basieren. So können sie eine individuelle Betreuung gewährleisten, die sowohl mitarbeiterspezifisch als auch bedarfs-

---

[3] Zur Motivation sowie zur Motivationspsychologie empfehlen sich neben der Vielzahl von Fachpublikationen Standardwerke wie die nachstehenden: Heckhausen und Heckhausen [17], Kehr [26], Kuhl und Heckhausen [28], Rheinberg [39] und Weiner [48]. Explizit zu Motivationsbarrieren s. Röhrig [40] und Röhrig und Zemlin [41]. Im Hinblick auf die Lernpsychologie stehen hier erneut nur beispielhaft Edelmann [8] und Lefrancois [30], in Bezug auf die Personalpsychologie Schuler [43].

[4] Zum Zusammenhang von Führung und Mündigkeit siehe auch Kauschke [25] im 5. Kapitel (*Bildung als Modell organisationaler Führung*), S. 133 ff., wenn auch die Darstellungen sehr philosophisch orientiert sind.

konform im Hinblick auf die Unternehmensziele ist. Jedoch erst ein gezieltes Mitarbeiter-*Profiling*, gerichtet auf die Schlüsselkompetenzen, kann Gewissheit bringen, was den Handlungsbedarf betrifft. Zeigt es sich, dass Defizite in irgendeine Richtung lokalisierbar sind, müssen Steuerungsmaßnahmen ergriffen werden. Die Bedeutung der Führungskräfte als Schnittstellen, als Inspiratoren und Mittler darf nicht unterschätzt und damit nicht auf die leichte Schulter genommen werden.

Ein neues Bildungsmodell sowie neue Lernwelten müssen dessen ungeachtet gleichfalls dem Einzelnen gerecht werden. Mit Rücksicht auf die ältere Belegschaft können spezifische Unterstützungskonzepte helfen, damit den Anforderungen an die besondere Motivationssituation Rechnung getragen wird. Unternehmen mit einem hohen Altersdurchschnitt müssen spezielle Anstrengungen unternehmen, damit die Kompetenz dieser Mitarbeitergruppe nicht nur erhalten bleibt, sondern dass darüber hinaus Perspektiven für den Ausbau von Kompetenzen entstehen (s. Hübner et al. [21]).

Meist sind es einschneidende Erlebnisse in der Lernbiografie des älteren Mitarbeiters, die den Zugang zum Lernen verstellen können. Es reichen nicht allein die Theoriebildung, Sammlungen von Erkenntnissen und *Best Practices*. Diejenigen, die für das Personal und die Kompetenzentwicklung im Unternehmen verantwortlich sind, müssen den Blick haben für den Einzelnen und das Machbare. Erst deren Kreativität und Innovationskraft geben gegebenenfalls den Ausschlag dafür, dass der Mitarbeiter den Wert seiner persönlichen Entwicklung im und für das Unternehmen erkennt, dass er die Bereitschaft zur Veränderung mitbringt und dass er gleichfalls an Veränderungen mitwirkt.

7.3　Erfolgsprinzipien anwenden

Weiter oben ist bereits angekündigt worden, dass es nicht allein mit der Registrierung oder der Definition von Prinzipien des Erfolgs getan ist. Die erfolgreiche Einführung eines modernen Wissensmanagements sowie die Implementierung einer Lernkultur brauchen neben der Zielsetzung auch Operationalisierungen. Aus diesem Grunde sollen im Folgenden ein paar Konkretisierungen helfen, dem Konzept zum selbstorganisierten Lernen und zum mündigen Mitarbeiter mehr Gestalt zu geben. Mit konkreten Handlungsempfehlungen kann derjenige, der sich an die Umsetzung macht, entweder Handlungen folgen lassen oder nachverfolgen, inwieweit z. B. geforderte Veränderungen greifen, indem er ganz einfach beobachtet, ob geforderte Verhaltensweisen gezeigt werden.

► 　　Vor jeglichen konkreten Schritten zur Einführung des *so*-Lernens müssen die Prinzipien im Unternehmen verankert sein, die erst die Garantie für eine erfolgreiche Umsetzung geben.

Die Erfolgsprinzipien sind nicht an materielle Bedingungen geknüpft. Das Miteinander und die Verhaltensweisen bestimmen den Wirkungsgrad der Zusammenarbeit. Allen voran steht das Vertrauen, auf dem aufbauend Motivation wächst. Vertrauen ist kein unilate-

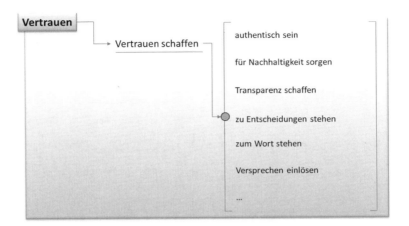

Abb. 7.2 Erfolgsprinzip Vertrauen

raler Prozess, was bedeuten soll, dass es nicht ausschließlich darum geht, Vertrauen zu ge-
winnen. Ganz im Gegenteil, es ist in gleichem Maße unerlässlich, Vertrauen zu schenken.
Mag es paradox anmuten, aber Vertrauen kann erst dann entstehen, wenn man in gleicher
Weise Vertrauen erfährt.

Da nicht alle Kernpunkte detailliert dargelegt werden können, werden beispielhaft Vertrauen, Authentizität, Transparenz, Gleichwürdigkeit und Nachhaltigkeit herausgestellt.
Dabei steht das Vertrauen (s. Abb. 7.2) gewissermaßen an erster Stelle, was dennoch weder
eine Priorisierung noch eine Wertigkeit beinhaltet. Das Vertrauen ist einerseits das Produkt anderer Erfolgsprinzipien und damit in der Chronologie eben nicht vorne, andererseits bedingt es in ähnlicher Weise die Einsetzbarkeit anderer Erfolgsprinzipien.

In direkter Linie zum Vertrauen steht die Authentizität (s. Abb. 7.3). So vergessen viele
Führungskräfte, dass leere Worte und pauschale wie pathetische Leistungsaufforderun-
gen bei den Mitarbeitern verhallen. Diese lassen sich nicht von irgendeinem Schauspiel
blenden. Sie sind sehr wohl in der Lage, das Vorgegaukelte vom Authentischen zu unterscheiden. Erst müssen die Führungskräfte sowohl die Leistungsbereitschaft als auch die
Identifikation mit den Unternehmenszielen im betrieblichen Alltag vorleben. Wenn sie
von der Notwendigkeit zur individuellen Kompetenzentwicklung reden, müssen sie selbstverständlich mit gutem Beispiel vorangehen.

Wenn es dann in den Handlungsempfehlungen heißt, sich einzubringen, dann soll das
bedeuten, dass sich z. B. bei der Einführung eines Unternehmens*wikis* alle Führungsebenen an der Erstellung von Beiträgen beteiligen sollten. Wirbt die Unternehmensleitung für
die Einbindung der Mitarbeiter, wird sie an ihren Worten gemessen. Was sollen Zufrie-
denheitsanalysen bewirken, solange Kritik sowie Wünsche der Mitarbeiter im Nachgang
zu derartigen Befragungen auf der Strecke bleiben? Leider kommt es zudem gelegentlich
vor, dass strategische Vorgaben von den Multiplikatoren im Unternehmen lediglich kom-
muniziert werden, während von der Zustimmung zum eingeschlagenen Weg nichts zu

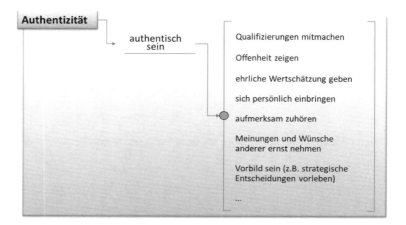

Abb. 7.3 Erfolgsprinzip Authentizität

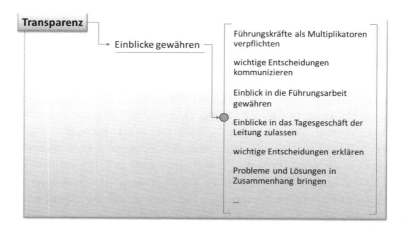

Abb. 7.4 Erfolgsprinzip Transparenz

spüren ist. An diesen Stellen eröffnen sich mannigfaltige Möglichkeiten, Nachhaltigkeit zu praktizieren.

Der Begriff *Transparenz* oder *Offenheit* kann je nach Standpunkt gewählt werden. Sicherlich lassen sich Nuancen in der Differenzierung ausmachen, aber was das Wesentlichste sein dürfte, ist bei beiden Handlungsmaximen die Vermeidung, ja sogar die Verhinderung von Desinformation. Keiner soll von Informationen oder Wissen ausgegrenzt sein. Die Gelegenheiten, dies umzusetzen, sind reichhaltig (s. Abb. 7.4). Ist der Wille zu Transparenz oder Offenheit da, fällt die Umsetzung ohne Zweifel sehr leicht.

Als flankierende Maßnahmen können zur Absicherung des *Commitments* (Ziel-)Vereinbarungen getroffen werden, die sich ohne weiteres beim Aufbau von Transparenz

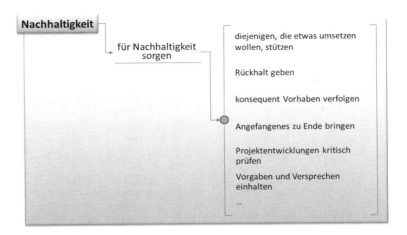

Abb. 7.5 Erfolgsprinzip Nachhaltigkeit

schriftlich fixieren lassen. Daneben gilt es, sorgsam darauf zu achten, dass Entscheidungen nicht nur einfach verkündet werden, sondern dass eine Rückversicherung dazu einzuholen ist, ob die Mitarbeiter eine Entscheidung nachvollziehen können und ob sie die Hintergründe begriffen haben.

Was die Nachhaltigkeit betrifft (s. Abb. 7.5), so ist bereits mehrfach deren Bedeutsamkeit hervorgehoben worden. Da sie zu den Erfolgsprinzipien gehört, muss sie noch einmal kurz aufgegriffen werden. Wer kennt nicht die Projekte, die irgendwann in der Weite der Bedeutungslosigkeit verschwanden, da ab einem bestimmten Zeitpunkt sich niemand mehr darum gekümmert hat. Ist es doch immer noch nicht selbstverständlich, dass Angefangenes auch zu Ende zu bringen ist. Besonders eindrucksvoll ist das Verfahren mit Leistungsbeurteilungen und daraus abgeleiteten Veränderungsmaßnahmen. So gibt es immer noch zu viele Unternehmen, bei denen die Auswertungsbögen gutsortiert im Archiv oder auf dem virtuellen Datenfriedhof landen. Die Konsequenz dieses Mangels an Nachhaltigkeit ist zwangsläufig der Verlust von Vertrauen.

Inwieweit in einem Unternehmen Gleichwürdigkeit (s. Abb. 7.6) praktiziert wird bzw. werden soll, hängt u. a. damit zusammen, wie viele Hierarchie-Ebenen es gibt und wie stark das Hierarchie-Denken im Unternehmen verankert ist. Letzten Endes hat Gleichwürdigkeit nichts mit der Auflösung von Hierarchien zu tun, sondern sie kann durchaus auch umgesetzt werden in Organisationen mit einer stark hierarchischen Struktur. Also muss zur Anwendung des Prinzips eine Organisation nicht in ein System mit flachen Hierarchien überführt werden. Gleichwürdigkeit hat etwas mit der Einstellung zu den Menschen im Unternehmen zu tun und soll unterschieden werden von Gleichwertigkeit, die erst recht den Eindruck hinterlässt, dass alle gleichgemacht werden sollen. Gleichwürdigkeit impliziert keinesfalls die Auflösung der Rangverhältnisse. Sie fordert jedoch die Führungsebenen dazu auf, die Mitarbeiter würdevoll zu behandeln. Es mag vielleicht für den einen oder anderen zur Integrität eines Vorgesetzten, einer Führungskraft gehören, sich in dieser

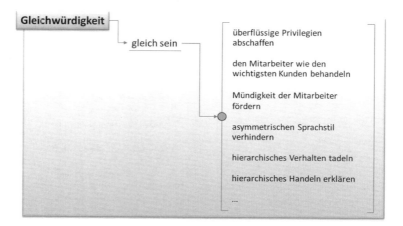

Abb. 7.6 Erfolgsprinzip Gleichwürdigkeit

Weise gegenüber Untergebenen zu verhalten, die Realität zeigt wiederum, dass zu häufig Ideal und Wirklichkeit weit auseinander liegen. Zur Gleichwürdigkeit gehören darüber hinaus das Interesse für die Bedürfnisse des anderen, die sprachliche Gleichbehandlung und die Abschaffung von unnötigen Privilegien – ganz im Sinne der Demokratisierung.

Sowohl auf das Verhalten als auch auf die Kommunikation bezogen, sollte in einer Unternehmenscharta der korrekte Umgang miteinander gefordert sein. Dies kann mit einfachen Verhaltens- wie Kommunikationsregeln geschehen, dies kann ebenfalls in einem Führungskodex fixiert sein. Mit der Entwicklung der Unternehmung werden derartige Maßnahmen überflüssig.

Sind die Prinzipien verankert und haben sich diese idealerweise verselbstständigt, kann man sich daran machen, das *so*-Lernen im Unternehmen konkret werden zu lassen.

7.4 *So*-Lernen einführen

Das *so*-Lernen als Begriff verführt in gewisser Weise dazu, recht pauschal sowie oberflächlich Lernen mit Selbstorganisation zu verknüpfen, eine unzulässige Erweiterung auf das selbstgesteuerte Lernen vorzunehmen oder unreflektiert wie allgemein vom lebenslangen Lernen zu sprechen. Dem muss an dieser Stelle Einhalt geboten werden. Selbstorganisiertes Lernen ist nicht selbstgesteuertes Lernen und die Vorstellungen vom lebenslangen Lernen, die allein auf die betriebliche Weiterbildungen reduziert sind und die von der Suche nach Steuerungsmechanismen geprägt sind, führen entweder auf einen falschen Pfad oder sind zumindest unzulänglich. Sie werden der Komplexität des *so*-Lernens nicht gerecht. Somit ist es notwendig, weitaus differenzierter bei der Betrachtung von selbstorganisiertem versus selbstgesteuertem Lernen vorzugehen, und dies nicht allein um der Freude willen an komplexen Sachverhalten. Desgleichen wird weiter unten noch Raum geschaffen für die Darlegung des lebenslangen Lernens.

Freigewähltes Lernen hat auch nichts mit einem falschen Verständnis von *Laissez-Faire* zu tun. Das umspannende und begleitende Coaching-System, das als begleitende Maßnahme mit zu installieren ist, hat eine fördernde und fordernde Funktion. Ähnlich wie in einem Schulsystem gibt es Situationen und Phasen, wo von außen auf Schüler respektive Mitarbeiter gleichfalls regulierend eingewirkt werden muss. Denn außer unterstützend, hilfestellend und ggf. führend zu wirken, soll der Coach auch erkennen, wann und in welchem Maße Grenzlinien zu ziehen sind. Ferner muss er in Personalentwicklungsgesprächen und regelmäßigen Portfolio-Analysen Wege aufzeigen, wie Qualifizierungs-/Entwicklungsziele zu erreichen sind. Jeder, der in einer reformpädagogischen Schule eine Lerngruppe in vertiefter Arbeit beobachtet, wird sofort erkennen, welches Potenzial im Einzelnen zur Selbstorganisation steckt. Er wird erkennen, dass der Einzelne imstande ist, Lerninhalte zu segmentieren, Aufgaben frei zu wählen und kontinuierlich individuelle Lernpläne abzuarbeiten. Ihm wird ebenfalls klar werden, dass es Momente gibt, die einer Zuarbeit oder Einwirkung von außen bedürfen.

Lässt sich die Lernsituation einer reformpädagogischen Schule einfach kopieren, haben wir eine Lernatmosphäre, die von Lernfreude, Konzentration und gegenseitigem Respekt geprägt ist. Phasen der Konzentration und der Versunkenheit im eigenen Tun werden sich mit Spaß, Spiel und Kommunikation abwechseln. Das regulierende Moment darf nicht als ein Missverständnis vom freien Lernen und von der puritanisch konstruktivistischen Idee gewertet werden. Die Zugeständnisse an die Pragmatik sind so etwas wie Reminiszenzen an eine Kontrollierbarkeit, mit der Vertrauen in die Methode aufzubauen ist. Ein über viele Jahre gewachsener Controlling-Glaube lässt sich nicht einfach vom Tisch fegen. Die Zugeständnisse müssen aber nicht gleichbedeutend sein mit der Abkehr von den propagierten Idealen.

7.4.1 Grundlagen des *so*-Lernens umsetzen

Malcom Knowles [27] war wohl einer der Ersten, der den Begriff des *self-directed learnings* verwendet hat. Er versteht darunter einen Lernprozess, bei dem die lernenden Individuen sich selbst ihre Aufgaben stellen, nachdem sie ihre Bedürfnisse erkannt und die Lernziele eigenständig definiert haben. Im weiteren Verlauf des Lernprozesses organisiert sich der Lerner ganz autonom, sucht sich die passende Lernstrategie aus und bewertet selbst seine Lernergebnisse.[5] Diese Art der Abstraktion simplifiziert nicht, ganz im Gegenteil dazu macht sie augenscheinlich, wie einfach derartige Bedingungen für das betriebliche Lernen geschaffen werden können.

Sind die Kernelemente der neuen Lernkultur erst definiert, können leicht operative Schritte eingeleitet werden. Bei der Umsetzung reformpädagogischer Bausteine muss weder die nachstehende Reihenfolge eingehalten werden, noch müssen alle Aufgaben zeitgleich erfüllt werden.

---

[5] Aus Knowles, S. 18 [27]. Die Zahl derer, die sich um die Autonomie im Lernen bemühen, ist mittlerweile enorm angewachsen und nimmt beständig zu.

Es ist lediglich zu beachten, dass diese Vorgaben als Arbeitsmaxime verstanden
werden, die genauso als Universalien des Einführungsprozesses verstanden werden
können:

- freies Lernen als Arbeit propagieren,
- persönliche Entwicklung aufwerten,
- kollaboratives Lernen als Maßstab setzen,
- (Frei-)Raum zum Lernen schützen,
- offene Lernsituationen schaffen,
- Lernen in Projekten organisieren,
- Lernbereitschaft fördern und Mitarbeiter inspirieren,
- Wertschätzung sowie Anerkennung vermitteln,
- Hilfen wie Unterstützung bereithalten.

Sicherlich ließe sich diese Liste an einigen Stellen ausbauen, jedoch bestimmt der betriebliche Kontext die Priorisierung von Aktivitäten sowie die Auswahl von Operationalisierungen nach den Möglichkeiten und Grenzen im Unternehmen. Die Systematik der Vorgehensweise lässt sich noch dezidierter gestalten, wenn man diesen Initiierungsprozess
mittels eines Einführungsleitfadens gestaltet. Bei all den Forderungen muss konsequenter-
weise ein Team aufgestellt werden, das nicht nur den Zielen zustimmt, sondern sich auch
mit den Idealen eines derartig innovativen Bildungs- und Wissensmanagement identifiziert. Es ist also zugleich Leidenschaft von den Protagonisten gefordert.

▶   Nur mit Hingabe und Nachhaltigkeit lässt sich das Lernen im Unternehmen auf
     Selbstorganisation umstellen.

Doch vielleicht gibt es an dieser Stelle eher ganz simple Verständnisfragen als den Wunsch
nach einem Leitfaden: Was sind offene Lernformen? Wie sehen Lernsituationen zum kollaborativen Lernen aus? Wie lassen sich Lernprojekte organisieren? Warum muss freies
Lernen als Arbeit aufgewertet sein? Diese und anderen Fragen sind – vor allem weil es
wichtige Fragen sind – Gegenstand der nächsten Abschnitte.
    Freies und selbstorganisiertes Lernen ist eine strategische Entscheidung und nicht zu-
letzt ein Bekenntnis, wonach Arbeiten und Lernen gleichgestellt sind. Es muss für jeden im
Unternehmen klar sein, dass es sich bei dieser Form der Individualisierung nicht um eine
Modeerscheinung oder irgendeine platte Propagandamaßnahme handelt. Modernistisch
ist dagegen die Hinwendung zur Selbstlernkompetenz und deren Förderung.[6]

---

[6] Siehe hierzu Kaiser [24] (auch bezüglich der Erwachsenenbildung).

7.4.2   **Was wir für das Lernen tun können (1) – aktiv werden**

Erfolgreiches Lernen braucht innere wie äußere Bedingungen. Da die Beziehungen der Lernfaktoren weder linear noch einseitig sind, reicht es selbstverständlich nicht aus, ein paar vermeintliche Schlüsselfaktoren zu isolieren. Weitaus dienlicher ist es, sich zunächst das interdependente Beziehungsgeflecht zu veranschaulichen. Erst danach macht es Sinn, an die Typologie oder die Kategorisierung heranzugehen.

Im Folgenden werden zuerst die hinreichenden lernförderlichen externen Erfolgsvariablen aufgezeigt. Jeder einzelne Punkt kann zigfache Operationalisierungsvorschläge beinhalten, doch das Wesentliche sind die eigene Kreativität und Ideenvielfalt, die die besten Ergebnisse zutage fördern. Hat man erst einmal die Philosophie und den Wirkungsgrad des *so*-Lernens erkannt, ist der Reichtum an Einfällen und Ideen schier unerschöpflich. Dennoch wird zum leichteren Einstieg ein jeder Punkt ein skizziertes Beispiel erhalten, so dass der Einstieg zum Selbstmachen erleichtert ist. Damit sind wir inmitten der Beantwortung der vorangegangenen Fragen.

Offener Unterricht und offene Lernformen sind keine hochkomplexen Umgebungsvariablen. Jedoch ist es erforderlich, die Bildungsorganisation in den Grundzügen zu überarbeiten, will man die Autonomie im Lernen umsetzen. Die betrieblichen Bildungsmanager müssen erkennen, wie und wo das traditionelle Seminarkonzept gegen eine Lernform austauschbar ist, die dem Lerner Entscheidungsfreiheit einräumt. Das kann sich zunächst auf die Auswahl der Qualifizierungsform beschränken, sollte sich aber im Sinne des *so*-Lernens als betriebliches Bildungsmodell schrittweise vom Angebot gesteuerter Lernsequenzen verabschieden. Offene Lernformen im Unternehmen können einfach definierte Freiräume zum Lernen sein, es können auch schon zur Einführung des *so*-Lernens Lerngruppen gebildet werden, die Lernthemen bearbeiten und denen eine Auswahl an Lernmaterialien bereitgestellt wird. Der Lerncoach hilft in dieser Phase dabei, die Lernschritte festzulegen und weitere notwendige Materialien zu beschaffen. Gleichzeitig ergibt sich nebenbei eine gute Gelegenheit, in dem ungezwungenen Miteinander der Gruppe mit dem Einzelnen erste Coaching-Gespräche zu führen und Prinzipien des *so*-Lernens weiterzutransportieren.

Mit voranschreitender Individualisierung hilft der Lerncoach dann, gemäß der getroffenen Qualifizierungsvereinbarung Lernschritte zu definieren und Selbstverantwortlichkeit aufzubauen – eine der tragenden Säulen des *so*-Lernens.

In enger Anlehnung an die Vorgaben und Prinzipien einer reformpädagogischen Schule kann zuerst einfach daran gegangen werden, Kompetenzen – seien es methodisch-organisatorische, soziale oder andere Kompetenzen rund um das Lernen – differenziert zu fördern.

Beispiele für eine direkte Übertragung sind:

- Wochen- und Monatspläne,
- Portfolio-Gespräch,

- Durchführung gesamtunternehmerischer Großprojekte zur Stärkung wie Festigung der Gemeinschaft,
- Förderung der Medienkompetenz als eine zukunftsgewandte Schlüsselkompetenz,
- Stärkung von Lernpartnerschaften,
- Möglichkeit zur Initiierung selbstgewählter Projekte,
- Durchführung sozialer Projekte im Unternehmen,
- Möglichkeiten für den Blick heraus aus dem Unternehmen,
- öffentliche Förderung und Wertschätzung von Vielfalt (etwas, was die Fachwelt gern unter dem Fachterminus *Diversity-Management* bearbeitet),
- Entwertung von Fehlern, indem diesen der Charakter eines Versagens, eines Vergehens genommen wird,
- dem Mitarbeiter das Vertrauen aussprechen und ihn ermutigen, an seiner beruflichen Weiterentwicklung zu arbeiten.

Parallelen zum schulisch orientierten Lernen sind demgemäß ohne weiteres in die betriebliche Praxis transferierbar. Warum sollte es scheitern, die Elemente des Schulalltags, wie z. B. die Selbstverpflichtung, die Wochenplanung, die Vereinbarungen und die Lernkontrolle, in Weiterbildungspläne zu integrieren?

In diesem Zusammenhang die Umsetzung derartiger Forderungen von konkreten Handlungsanweisungen abhängig zu machen, könnte ein Indiz dafür sein, dass noch die richtige Einstellung zum *so*-Lernen fehlt. Wer z. B. Lernpartnerschaften aufbauen will, muss vorher überlegen und auswerten, wer zusammenpasst, und wer selbstgewählte Projekte ermöglichen will, muss vorab sondieren, welcher Rahmen zu stecken ist, damit auch Anknüpfungspunkte und die Anbindung zum beruflichen Tätigkeitsfeld oder zum Unternehmen entstehen.

Eine der wichtigsten ersten Aktivitäten in der Umsetzung ist der Entwurf einer Planungsvorgabe. Diesbezüglich geht es weniger um die Vollständigkeit der zu erhebenden Daten noch um Zeitlosigkeit des Dokuments. In Anlehnung an die Wochenplanungsblätter in den meisten reformpädagogischen Schulen soll über einen fixierten Zeitraum festgelegt sein, welche Lernthemen der Mitarbeiter bearbeiten will. Es ist wichtig, dass der Lerncoach an dieser Stelle weder direktiv eingreift noch programmatische Vorgaben macht. Er liefert lediglich Impulse, und im äußersten Fall der Einflussnahme legt er eine Spur, die weiter unten noch einmal aufgegriffen wird.

Sind die Lernperioden definiert und die individuellen Aufgaben festgelegt, quittieren Lerncoach und Mitarbeiter diese Art von Vereinbarung. Zu Beginn der Zusammenarbeit zwischen Lerncoach und Mitarbeiter und erst recht zur Einführung des *so*-Lernens dürfen die gewählten Zeiträume nicht zu ausgedehnt sein. Ganz im Gegenteil dazu sollten kurze Zyklen festgelegt sein, damit zum einen alle Beteiligten sich aufeinander einstimmen können, zum anderen das Instrument schnell zur Gewohnheit wird. Diese Regelmäßigkeit sichert nicht nur Nachhaltigkeit, sondern schafft gleichzeitig Gelegenheit zur

Kommunikation. Selbst rein verbale Vereinbarungen lassen sich dann letzten Endes noch quantifizieren. Auf diese Weise wird mit den Planungsblättern ein Controlling-Instrument etabliert, das trotz seiner Schlichtheit eine weitreichende Wirkung hat.

▶   Mit kurzen Zyklen bei den Vereinbarungen können zuverlässig Selbstverpflich-
        tung und Selbstdisziplin aufgebaut werden.

Lernkontrolle ist – vermutlich für den einen oder anderen wider Erwartung – ein wesentliches Element in freien Schulen, was nicht überraschen sollte und nicht als Paradoxon verstanden werden darf. Es ist auch kein Verstoß gegen konstruktivistische Lernprinzipien, wenn Lernfortschritte überprüft werden. Die Kontrolle selbst ist genauso wirkendes Prinzip. Sie muss allerdings in direkter Beziehung zur Planung gesehen werden, wobei Planung – wie erwähnt – mehr Vereinbarung ist. Diese Vereinbarung, in der Leistungsansprüche fixiert sind, bildet die Basis der Zusammenarbeit zwischen Lerncoach und Mitarbeiter. Gleichfalls wird mit dieser Leistungsüberprüfung die Selbsteinschätzung des Mitarbeiters objektiver. Er lernt, zuverlässiger seine Lern- wie Leistungsfähigkeit einzuschätzen.

Aus der persönlichen Planung geht schrittweise und fast unmerklich die Selbstverpflichtung und letztlich darauf aufbauend die Selbstdisziplin hervor. Selbstverpflichtung sowie Selbstdisziplin widersprechen nicht dem Freigewählten, da es der Lerner selbst ist, der sich etwas auferlegt. Struktur, die sich an persönliche Planungsvorgaben anbindet, ist somit nichts Widersprüchliches.

Darüber hinaus gibt es auch Themen in der individuellen Kompetenzentwicklung, die eine klare Linie durchziehen könnte. Sowohl in der schulischen Ausbildung als auch in der beruflichen Weiterentwicklung der Mitarbeiter kommen Inhaltsbereiche vor, die stärker zu strukturieren sind. Fern von Vorgaben und Einflussnahmen lenkt der Lerncoach bei diesen Themen den Blick des Mitarbeiters z. B. auf die Notwendigkeit der Bearbeitung oder der intensiven Übung. Es ist aber der Mitarbeiter, der den Weg zum Lernziel selbst bestimmt und erst recht das Wann, Wie und Wo frei wählt. Es soll hier und jetzt keine Verbrämung einer externen Strukturvorgabe stattfinden. Die Erfahrung und nicht zuletzt der Pragmatismus erfordert derartige Planungseckpunkte. Schließlich soll der Transfer konstruktivistischer Ideale tauglich sein für die Praxis. Selbst die Reformpädagogik setzt sich diesen Anspruch auf Pragmatik bei der Umsetzung von Lerntheoretischem.

Im *so*-Lernen muss demnach nicht alles zwanghaft seinen freien Lauf haben. Komplexe Themen, die den Lerner zu Beginn überfordern könnten, müssen sogar Lernrouten erhalten, ohne dass dies direkt als Gelegenheit verstanden werden darf, alles in geordnete Bahnen zu bringen. Das, was der Lernbegleiter vorbereitet und stellenweise sogar dirigiert, ist mehr als Richtschnur zu verstehen, als dass man der Selbstorganisation auf diese Art den Boden entzöge. Es gehört zum Erfahrungshorizont, dass es Lerninhalte gibt, die sich nicht so leicht oder so schnell erschließen lassen. Wenn z. B. Schüler sich die Mathematik erschließen wollen, kann dieser Prozess, je unstrukturierter er ist, sehr viel Zeit in Anspruch nehmen. Nun stehen in der Praxis des Arbeitsalltags und in der betrieblichen Weiterbildung nicht unendlich viel Zeit zur Verfügung, so dass aufgrund von Rahmenbedingungen durch eine vorgegebene Strukturierung spezifische Inhalte leichter und schneller erarbeitet werden können.

▶   Solange der Lerner frei wählt, können nötigenfalls Leitplanken gesetzt werden.

Man kann selbstverständlich dieses Prinzip des roten Fadens in das *so*-Lernen integrieren, solange die Inhalte mittels Vereinbarungen segmentiert werden und Übungen zur Erreichung des Lernziels nur angeboten werden. Hierbei kann es sogar notwendig sein, dass der Lerncoach in der Phase zum Aufbau der Selbstverpflichtung Lernetappen sowie Lernziele mit Nachdruck einfordert und ggf. die Abarbeitung von Übungen wie Aufgaben vereinbart. Die Vereinbarung ist dabei nicht allein Stilmittel der Zusammenarbeit, vielmehr findet gleichzeitig ein Informationsaustausch, findet Kommunikation statt. Der Lerncoach hat die Gelegenheit, Schritt für Schritt zu erklären, was ablaufen soll, was geschehen ist und wie der Lerner etwas erarbeiten könnte.

Dies ist immer noch selbstorganisiert, weil die Selbstbestimmung aufrechterhalten bleibt und der Lerncoach weder direktiv noch korrigierend eingreift. Das bewusste Nicht-Korrigieren ist ein weiteres wesentliches Grundprinzip des *so*-Lernens. Denn der Lerner muss gewissermaßen seinen Fehler selbst erkennen und die Zusammenhänge, die den Fehler bedingt haben, begreifen, um aus seinen Fehlern zu lernen. Der Lerncoach gibt in dieser Situation nur Hilfestellungen.

▶   Fehler korrigieren ist tabu. Fehler selbst erkennen und dadurch lernen, das ist Prinzip.

Vor allem am Anfang brauchen die Lerner in ganz kurzen zeitlichen Abständen Rückmeldungen und die Bestätigung ihrer Lernerfolge, ohne dass die Diskussion um den Wert der positiven Verstärkung erneut aufgegriffen wird. Neben einer sich entwickelnden Selbsteinschätzung werden zweifellos das Selbstbewusstsein gefestigt sowie das Selbstvertrauen gestärkt. Gestützt wird dies durch einen Einführungsprozess zum *so*-Lernen, der am besten in Phasen organisiert ist (s. Abb. 7.7).

Lernen ist am effizientesten, wenn die Bereitschaft zum Lernen da ist. Somit sollten Lerneinheiten nicht mit Widerwillen begonnen werden. Dementsprechend gehört es zur Konsolidierung des *so*-Lernens, dass von Anfang an das Freigewählte und die Selbstorganisation im Vordergrund stehen. Das kann je nachdem die Freiheit bedingen, kurzfristig die Lerninhalte wechseln zu können. Jegliches Reglement von außen ist kontraproduktiv, daher dürfen weder inhaltliche Vorgaben noch zeitliche Lernblöcke festgelegt sein, mag auch der betriebliche Alltag diesem Ansinnen entgegenstehen wie entgegenwirken. Dagegen ist es weitaus leichter, die Bereitschaft zum Lernen zu begünstigen.

Flankierende Maßnahmen zur Förderung der Lernbereitschaft können dann darin bestehen, dass der Lerncoach den Lerner immer wieder ermuntert, sich neue Ziele zu stecken, und dem Lerner zur Seite steht, damit dieser sich von Rückschlägen nicht entmutigen lässt. Die unterschriebenen Vereinbarungen in Form der Arbeitspläne helfen auch

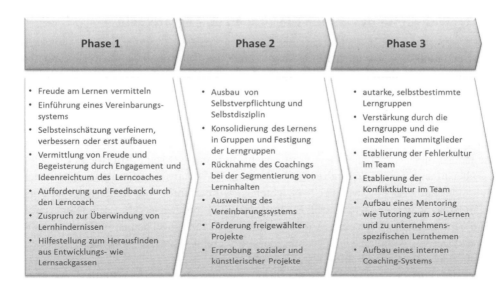

Phase 1	Phase 2	Phase 3
• Freude am Lernen vermitteln • Einführung eines Vereinbarungs-systems • Selbsteinschätzung verfeinern, verbessern oder erst aufbauen • Vermittlung von Freude und Begeisterung durch Engagement und Ideenreichtum des Lerncoaches • Aufforderung und Feedback durch den Lerncoach • Zuspruch zur Überwindung von Lernhindernissen • Hilfestellung zum Herausfinden aus Entwicklungs- wie Lernsackgassen	• Ausbau von Selbstverpflichtung und Selbstdisziplin • Konsolidierung des Lernens in Gruppen und Festigung der Lerngruppen • Rücknahme des Coachings bei der Segmentierung von Lerninhalten • Ausweitung des Vereinbarungssystems • Förderung freigewählter Projekte • Erprobung sozialer und künstlerischer Projekte	• autarke, selbstbestimmte Lerngruppen • Verstärkung durch die Lerngruppe und die einzelnen Teammitglieder • Etablierung der Fehlerkultur im Team • Etablierung der Konfliktkultur im Team • Aufbau eines Mentoring wie Tutoring zum so-Lernen und zu unternehmens-spezifischen Lernthemen • Aufbau eines internen Coaching-Systems

Abb. 7.7 In Phasen denken

hier, frühzeitig Problemzonen des Lernens zu identifizieren. Eingebunden sind Pläne als Vereinbarungen in das Regelsystem, das sowohl Zusammenarbeit als auch Zusammensein organisiert. Die Überprüfbarkeit von Vereinbarungen, gegeben durch die Unterzeichnung von Abkommen, entspringt nicht irgendeinem Controlling-Eifer.

Eher kann mit der Überprüfung sichergestellt werden, ob der Lerner sich noch auf dem richtigen Lernweg befindet. Zu Beginn von Lerneinheiten und erst recht zur Einführung des *so*-Lernens im Unternehmen empfiehlt es sich, zur Absicherung des Lernerfolges zunächst alle Vorgänge in kleinen Schritten zu gestalten und demgemäß häufig den Fortschritt zu überprüfen. Es versteht sich von selbst, dass die Kontrolle kein Anlass zum Korrigieren sein darf, denn damit würde die Selbstorganisation aus konstruktivistischer Sicht konterkariert.

▶   Der Lerncoach unterstützt den Lerner dabei, nach und nach mit Selbstverpflichtung den eigenen Wissensausbau zu betreiben und den Weg zur Selbstorganisation des Lernens zu finden.

Ein Lerncoaching im reformpädagogischen Sinne ist ausschließlich eine Begleitung. Selbst wenn ein Begriff wie z. B. *Selbstdisziplin* auftaucht, liegt der Ausgangspunkt dafür beim Lerner. Der Lernbegleiter kann den Lerner inspirieren oder einladen, sich Ziele zu setzen, und er kann mit seinen Impulsen helfen, die notwendige Spannkraft für die Zielerreichung aufrechtzuerhalten. Aus den positiven Lernerfahrungen heraus entwickelt sich dann ganz von selbst die freiwillige Verpflichtung, selbstgesteckte Ziele zu verfolgen und selbstgestellte Aufgaben abzuarbeiten.

7.4.3   Was wir für das Lernen tun können (2) – kreativ sein

Es ist erstaunlich, wie schnell Kinder das Prinzip der Selbstorganisation verinnerlichen und schon bald in der Lage sind, ihre Ziele selbst zu bestimmen sowie in der Folge Arbeiten/Aufgaben eigenständig zu organisieren. Dieses Tempo könnte all jene optimistisch stimmen, die eine Hinwendung zur Selbstorganisation der Mitarbeiter ins Kalkül ziehen. Die tägliche Umtriebigkeit von Schülerinnen und Schülern an den reformpädagogischen Schulen kann den Betrachter schnell in Bann ziehen sowie leicht in Erstaunen versetzen, wie jeder Einzelne sich allein ans Werk macht und unbeirrt seine Aufgaben bearbeitet. Darüber hinaus kann man eindrucksvoll erleben, wie wichtig Bestätigung und Zuspruch für den Lernprozess sind, wenn zu beobachten ist, wie die Kinder frei von Druck wie Angst sich unablässig und erwartungsfroh Rückmeldung zu ihren Lernergebnissen holen. Rasch kann beim Lerner in solch einer Atmosphäre Interesse für neue Themen und neue Inhalte geweckt werden, vor allem wenn er spürt, dass auch die Begeisterung desjenigen, der etwas zum Lernen anbietet, authentisch ist.

Wie viel Energie muss demgegenüber in konservativen betrieblichen Bildungssystemen aufgebracht werden, Mitarbeiter vom Lernen zu überzeugen und mit Lerninhalten zu begeistern. Dass dann am Ende oft ein unbefriedigendes Ergebnis steht, darf wirklich nicht überraschen. Mögen das eingesetzte Lerncontrolling und die durchgeführte Transferkontrolle noch so ausgefeilt sein, sie können nicht Lernfreude gewährleisten und Motivationsanreiz geben. Der Prozess des Lernens findet an einem anderen Ort statt. Dem Schritt, Ergebnisse zu evaluieren, sollte eine an der Lernfreude und an der Motivation orientierte Ausgestaltung wie Organisation von Lernen vorangegangen sein.

Vielleicht liegt deshalb ein Schlüssel in der Einführung von *so*-Lernen in der Kooperation mit einer reformpädagogischen Schule. In dieser Lernpartnerschaft können beide Seiten voneinander profitieren, indem die Schülerinnen und Schüler einen direkten, unmittelbaren Kontakt zur Arbeitswelt erhalten und die Unternehmen vom schulischen Alltag in Form von Anregungen profitieren können. Denn über das Beobachten, die Hospitation im Unterricht und den Austausch mit schulischen Lernbegleitern wird am einfachsten ein Konzept reifen können zur Ausgestaltung einer bedarfskonformen Kompetenzentwicklung von Mitarbeitern. Ganz beiläufig wird sich die Vorstellung zum Lern-Coaching sowie zur Rolle des Lerncoachs konkretisieren.[7] Das Verhalten der Lernbegleiter in der Schule und der Lerncoaches im Unternehmen ist mitentscheidend, sie schaffen Lernatmosphäre mit ihrem Interesse, mit ihrer Aufmerksamkeit für den Lernenden und mit ihrer Empathie.

▶   Ideenreich und schöpferisch ist auch derjenige, der Vorhandenes intelligent mit Neuem verknüpft.

---

[7] Nochmals sei hier der Hinweis auf den *Bundesverband der Freien Alternativschulen* mit seinem Adressenpool gegeben (http://www.freie-alternativschulen.de [zugegriffen: 6. Okt. 2011]).

Wenn an dieser Stelle Kreativität von den Protagonisten des *so*-Lernens im Unternehmen gefordert ist, dann ist damit nicht unbedingt gemeint, dass zur Einführung des *so*-Lernens erst vieles erfunden werden muss. So eignen sich Personalentwicklungsgespräche als Portfolio-Gespräche. Im schulischen Lernen dienen die Portfolio-Gespräche dazu, mit dem Lerner gemeinsam die zurückliegende Schaffensperiode zusammenzufassen, zu reflektieren und gegebenenfalls die Erkenntnisse in neue Planungen wie Aufgabenstellungen einfließen zu lassen. Dasselbe können Personalentwicklungsgespräche im betrieblichen Lernen leisten, wenn auch das eine oder andere umzugestalten und anzupassen ist.

Es ist u. a. wichtig, auf die moderierende Art des Vorgesetzten bei der Analyse der bisherigen Personalentwicklung zu achten und die Verbindlichkeit der Qualifizierungsvereinbarung für die nächste Lernperiode zu gewährleisten. Im Personalentwicklungsgespräch muss der Mitarbeiter zeigen, dass er seine Fähigkeiten selbst zuverlässig einschätzen kann und seine Defizite respektive Entwicklungspotenziale klar erkennt. Ansonsten muss der Vorgesetzte als Lerncoach unterstützend eingreifen und den Mitarbeiter dahin führen, dass er eine realistische Personalentwicklungsplanung durchführt. Es entspricht keineswegs der Idee der Selbstorganisation, wenn im Zustand der Unsicherheit beim Mitarbeiter der Vorgesetzte die Planungsziele setzt. Ein Missverständnis liegt ebenso vor, wenn Mitarbeiter das Personalentwicklungsgespräch mit einem Wunschkonzert verwechseln. All dies macht deutlich, wie bedeutsam die Vorbereitung auf die Durchführung von Personalentwicklungsgesprächen ist. Die Qualifizierung des Vorgesetzten im Führen solcher Gespräche ist natürlich nicht minder entscheidend.

Schaut man sich den offenen Unterricht an, stößt man auf Arbeitsformen wie den Werkstattunterricht.[8] Sehr pauschal formuliert sind im Werkstattunterricht die von außen vorgegebenen Planungsstrukturen aufgehoben. Der Lerner entscheidet selbst, woran und mit welchen Materialien er arbeitet. Mit etwas Fantasie kann eine Verbindung zur Simulationen hergestellt werden. Danach bearbeitet eine Gruppe gemeinsam eine Lernsimulation, was an sich nichts Besonderes ist. Eventuell muss der Lerncoach nur darauf achten, dass alle in der Gruppe Lernaufgaben bearbeiten sowie lösen. Zum Werkstattunterricht zählen überdies genauso kreative wie künstlerische Arbeitsthemen. Es spricht nichts dagegen, im Unternehmen künstlerische Projekte als Lernprojekte durchzuführen.

▶   Entlehnungen aus dem reformpädagogischen Erfolgsmodell sind nicht nur möglich, sondern auch zielführend.

Das Stationslernen im schulischen Kontext ist im Grunde genommen nichts anderes als das Lernen nach Arbeitsplänen im Unternehmen, wenn diese Pflichtenhefte den Anforderungen eines freien und offenen Unterrichts genügen. Die Ausgestaltung sowohl des Lernens im Allgemeinen als auch des Unterrichts im Besonderen durch Freiheit und Selbstbestimmung folgt den Ansprüchen einer lerngerechten Umgebung. Die Umsetzung der Reformpädagogik will nicht mehr und nicht weniger. Lernarbeit nach Plänen darf nur nichts

---

[8] Siehe auswahlweise z. B. Reichen [38] oder Weber [47].

mit gesteuertem Lernen zu tun haben und sollte so weit als möglich die unterschiedlichsten Sinne ansprechen. Wer dennoch Anregungen für die Gestaltung des offenen Lernens sowie eines offenen Unterrichts sucht, kann sich diese z. B. bei Peschel [35, 36, 37] holen.

Das Lernen an Stationen kann vielfältige Erscheinungsformen haben, warum soll nicht auf die schulischen Erfahrungen und die methodischen Instrumente zurückgriffen werden (s. z. B. Stübig und Schäfer [44])? Betriebliche Lerninhalte lassen sich genauso gut segmentieren, und warum sollten den einmal definierten Lernsequenzen nicht wechselnde Methoden zugeordnet werden, die möglichst unterschiedliche Sinne ansprechen? Eine Mixtur z. B. aus Studium der Fachliteratur, Bearbeitung von *E-Learning*-Einheiten, Durcharbeiten von Übungsaufgaben, Lernen im Team und Lernen am Arbeitsplatz ist schnell hergestellt. Der Cocktail als solcher ist nicht unbekannt, es fehlt noch die Passung in ein Modell vom *so*-Lernen.

Ausreichend Potenzial für die Umsetzung des *so*-Lernens bietet das *Lernen durch Lehren*. Viele Unternehmen sind derzeit dabei, Tutoren- wie Mentoren-Modelle zur Stützung des betrieblichen Wissenstransfers einzuführen. In eine ähnliche Richtung gehen gleichfalls Alt-Jung-Modelle, wenn es darum geht, anderen eigenes Wissen zu vermitteln. Beim Lehren, sei es bei der Vorbereitung oder bei der Systematisierung des eigenen Wissens, finden unmerklich wie wahrnehmbar Lernprozesse statt, so dass nicht nur die Teilnehmer an einer derartigen Lehrveranstaltung etwas mitnehmen.

In der Verfeinerung der vorgenannten Umsetzungsvarianten und Umsetzungsschritte sollte noch einmal auf das Lernen als ganz besonderes Ereignis zurückgegangen werden.

Einige wichtige Merkmale des Lernens sind dabei:

- das Beobachtungslernen,
- das Lernen der Jungen von den Alten,
- das Lernen der Alten von den Jungen,
- die positive Besetzung des Lernens,
- die Schaffung positiver Lernerlebnisse,
- die Gelegenheit zur Lernkollaboration,
- die Stiftung von Lernfreude
- und ein Rahmen für freigewähltes Lernen.

Dafür müssen die Verantwortlichen jedoch auch einiges tun, nämlich:

- Lernanreize schaffen,
- Lernen fördern,
- Lernen einen strategischen Wert zusprechen,
- Lernen in der Unternehmenskultur verankern,
- eine Lernkultur aufbauen,
- Lerncoaching anbieten
- und eine individuelle Lernertypologie erarbeiten.

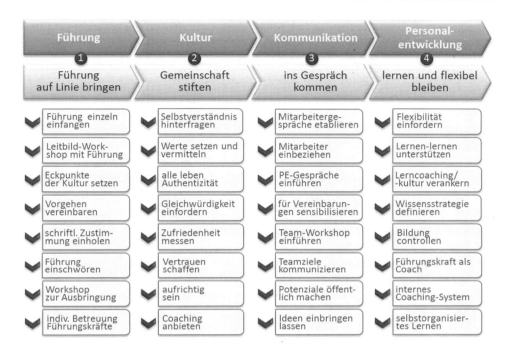

Abb. 7.8 Einführungsleitfaden zum selbstorganisierten Lernen

Hat man an dieser Stelle alle Handreichungen und Möglichkeiten verinnerlicht, kann man zielgerichtet ans Werk gehen. Derjenige, der immer noch die Struktur vermisst, kann selbstverständlich auf den nachfolgenden Leitfaden, das grundlegende Prozessmodell zurückgreifen.

Gewinnbringende Einblicke kann die mehrfach erwähnte Kooperation mit einer reformpädagogischen Schule gewähren. Wenn man dann das Vorbild nachahmt und Lerninseln schaffen will, dann müssen für Mitarbeiter feste Orte geschaffen werden, an denen sie zum einen lernen können und die zum anderen eine Art Schutz bieten. Letztlich sind es die Vorgesetzten, die den Lernern diesen geschützten Raum bieten können. Auch hier hat also der Hinweis Gültigkeit, dass mit der entsprechenden Einstellung der Akteure einer Umsetzung nichts im Wege steht.

7.4.4 Einführungsleitfaden zum *so*-Lernen im Unternehmen

Will man einen Leitfaden erstellen, steht anfänglich das Handlungsgerüst im Vordergrund. In dieser ersten Annäherung zur prozessorientierten Pragmatik muss geklärt sein, welche Meilensteine es gibt. Die nächste Verfeinerung des Einführungsmodells enthält dann weitere Konkretisierungen, die eine Einführung des *so*-Lernens nicht allein vorbereiten, sondern am Ende auch gewährleisten (s. Abb. 7.8).

Mit der Forderung, die Führung auf Linie zu bringen, wird auf die Unternehmenspraxis eingegangen, dass es hier und dort Strukturen in den Unternehmungen gibt, die keine durchgängige Kommunikation gewährleisten und/oder die Durchsetzung strategischer Ziele behindern. Nötigenfalls muss zur Absicherung der Zielerreichung das *Commitment*, die Zustimmung zum gemeinsamen Weg schriftlich fixiert werden. Erst recht wenn tiefgreifende Veränderungen hin zur Mündigkeit des Mitarbeiters angepeilt sind, müssen die Führungskräfte auf diesen Wandel vorbereitet und verpflichtet werden. Kommunikation erstreckt sich weit über die Weitergabe von Informationen. Kommunikation muss gelingen. Gespräche führen und ins Gespräch kommen, bleibt leider oftmals vordergründig, da Führungskräfte genötigt werden, ihr (verbales) Handeln auf Zielführung und Zielorientierung auszurichten. Dadurch bleiben das Verstehen, das Zuhören und der Respekt dem anderen gegenüber auf der Strecke. In solchen Momenten werden Botschaften einfach weitergegeben und die Rückversicherung für das gegenseitige Verstehen sowie der Konsens verlieren an Bedeutung.

Gemeinschaft entsteht erst mit Gemeinsinn, daher sind hier entsprechende Entwicklungen anzustoßen. Am einfachsten kann der Konsens sichergestellt und können Rückmeldungen zum Verlauf des Veränderungsprozesses eingeholt werden, indem das Gespräch mit den Mitarbeitern gesucht wird. Neben den hier häufig geforderten Personalentwicklungsgesprächen können freie Team-Workshops und (Lern-)Aufgabenpläne mit Selbstverpflichtungserklärung wesentliche Eckpfeiler einer auf Kommunikation und Kollaboration ausgerichteten Unternehmenskultur sein. Im Coachingbereich haben sich außerdem *wertschätzende Interviews*[9] als ein probates Mittel erwiesen, die vorbehaltlos neben den vorgenannten Kommunikationswegen genutzt werden können.

▶   Jedenfalls muss einem komplexen Projekt wie der Einführung des *so*-Lernens ein Handlungsgerüst sowie eine Art von Leitfaden zugrunde liegen.

Bei Bedarf könnten diese Einführungspunkte genauso in einer Checkliste aufgehen, nach der einzelne Positionen abgehakt oder auf den Grad der Zielerreichung hin bewertet werden. Ohne Unternehmenskultur und den Rückhalt durch die Geschäftsführung funktioniert all das nicht. Lernen muss demnach in der Strategie verankert sein, Lernbereitschaft des Einzelnen muss bewertbar sein, damit Lernwege aufgezeigt werden können. Danach sind Voraussetzungen wie Materialien für das Lernen festlegbar. Gegebenenfalls muss dann Lernen-lernen nähergebracht, müssen Lernhilfen bereitgestellt und/oder ein Coaching-System implementiert werden. Letzteres kann nützlich und notwendig sein, wenn den Mitarbeitern bei der Kompetenzentwicklung Lernwege aufgezeigt werden müssen. So macht es Sinn, die Ausbildung von Lerncoaches in ein zukunftsgewandtes Personalentwicklungssystem einzuplanen. Der Lerncoach organisiert währenddessen Materialien

---

[9] Zu *Appreciative Inquiry* (*wertschätzendes Interview*) s. Bonsen und Maleh [3], Foshay und Silber [11], Watkins und Leigh [46] oder Schiersmann und Thiel [42] (dort den Abschn. 4.3.2 *Appreciative Inquiry* [S. 119 ff.]).

bzw. stellt sie bereit. Auch obliegt ihm, Lernerfolge und Optimierungspotenziale zu identifizieren sowie lernentwöhnte Mitarbeiter wieder an das Lernen heranzuführen. Alle gemeinsam entwickeln die im Unternehmen vorhandene virtuelle Wissensplattform weiter,
indem sie die Kommunikation kontinuierlich beobachten und bewerten.

Wer so-Lernen einführen will, braucht sich nicht die Frage zu stellen, ob dies in einer
Wettbewerbsgesellschaft gelingen kann. Bei der entsprechenden Kultur im Unternehmen
kann es funktionieren. Lernpartnerschaften und Lernkooperationen können Erkenntniszuwachs bringen. Mag es vielleicht abwegig erscheinen, sich mit einer Schule zu einer
Lernpartnerschaft zu verbinden, so sollte doch das Potenzial einer reformpädagogischen
Schule zum so-Lernen genutzt werden. Diese Form der Kooperation liefert Impulse und ist
frei irgendwelcher Profitsteuerung.

7.5   *So*-Lernen in der Gruppe

Der Zusammenhang zwischen Selbstorganisation, Gruppendynamik und Chaosforschung
mag an dieser Stelle fragwürdig anmuten, wenn es um die Pragmatik des selbstorganisierten Lernens geht. Doch beispielsweise haben Gerber und Gruner [14] mit dem *FlowTeam*
gezeigt, wie sich die Chaosforschung in die Teamentwicklung und das Wissensmanagement integrieren lässt.[10] Des Weiteren haben Gerber und Gruner gezeigt, dass es durchaus Möglichkeiten gibt, konstruktivistisches Denken in pragmatische Anwendungen zu
überführen. Dabei gilt der Konstruktivismus im selbstorganisierten Lernen nicht als Dik-
tat. Für die betriebliche Praxis zählen oft – und nicht zu Unrecht – die Machbarkeit und
Bedarfskonformität mehr. So haben *Metaplan*®, *FlowTeam* und *Open-Space*[11] ihren festen
Platz im Instrumentarium moderner Teambildung, Teamentwicklung und Ideenfindung
verdient.

Das so-Lernen in der Gruppe und dessen Bedeutung für Wissensausbau wie Wissenstransfer ist in der Fachliteratur und in der angewandten Forschung meist beschränkt auf
den schulischen Lernkontext. Dabei ist das Bewusstsein für die kollektive Intelligenz auf
jeden Fall vorhanden, wie die gerade erwähnten Instrumente und Methoden belegen. Weiter oben ist schon in Bezug auf das Teamlernen auf Berg [2] verwiesen worden, hier soll
außerdem noch der Hinweis auf Diesner et al. [6] folgen.

Wenn mit Überzeugung auf die Wirksamkeit von Planspielen und von offenen Formen
des Gruppenlernens verwiesen wurde, muss ständig präsent sein, dass diese allein kein
Modell des so-Lernens im Unternehmen etablieren können. Begleitend sowie stützend

---

[10] Weitere Belege für die Fruchtbarkeit der interdisziplinären Arbeit finden sich bei Gruner [15]
sowie in Freimuth und Straub [12]. Dort ist es die Diskussion um die Wirkung der *Metplan*®-Idee auf
die Ideenfindung, denn mit der Moderation werden organisationale Strukturen demokratisiert und
die Selbstorganisation begünstigt. Siehe auch Tschacher [45] zur Synthese von Gestaltpsychologie
und naturwissenschaftlicher Selbstorganisation.

[11] Siehe Owen [34].

wirkt das gemeinsame Lernen erst, wenn entsprechende Grundstrukturen des Teamlernens verfestigt sind. Trotz aller selbstorganisatorischen Kräfte einer Gruppe, darf nicht übersehen werden, dass zu Anfang ein Lerncoach je nach Konstellation der Gruppe die Grundlagen für das Miteinander vermitteln und gegebenenfalls Grenzüberschreitungen verhindern muss.

Kommunikation im kollaborativen Lernen ist mehr als der Austausch von Informationen, Kommunikation hat hier und im Rahmen des *so*-Lernens einen weitaus höheren Stellenwert. Denn das Gespräch dient zugleich dem Treffen von Vereinbarungen, die andererseits Orientierungsrahmen für die Mitglieder eines Lernteams sind. Deshalb ist innerhalb einer (Lern-)Gemeinschaft darauf zu achten, dass die Vereinbarungen eingehalten werden. Während in unilateralen Teamsitzungen meist nur Informationen in eine Richtung fließen, kann ein vorgegebenes Grundgerüst das Regelsystem für das gemeinschaftliche Lernen liefern. Darin ist zu berücksichtigen, dass jeder ausreichend Gelegenheit hat, seine Anliegen vorzutragen, Missstände aufzuzeigen und positive Erfahrungen weiterzugeben. Durchgängig geführte Themen- und Redelisten helfen bei der Strukturierung von Sitzungen. Verhaltensregeln sorgen dafür, dass es weder Benachteiligungen noch Verletzungen Einzelner gibt. Dieses Einüben eines produktiven sozialen Miteinanders wird sich unweigerlich auf andere Teamarbeiten und betriebliche Kooperationen erstrecken. So verschwimmt ebenfalls die Trennlinie zwischen Lern- und Unternehmenskultur, ganz im Sinne einer sowohl ganzheitlichen als auch integrativen Wissenswirtschaft.

Kollaboration im Lernen und Einbettung des Lernens in ein soziales System sind durchaus erfolgskritische Momente des *so*-Lernens. Denn außer Teamentwicklung, Kommunikationstraining und gelebtem Konfliktmanagement kommt der Gruppe noch eine weitere wichtige Funktion zu: Alle in der Gruppe sind Verstärker. Sie sollen dem Lernenden eine Rückmeldung zu seinen Lernergebnissen geben und sie sollen Rückhalt bieten. Der Rückhalt ist besonders dann bedeutungsvoll, wenn der Lerner Verunsicherung durchlebt oder sogar an seinen Fähigkeiten zweifelt. Das Vertrauen in die eigene Kompetenz wird er nie verlieren in einem System, das Sozialem, Empathischem und Toleranz genügend Raum zur Verfügung stellt. Dies ist kein Beitrag zur Emotionalisierung des Lernens, sondern ein Ansatz, schier unerschöpfliches Potenzial in jedem Einzelnen zu erschließen.

▶   Lernen ist ein individueller Prozess, der eine Gruppe braucht, wenn es um Rückmeldung, objektivierte Selbsteinschätzung, Wissenstransfer und Stiftung von
      Gemeinsinn geht.

Gemeinsames Lernen ist kein Widerspruch im Entwurf einer Theorie zum *so*-Lernen, denn die Selbstorganisation des Lernens darf nicht als Isolation verstanden werden. Diese Lernform ist kein Alleingang des Einzelnen. Der Austausch mit anderen, der Erfahrungswie Wissenstransfer und ebenso die Überprüfung der Zielerreichung sind wesentliche Bestandteile eines ganzheitlich orientierten Gesamtkonzeptes.

Die Lerner arrangieren sich im gemeinsamen Lernen, sie teilen sich Lernmaterialien und sie erreichen gemeinsam Ziele. Lernen wird damit zum Projekt, Projektkompetenz ganz nebenbei gefördert. *So*-Lernen darf auch nicht in der Weise missverstanden werden, dass dem Lerner einfach ein Bauchladen an Lernmaterialien dargeboten wird. Reformpädagogik hat nichts mit Konsumförderung zu tun. Ganz im Gegenteil dazu werden Lernmaterialien auch selbst erstellt, selbst erarbeitet. Dies kann im Unternehmen dadurch realisiert werden, dass Mitarbeiter Lernprozesse systematisieren, Lernwege beschreiben oder Lernprodukte für den Lernprozess anderer zur Verfügung stellen. So hat auch nicht jeder Lerner seine eigene Sammlung von Lernmaterialien, sondern er teilt sich Vorhandenes, Erarbeitetes und gemeinsam Produziertes mit den anderen.

Stationslernen Stationen des Lernens können zum einen Etappen im Sinne der Lernprogression darstellen, auf der anderen Seite bieten sie Abwechslung zu dem Zeitpunkt, wenn die Bearbeitung eines Lernstoffes den Lerner zu ermüden droht. An unterschiedlichen Lernstationen können Mitarbeiter im betrieblichen Lernprozess zudem unterschiedliche Kompetenzen entwickeln und Wissen ausbauen. In der Gruppe geschieht dies dann nicht nur mittels der Lerninhalte. Im gemeinsamen Lernen an verschiedenen Stationen tauschen Mitarbeiter Wissen aus, lernen die Fähigkeiten des anderen kennen und können damit ihre eigenen Kompetenzvorstellungen erweitern. Doch am wirkungsvollsten scheint der gelebte Wissenstransfer zu sein.

Kooperation Das wohl zentralste Erlebnis beim Lernen in der Gruppe ist die Kooperation. Geht es auch nicht um Teambildung, erfahren die Lerner in einer Gruppe, wie Ziele gemeinsam erreicht werden können und wie manchmal durch die Zusammenarbeit ein Ziel schneller erreicht werden kann. Gemeinsam können in einer Gruppe Jüngere und Ältere (als das Ziel aller Alt-Jung-Modelle) lernen und sich gegen- wie wechselseitig beim Lernen behilflich sein. Der Vermittlungsrichtung von Jung nach Alt gebührt dabei besondere Beachtung, da diese Transferrichtung bisher viel zu kurz gekommen ist.

Wertschätzung Intrinsische Motivation darf nicht als losgelöst vom Gesamtprozess des Lernens gesehen werden. Beim Urquell des Lernens muss fernerhin der enge Bezug zum sozialen Umfeld erkannt werden. Also ist innerhalb der Planungsvorgabe ausreichend das Lernen in der Gruppe zu berücksichtigen. Die Konstellation der Lerngruppe ist verständlicherweise genauso von Bedeutung. Denn die Mitglieder einer Lerngruppe müssen fähig sein, die Leistung eines anderen vorbehaltlos anzuerkennen. Gegebenenfalls kann das Miteinander auch über einen Verhaltenskodex geregelt sein. Jedenfalls können sich die Gruppenmitglieder untereinander so viel Wertschätzung geben, dass die Motivation zum Lernen und der Antrieb, sich zu verändern, kontinuierlich gedeihen können. Es sollte desgleichen deutlich werden, wie Führungskräfte genauso Lerncoaches sein müssen. Die Aufgabe der Verstärkung von Lernerfolgen kann nicht allein der Gruppe oder dem Lehrpersonal vorbehalten sein, denn im Arbeitsalltag zeigt sich, wie das Gelernte umgesetzt wird. In diesem Augenblick ist der Vorgesetzte vielleicht der Situation am nächsten. Passgenau kann er bei einem erfolgreichen Transfer von Gelerntem zeitnah und mit konkretem Bezug Anerkennung aussprechen.

Realistische Selbsteinschätzung Die Förderung der Entwicklungskompetenz versetzt den Lerner in die Lage, Lernziele bedarfsgerecht und selbst zu stecken. Die bewusste Erfahrung von Grenzen führt den Lerner zu einer angemessenen Einschätzung des Leistungsvermögens. Bei der Vielzahl von Mitarbeitern, die sich überschätzen, ist dies gewiss nicht der schlechteste Weg, der Selbsteinschätzung eine brauchbare Qualität zu verleihen. Was der Mitarbeiter braucht, damit er zu einem realistischen Selbstbild kommt, sind zum einen selbstbestimmte Aufgaben, zum anderen objektivierte Rückmeldungen aus seinem Umfeld. Demzufolge ist *so*-Lernen nie ein introvertierter Lernprozess, sondern der Lerner sucht in dieser Form der Selbstbestimmung zugleich Rückmeldungen von außen, was die Gruppe leisten kann. In ihrer Mitte und unter hinreichenden Bedingungen kann der Mitarbeiter seine eigenen Potenziale einschätzen lernen und erfahren, wie er in der Gruppe wirksam werden kann.

Selbstregulierung Nach einer Einführungsphase, in der nötigenfalls Hilfestellungen zur Teambildung gegeben werden, erarbeiten die Mitarbeiter selbst ein Regelsystem, wodurch das Miteinander genauso wie der Ablauf von Vereinbarungen geregelt ist. Das, was vordergründig als ein pauschaler Lehrsatz erscheinen mag, ist dennoch ein Grundprinzip demokratischer Systeme. Denn wenn sich Mitglieder einer Gruppe auf Regeln, Ziele, Kodizes oder Vereinbarungen einigen, ist dies eine Gewissheit dafür, dass sich zumindest die meisten aus der Gruppe daran halten. Demokratie und Selbstregulierung sollen hier nicht überstrapaziert werden, aber gemeinsam erarbeitete Systeme der Kooperation haben zweifellos mehr Wert als Formalisierungen, die in Gestalt von Hierarchien, Arbeitsanweisungen oder Qualitätshandbüchern einen reibungslosen Ablauf sichern wollen.

So-Lernen schafft gleichzeitig Selbstbewusstsein und Selbstvertrauen, die die Entwicklung anderer Eigenschaften wie Kompetenzen anstoßen können. Selbstvertrauen im Verbund mit Selbsteinschätzung hängt wiederum eng mit Entscheidungsfreude und Zielorientierung zusammen. Anders als bei Mitarbeitern mit übertriebenem Selbstwertgefühl und falscher Selbsteinschätzung, die immer Probleme bei der Definition adäquater Ziele haben, wird der mündige Mitarbeiter seine Vorhaben zuverlässig realisieren, seine Fähigkeiten realistisch einschätzen und das, was er lernt und leistet, durchgängig bewerten. Er wird nicht ewig an Aufgaben arbeiten, bei deren Erfüllung er überfordert ist, er wird nicht ständig nach Ausflüchten und die Schuld für sein Versagen bei anderen suchen. Außerdem wird er nicht Mäßiges schönreden.

Damit die Wirkung einer Gruppe zum Tragen kommt, müssen bei deren Zusammensetzung einige Dinge beachtet werden. Mit dem *Clustering* soll ein Impuls gegeben und ausschnittsweise ein Ansatz zur Gruppenbildung angeboten werden.

Clustering
Lernen in der Gruppe organisieren, funktioniert nicht ohne Konzept, so wie auch Kommunikation und demokratische Prinzipien Konkretisierung brauchen. Das

Prinzip des *Clusterings* bietet einen Einstieg in die Systematisierung. So kann man Lernertypologien in einem *Cluster*-Modell umsetzen. Letztlich wird mit diesem *Clustering* nichts Neues generiert, es ist mehr die sprachliche Gefälligkeit, da die Bildung von *Clustern*, die Analyse von *Clustern* und die Darstellung in Form von *Clustern* zurzeit sehr geläufig ist – zumindest sprachlich. Somit könnte man genauso von einer Bündelung sprechen. Wenn nun von *Cluster* gesprochen wird, steckt dahinter das Motiv, eine Gesamtheit, hier die Mitarbeiter, einzelnen Bündeln zuzuordnen, womit die Gesamtheit vollständig aufgeteilt ist. Die Bündel sollten definit abgrenzbar sein, damit eine Trennung vollzogen werden kann. Es geht dabei nicht darum, innerhalb des Bündels absolute Homogenität herstellen zu wollen. Dies wäre utopisch allein aufgrund der Vielfalt menschlicher Individualität und der unterschiedlichen Formen des Lernens.

Der *Cluster* zeichnet sich durch wesentliche Merkmale und im besten Falle durch distinktive Merkmale aus, was bedeuten soll, dass ein Merkmal die unterscheidende Einheit zu einem spezifischen Merkmal der anderen *Cluster* ist. Fernab einer Verpflichtung zur klaren Begriffsabgrenzung soll dem *Clustering* die gleiche Bedeutung wie der Typologie zukommen, dennoch soll das *Clustering* mehr als ein vollständiges System verstanden werden, wohingegen die Typologie – während auch sie alles zu erfassen hat – mehr einen vielleicht subjektiv empfundenen offenen Charakter hat. Nicht zuletzt wird dies durch die Möglichkeit der Erweiterung suggeriert.

Die Verbindung beider Systeme kann dadurch entstehen, dass die Lernertypologie das Inventar an Merkmalen liefert, die dann im *Clustering* zur Abgrenzung und zur Bildung von Lerngruppen benutzt wird. Dieser operative Ansatz ist unbedingt notwendig, damit der Relation von Bedarfskonformität zur Effizienz Rechnung getragen wird. Auf diese Weise erhält man mittels der *Cluster* Gruppierungen, die dann Trainingsinhalten zugeordnet werden können.

Es mag manchen kritischen Einwand geben, warum es nicht lohnt, im Unternehmen das Gruppenlernen einzuführen. Dahinter steckt wohl meist die Furcht vor dem Aufwand. Jedoch verspricht ähnlich wie die Arbeit im Team das gemeinsame Lernen, unterschiedlichste Potenziale freizusetzen. Innerhalb der Kollektivität kann der Einzelne profitieren, kann Austausch stattfinden und erhält der Wissenstransfer Lebendigkeit.

7.6 Virtuelle Schultasche

Die nachwachsenden Generationen der Berufseinsteiger bringen die Erfahrung und Versiertheit mit, sich schnell in multimediale Lernanwendungen einzuarbeiten. Bei Älteren kann dies ein kritischer Prozessschritt sein, wenn multimediale Lerneinheiten in die betriebliche Weiterbildung eingeführt werden. Daher ist es ratsam, mittels einer Lernertypologie geeignete vorbereitende Maßnahmen zu planen. Diese Vorbereitung der Lerner kann reichen vom informellen Coaching über das multimediale Lernen bis hin zu Kleingruppenveranstaltungen zum Thema *Lernen lernen*.

Die effiziente Nutzung und der unternehmensspezifische Einsatz neuer Medien bringen vielseitige positive Effekte. Allem voran steht die Kosten-Nutzen-Relation, die bei optimaler Nutzung eigener Lernmodule wesentlich besser ist als bei klassischen Lerneinheiten. Die Passung von Lerninhalten in das mitarbeiterbezogene Tagesgeschäft gewährleistet zudem einen raschen Transfer des Gelernten. Die Mitarbeiter erfahren somit eine konkrete Anbindung des Lernstoffes und die Sinnhaftigkeit von Lektionen wie Übungen. Die Einordnung als multimediale Lerneinheit macht eine Lerneinheit allerdings nicht zwangsläufig zu einer guten.

Trotz der unüberschaubaren Zahl von Publikationen geben die nachfolgenden Literaturhinweise nochmals einen kleinen Überblick zum Lernen mit neuen Medien und eine erste Orientierung zur Nutzbarkeit der virtuellen Welten für die betriebliche Weiterbildung. Was die Auflistung nicht ersetzen kann, sind die Rezeption und das eigene Urteil zur Verwertbarkeit. Denn schließlich kann keine Rezension mit Qualitätssiegel den individuellen Nutzen bestimmen. Einen Einstieg in die Materie gewähren Hugger und Walber [20] und Meier [33]. Fast schon historisch interessant sind Lang und Pätzold [29] und Hohenstein und Wilbers [18], da man die Entwicklung des *E-Learnings* anhand des Vergleichs von damals und heute nachvollziehen kann. Den Blick für das Entwicklungspotenzial des *E-Learnings* öffnet Attwell [1] (vgl. dazu auch Abschn. 3.2).[12]

Im Zuge einer modernen Wissenswirtschaft ist es unumgänglich, virtuelle und technische Vernetzung zu schaffen. Im technischen Bereich dominieren derzeit *Data-Warehouse*- und *Business-Intelligence*-Lösungen. Defizitär erweisen sich diese Systeme zur Wissenshaltung dort, wo eine reine Daten- wie Kennzahlensammlung stattfindet und Schnittstellen zum Mitarbeiterwissen ausbleiben. Letztlich ist es das informelle Wissen des Mitarbeiters, das das unternehmerische Wissenskapital entscheidend mitbestimmt. Zum Teil bleibt bei rein technikbasiertem Wissensmanagement informelles Wissen gänzlich außen vor, somit gilt es, ganzheitliche Konzeptionen unternehmensspezifisch aufzusetzen. Sicherlich ist dies keine leichte Aufgabe in der operativen Umsetzung von Strategien der Wissenswirtschaft. Wie können Umsetzungsprozesse geplant und aufeinander abgestimmt werden? Besser, wie müssen strategische Prämissen aussehen, damit eine erfolgreiche Wissensstrategie umsetzbar ist? Diese und ähnliche Fragen stehen am Anfang und über allem.

Der Einsatz einer Lern- und Projektplattform im Unterricht ist seit dem Siegeszug von *Moodle* selbst im schulischen Alltag Realität. Lernen und Lernplattform erfahren somit immer häufiger eine sinnvolle Beziehung. Wer zuerst, ob die Schulen oder die Unternehmen, *E-Learning* oder virtuelle Welten produktiv in deren Lernprozesse integriert hat oder zu integrieren versucht, ist nicht maßgebend. Vielmehr muss das Interesse groß daran sein, wie die Integration von Bausteinen gestaltet werden kann. Neues schulisches Lernen so-

---

[12] Weiterhin sind zu erwähnen Ehlers [9], Clark und Mayer [5], Liebowitz und Frank [31] und Mayer und Kriz [32].

wie betriebliche Weiterbildung müssen die Rahmenbedingungen für einen erfolgreichen Einsatz der Informationstechnologie schaffen und vorab die erfolgskritischen Momente isolieren sowie für deren Zwecke nutzen. Eines der Erfolgsprinzipien ist der schnelle Weg zur kritischen Masse. Das bedeutet, dass mit einer schnell steigenden Zahl von Anwendern die Nutzung eines Systems gesichert werden kann, denn am Ende orientieren sich alle anderen an der Mehrheit.

Der Bogen vom *Data-Warehouse* über die Lernplattform zur virtuellen Schultasche lässt sich schlagen, wenn man eine integrierte Lösung sucht. Moderne Lernplattformen müssen künftig mehr als punktuelle Einstiegspunkte zum Abarbeiten von Übungen sein, sie sind im besten Falle Bestandteil einer virtuellen Schultasche, aus der der Lerner alles herausziehen kann, was er zum Lernen braucht. Selbstverständlich wird diese Schultasche immer wieder neu gepackt. Als virtueller Lernbegleiter steht sie permanent zur Verfügung, so dass der Lerner in einer einheitlichen Lernumgebung lernt.

Aus einer Lernplattform wird allerdings durch die Befüllung mit Lerneinheiten noch lange keine virtuelle Schultasche. Ähnlich wie der Lerncoach als Lernbegleiter muss der virtuelle Lernbegleiter kontinuierlich Rückmeldungen geben respektive geben können. Nicht nur das Controlling der Personalentwicklung muss wissen, wo der Mitarbeiter steht, der Mitarbeiter selbst muss gleichermaßen eine Übersicht zu seinem Lernen und seiner Lernentwicklung haben. *E-Learning* ist zu sehr abgetrennt von der Arbeit, die Verbindung muss die virtuelle Schultasche herstellen, in der der Mitarbeiter neben den nach seinem Bedarf zusammengestellten Lerneinheiten, Übungen, Anschauungsmaterialien und Übersichten des Weiteren die einzelnen Entwicklungspläne sowie seine Lernbiografie wiederfindet. Ob als Schulmappe, persönlicher Navigator oder Lernbegleiter, der Mitarbeiter bedient sich nicht nur, er muss die Schultasche selbst packen – von den Lernmaterialien bis zur Planung seiner Qualifizierungen.

In der Ausweitung zum virtuellen Wissensmanager sammelt sich in der Mappe außerdem Erfahrungswissen, das über wohldefinierte Schnittstellen aufgefangen wird. Damit ist mehr gemeint als Datenpflege, so können beispielsweise in einem Projekt-*Blog* spezifische Projekterfahrungen fixiert sein.

▶   Arbeiten muss gleichzeitig lernen sein und Lernen muss als arbeiten verstanden werden, ansonsten werden wertvolle Chancen zur Dynamisierung der unternehmerischen Organisationsentwicklung verpasst.

Auf einem *Smartphone* sammeln Mobilfunknutzer *Apps* und ihre persönliche Daten. Sollte das mobile Lernen dadurch nicht Impulse bekommen? Lern-*Tablets* für die Mitarbeiter dürfen bald kein Hirngespinst mehr sein, zumal in einigen wenigen Unternehmen schon vieles Realität geworden ist, wenn es auch an der Struktur fehlen mag.[13] Die virtuelle Schultasche erlaubt es, Arbeiten und Lernen näher zusammenzubringen, so kann überall und

---

[13] An dieser Stelle sei nochmals auf Ebner und Schön [7] hingewiesen, die mit ihrer kontinuierlich aktualisierten Online-Dokumentation den wohl aktuellsten Bezug herstellen.

in den Pausenzeiten (zum Lernen) die Mappe ausgepackt werden – am Arbeitsplatz oder auf der Lerninsel. Neben Mobilität bringt sie noch Orientierung. Aufgrund der technologischen Möglichkeiten heutiger Zeit kann problemlos ein elektronischer Lernbegleiter geschaffen werden, der *so*-Lernen in allen Facetten unterstützen kann. Mit einem virtuellen *Tablet* können Übungen, Informationen und Multimediales überall und jederzeit abgerufen werden. Der Lerner kann selbst entscheiden, was er wann auf seinem *Tablet-PC* bearbeitet.

Ferner können über dieses Medium individuelle Anlässe erzeugt werden, die den Lerner bewegen, Aktionen durchzuführen, wie z. B. Texte zu erstellen, Mitteilungen zu verfassen oder seinen Entwicklungsstand anhand seiner Lernprogression zu reflektieren. Besondere Problemstellungen sind mit einem derartigen Medium transportabel, so dass sie leicht mitgeführt und an anderer Stelle mit Kollegen diskutiert werden können. Virtualisierung kann also in der positiven Betrachtung außer Fluch auch Segen bringen, wenn sich Arbeiten und Lernen wahrnehmbar annähern. Unmittelbare Einwände, wie Kostenaspekte u. Ä. ins Feld zu führen, sind lediglich Ablenkungsmanöver. Denn es ist wie immer, dass, wenn man etwas unbedingt will, man einen Weg zum Ziel finden wird.

7.7   Und noch einmal etwas zur Erfolgssicherung

Die Rahmen für erfolgreiche Umsetzungen sind mehrfach gesteckt und ausführlich dargelegt worden. Daher kann und soll an dieser Stelle nur noch einmal das Bisherige punktuell rekapituliert werden. Die Auswahl an erfolgskritischen Momenten setzt demnach nur noch einmal Akzente. Es muss im Kalkül der Handelnden sein, dass im Zuge der Einführung von *so*-Lernen nicht unbedingt mit ungeteilter Begeisterung zu rechnen ist. Ist es doch nicht nur die Angst vor Neuem, die den einen oder anderen Mitarbeiter abschrecken kann, allein die Thematisierung des Lernens kann schlechte Erfahrungen und Versagensängste aufleben lassen. In diesen Fällen hinterlässt das Neue manchmal mehr als Verunsicherung. Vertrauen und Zuspruch sind dann unerlässlich. Diese Unterstützung darf aber nicht allein psychologisierend und auf die Förderung einer positiven mentalen Verfassung des Mitarbeiters reduziert sein. Denn Freiheit zum Lernen zu geben, heißt gleichfalls Raum mitgestalten.

Nicht jeder kann mit einem plötzlich auftauchenden Freiraum umgehen. Daher muss in dieser Hinsicht eine Heranführung an das ungewohnte Terrain stattfinden. Also ist möglichem Vorbehalt sowie Skepsis in der Weise zu begegnen, dass man dem Lerner beim Loslassen von Vertrautem durch Aufmunterung hilft. Das bedeutet, die Angst vor dem Scheitern zu nehmen. Angst kann im Übrigen weichen, wenn man erfährt, wie ein Fehler ohne Konsequenzen bleibt. Auf der anderen Seite dürfen selbstverständlich die Erfolgserlebnisse ausgelebt werden.

Selbst wenn beim *so*-Lernen das Nacheifern mehr im Vordergrund steht als das Wetteifern, kann diese Lernform dennoch in einer Wettbewerbsgesellschaft funktionieren. Dem Vergleichen und Messen innerhalb einer Lerngemeinschaft steht nichts entgegen, obschon Lernen im Grunde genommen ohne Vergleichen und Messen ebenfalls gut funktionieren kann. Wettbewerb und Konkurrenz sind keine synonymen Begriffe. Wer sich um eine feine sprachliche Differenzierung bemüht, wird rasch den Unterschied bemerken. Hierbei ist das vertrauensvolle Miteinander etwas Zentrales, weil in dieser Atmosphäre Vergleich und Wettstreit ihren sportlichen Charakter behalten. Deshalb ist das Verhalten der Lernbegleiter derart wichtig, denn sie schaffen die entsprechende Lernatmosphäre.

Während sich Authentizität und Aufrichtigkeit nicht lernen lassen, können vertrauens-bildende Maßnahmen helfen, das Verhältnis herzustellen, auf dessen Basis ein Mitarbei-ter Bereitschaft zur Loyalität aufbauen kann. Die Anerkennung, die Aufmerksamkeit und die persönliche Wahrnehmung des Mitarbeiters bilden die Grundlage für die Integrität im Handeln. Trotz aller Diskussionen um Bildungscontrolling und Parametrisierung von Bildungswerten darf der empathische Aspekt nicht in den Hintergrund gedrängt werden. Im Umgang mit den Mitarbeitern muss unbedingt den Mitarbeiterpotenzialen und den humanen Ressourcen Achtsamkeit nicht nur entgegengebracht, sondern idealerweise zum Ausdruck gebracht werden.

Sieht man keinen Horizont, *so*-Lernen in der Gruppe zu organisieren, kann der Schwer-punkt bis auf weiteres darauf gelegt werden, gleichsam den informellen Wissenstransfer zu forcieren. So kann informelles Lernen zu selbstorganisiertem Lernen werden. Viel zu selten wird bemerkt, dass firmeninterne Schulungen meist mehr zum Erfahrungs- und Informationsaustausch genutzt werden als zur strukturierten Wissensaneignung, wie es die Intention Schulung vorsieht. In den informellen Gesprächen außerhalb der Schulungs-zeiten werden vielfach die wertvollsten Tipps ausgetauscht.

Braucht ein Unternehmen Arbeiter oder Mitarbeiter? Braucht es Erfüllungsgehilfen oder Mitgestalter? Die Antwort bedingt weitreichende strategische Entscheidungen. Denn soll der Mitarbeiter gestalten, braucht er Freiräume. Für immer mehr Menschen stellt die Autonomie am Arbeitsplatz bereits heute einen zentralen Wert dar, wenn die Wahl für einen Arbeitgeber ansteht. In diesem Zusammenhang reicht es nicht, Anreizmodelle zu konstituieren, mit denen man erreichen will, dass Mitarbeiter sich binden lassen. Man muss den Mitarbeitern die Gelegenheiten anbieten, sich zu binden – ein kleiner und ganz wesentlicher Unterschied. Letztgenannter Blickwinkel repräsentiert echte mitarbeiterzen-trierte Personalpolitik.

► Alle genannten Erfolgsprinzipien sollten integraler Bestandteil der modernen Personalwirtschaft sein.

Die Mütter und Väter des Erfolgs sind außerordentlich zahlreich und lassen sich entspre-chend der großen Zahl sogar gruppieren, wenn zum Beispiel D. Frey ein Prinzipienmodell der Führung skizziert.[14] Damit ist ein einzelner Aspekt isoliert. Die Einführung des *so*-

---

[14] Kompakt sind die Führungsrichtlinien in Frey et al. [13] aufgeführt, dort in Relation zu Auto-nomie und Selbstständigkeit. Dieser Artikel ist Teil einer Sammlung von Beiträgen zur Arbeits- und Organisationspsychologie von Frey und Hoyos [19]. In der Aspekthaftigkeit der Darstellungen wird deutlich, wie umfänglich das Repertoire an Erfolgsfaktoren sein kann.

Lernens erfordert einen großangelegten Entwurf, in dem Personal- und Organisationsentwicklung eine Einheit bilden, anstatt berührungslos nebeneinander betrieben zu werden. Im Zusammenhang mit der Orientierung an Grundsätzen wie Richtlinien sind die Erfolgsaussichten weniger bedeutsam. Bei allen Erfolgsfaktoren, die zur Wirkung gebracht werden sollen, ist wichtig, dass diese so weit als möglich umgesetzt werden.

Unmittelbar daran schließt sich die Aufgabe an, ein wirksames Evaluierungs- wie Controllingsystem zu implementieren – ein System, das nichts mit übertriebenem Kontrollzwang zu tun haben darf.

Literatur

1. Attwell, Graham. 2007. The Personal Learning Environments – the future of eLearning? eLearning Papers 2 (1): 1-8.
2. Berg, Christoph. 2006. Selbstgesteuertes Lernen im Team. Berlin/Heidelberg: Springer.
3. Bonsen, Matthias zur, Carole Maleh. 2001. Appreciative Inquiry (AI). Der Weg zu Spitzenleistungen. Eine Einführung für Anwender, Entscheider und Berater. Weinheim: Beltz.
4. Cisek, Günter, Uwe Schäkel, Jürgen Scholz (Hrsg.). 1988. Personalstrategien der Zukunft. Wie Unternehmen den technisch-kulturellen Wandel bewältigen. Hamburg: Windmühle. (Betriebliche Weiterbildung,10).
5. Clark, Ruth Colvin, Richard E. Mayer. 2011. E-learning and the science of instruction. Proven guidelines for consumers and designers of multimedia learning. 3. Aufl. San Francisco: Pfeiffer/Wiley.
6. Diesner, Ilona, Dieter Euler, Günter Pätzold, Bernadette Thomas, Julia von der Burg (Hrsg.). 2008. Selbstgesteuertes und kooperatives Lernen. Good-Practice-Beispiele aus dem Modellversuchsprogramm SKOLA [Bund-Länder-Kommission für Bildungsplanung und Forschungsförderung; Bundesministerium für Bildung und Forschung]. Paderborn: Eusl.
7. Ebner, Martin, Sandra Schön (Hrsg.). 2011. Lehrbuch für Lernen und Lehren mit Technologien. http://l3t.tugraz.at/index.php/LehrbuchEbner10/issue/view/7/showToc. Zugegriffen: 6. Oktober 2011. Bad Reichenhall: BIMS e. V.
8. Edelmann, Walter. 2000. Lernpsychologie. 6. vollst. überarb. Aufl. Weinheim: Beltz/Psychologie Verlags Union.
9. Ehlers, Ulf-Daniel. 2011. Qualität im E-Learning aus Lernersicht. 2., überarb. u. aktual. Aufl. Wiesbaden: VS Verlag für Sozialwissenschaften.
10. Erpenbeck, John, Volker Heyse. 2007. Die Kompetenzbiographie. Wege der Kompetenzentwicklung. 2., aktualis. u. überarb. Aufl. Münster [u. a.]: Waxmann.
11. Foshay, Wellesley R., Kenneth H. Silber (Hrsg.). 2010. Handbook of Improving Performance in the Workplace. Volume 1. Instructional Design and Training Delivery. San Francisco: Pfeiffer/Wiley.
12. Freimuth, Joachim, Fritz Straub (Hrsg.). 1996. Demokratisierung von Organisationen. Philosophie, Ursprünge und Perspektiven der Metaplan®-Idee. Wiesbaden: Gabler.
13. Frey, Dieter, Felix C. Brodbeck, Stefan Schulz-Hardt. 1999. Ideenfindung und Innovation. In Arbeits- und Organisationspsychologie. Ein Lehrbuch, hrsg. Carl Graf Hoyos und Dieter Frey, 122-136. Weinheim: Beltz/Psychologie Verlags Union.
14. Gerber, Martin, Heinz Gruner. 1999. FlowTeams – Selbstorganisation in Arbeitsgruppen. http://www.flowteam.com/doc/O_108_D-Gesamt.pdf. Zugegriffen: 6. Oktober 2011. Goldach (CH): Crédit Suisse.
15. Gruner, Heinz. 1996. Räume: Handlungsspielräume und Kommunikationsarchitektur – Räume als Foren der Begegnung und Stätten des Wandels. In Demokratisierung von Organisationen. Philosophie, Ursprünge und Perspektiven der Metaplan®-Idee, hrsg. Joachim Freimuth und Fritz Straub, 261-276. Wiesbaden: Gabler.
16. Hauser, Frank, Andreas Schubert, Mona Aicher. 2008. Unternehmenskultur, Arbeitsqualität und Mitarbeiterengagement in den Unternehmen in Deutschland. Abschlussbericht Forschungsprojekt Nr. 18/05, ein Forschungsprojekt des Bundesministeriums für Arbeit und Soziales. Bonn: Bundesminis-

terium für Arbeit und Soziales. (Referat Information, Publ., Red., Forschungsbericht/Bundesministe-rium für Arbeit und Soziales, 371: Arbeitsmarkt).

17. Heckhausen, Jutta, Heinz Heckhausen (Hrsg.). 2010. Motivation und Handeln. 4., überarb. u. erw. Aufl. Berlin/Heidelberg: Springer.

18. Hohenstein, Andreas, Karl Wilbers (Hrsg.). 2002. Handbuch E-Learning. Expertenwissen aus Wissen-schaft und Praxis. Köln: Fachverlag Deutscher Wirtschaftsdienst.

19. Hoyos, Carl Graf, Dieter Frey (Hrsg.).1999. Arbeits- und Organisationspsychologie. Ein Lehrbuch. Weinheim: Beltz/Psychologie Verlags Union. (Angewandte Psychologie, 1).

20. Hugger, Kai-Uwe. Markus Walber (Hrsg.). 2010. Digitale Lernwelten. Konzepte, Beispiele und Pers-pektiven. Wiesbaden: VS Verlag für Sozialwissenschaften.

21. Hübner, Werner, Alexander Kühl, Monika Putzing. 2003. Kompetenzerhalt und Kompetenzentwick-lung älterer Mitarbeiter im Unternehmen. Berlin: QUEM-Report. (Schriften zur beruflichen Weiter-bildung, 84).

22. Hüther, Gerald. 2011. Was wir sind und was wir sein könnten. Ein neurobiologischer Mutmacher. Frankfurt a. M.: S. Fischer.

23. Jung, Eberhard. 2010. Kompetenzenerwerb. Grundlagen, Didaktik, Überprüfbarkeit. München: Ol-denbourg.

24. Kaiser, Armin (Hrsg.). 2003. Selbstlernkompetenz. Metakognitive Grundlagen selbstregulierten Ler-nens und ihre praktische Umsetzung. München: Luchterhand.

25. Kauschke, Jürgen E. 2009. Reflexive Führung. Die Führungskraft als Coach? Frankfurt a. M.: Lang.

26. Kehr, Hugo M. 2004. Motivation und Volition. Funktionsanalysen, Feldstudien mit Führungskräften und Entwicklung eines Selbstmanagement-Trainings (SMT). Göttingen: Hogrefe. (Motivationsfor-schung, 20).

27. Knowles, Malcolm S. 1975. Self-directed-learning. A Guide for Learners and Teachers. New York: Cambridge Books.

28. Kuhl, Julius, Heinz Heckhausen (Hrsg.). 1996. Motivation, Volition und Handlung. Göttingen: Hogre-fe. (Enzyklopädie der Psychologie: Themenbereich C, Theorie und Forschung: Ser. 4, Motivation und Emotion, 4).

29. Lang, Martin, Günter Pätzold. 2002. Multimedia in der Aus- und Weiterbildung. Grundlagen und Fall-studien zum netzbasierten Lernen. Köln: Fachverlag Deutscher Wirtschaftsdienst.

30. Lefrancois, Guy R. 2004. Psychologie des Lernens. 4. überarb. u. erw. Aufl. Berlin/Heidelberg: Sprin-ger.

31. Liebowitz, Jay, Michael S. Frank (Hrsg.). 2010. Knowledge management and e-learning. Boca Raton: Auerbach/CRC Press.

32. Mayer, Horst O., Willy Christian Kriz (Hrsg.). 2010. Evaluation von eLernprozessen. Theorie und Praxis. München: Oldenbourg.

33. Meier, Rolf. 2006. Praxis E-Learning. Grundlagen, Didaktik, Rahmenanalyse, Medienauswahl, Quali-fizierungskonzept, Betreuungskonzept, Einführungsstrategie, Erfolgssicherung [mit Arbeitshilfen auf CD-ROM]. Offenbach: Gabal-Verlag.

34. Owen, Harrison. 2001. Open space technology. Ein Leitfaden für die Praxis (aus dem Amerikan. von Maren Klostermann). Stuttgart: Klett-Cotta.

35. Peschel, Falko. 2006a. Offener Unterricht. Idee – Realität – Perspektive und ein praxiserprobtes Kon-zept zur Diskussion. Teil I: Allgemeindidaktische Überlegungen. 4., unveränd. Neuaufl. Baltmanns-weiler: Schneider Hohengehren.

36. Peschel, Falko. 2006b. Offener Unterricht. Idee – Realität – Perspektive und ein praxiserprobtes Kon-zept zur Diskussion. Teil II: Fachdidaktische Überlegungen. 4., unveränd. Neuaufl. Baltmannsweiler: Schneider Hohengehren.

37. Peschel, Falko. 2006c. Offener Unterricht in der Evaluation. Idee – Realität – Perspektive und ein pra-xiserprobtes Konzept (2 Bde.). 2., unveränd. Neuaufl. Baltmannsweiler: Schneider Hohengehren.

38. Reichen, Jürgen. 2008. Sachunterricht und Sachbegegnung. Mit Hinweisen zum Werkstatt- und Pro-jektunterricht (Nachdruck). Hamburg: Heinevetter.

39. Rheinberg, Falko. 2008. Motivation. 7. Aufl. Stuttgart: Kohlhammer. (Grundriss der Psychologie, 6/ Kohlhammer-Urban-Taschenbücher, 555).

40. Röhrig, Rolf. 1996. Motivationsbarrieren und Motivationskonzepte. Bd. 2: Bausteine zur Motivation. Bericht der wissenschaftlichen Begleitung zum Projekt „Qualifizierung älterer Arbeitnehmer und

Arbeitnehmerinnen in den neuen Bundesländern aus der Metall- und Elektroindustrie". Greiz: (gedruckt; Moncgraphie; Graue Literatur).

41. Röhrig, Rolf, Petra Zemlin. 1996. Motivationsbarrieren und Motivationskonzepte. Bd. 1: Motivation, Motivationsdefizite und ihre empirische Erhebung. Bericht der wissenschaftlichen Begleitung und des Projektträgers zum Projekt „Qualifizierung älterer ArbeitnehmerInnen in d. neuen Bundesländern aus d. Metall- u. Elektroindustrie". Greiz: (gedruckt; Monographie; Graue Literatur).

42. Schiersmann, Christian, Heinz-Ulrich Thiel. 2010. Organisationsentwicklung Prinzipien und Strategien für Veränderungsprozessen. 2., durchges. Aufl. Wiesbaden: VS Verlag für Sozialwissenschaften.

43. Schuler, Heinz (Hrsg.). 2006. Lehrbuch der Personalpsychologie. 2., überarb. u. erw. Aufl. Göttingen: Hogrefe.

44. Stübig. Frauke, Christina Schäfer. 2004. Lernen an Stationen. Ein Beitrag zum selbstständigen Lernen. Kassel: Kassel Univ. Press. (Beiträge zur gymnasialen Oberstufe, 6).

45. Tschacher, Wolfgang. 1997. Prozessgestalten. Göttingen: Hogrefe.

46. Watkins, Ryan, Doug Leigh (Hrsg.). 2010. Handbook of Improving Performance in the Workplace. Volume 2. The Handbook of Selecting and Implementing Performance Interventions. San Francisco: Pfeiffer/Wiley.

47. Weber, Anders. 1998. Was ist Werkstatt-Unterricht. Mühlheim a. d. Ruhr: Verl. an der Ruhr.

48. Weiner, Bernard. 2009. Motivationspsychologie. 3. unveränd. Aufl. Weinheim: Beltz.

Systemerhaltende Maßnahmen

8

Zusammenfassung

Ist der Einführungsprozess vollbracht, bleibt noch genug strategische Arbeit. Denn ein Modell, so gut es auch sein mag, ist kein sich selbst erhaltendes System. Für Qualifizierung und Weiterbildung im Unternehmen bedeutet dies, dass eine kontinuierliche Anpassung an sich stetig verändernde Umgebungsvariablen stattfinden muss. Dazu zählt es auch, den Besonderheiten der aktuellen wie zukünftigen Mitarbeitergenerationen gerecht zu werden. Zur Aufrechterhaltung einer wirkenden Bildungsorganisation gehören sowohl strategische Weiterentwicklungen als auch wirkungsvolle Maßnahmen zur Wissensvernetzung sowie zum Erfolgscontrolling. Grundlage hierfür kann eine vereinfachte und praktikable Objektorientierung sein, die in einem separaten Abschnitt skizziert ist. Die Vernetzung der Menschen im System der Unternehmung kann in zunehmendem Maße mit Hilfe moderner Technologie geschehen, was nicht der kritischen Wertung entbehren darf.

Ein System kann gemäß seiner Struktur im Grunde genommen nichts Anarchisches sein. Dennoch kann ein System verblassen, zusammenbrechen, scheitern oder abgeschafft werden. Dies gilt in gleicher Weise für ein System des *so*-Lernens und ein System des mündigen Mitarbeiters. Daher muss Sorge dafür getragen werden, dass die tragenden Säulen auf Dauerhaftigkeit ausgerichtet sind. Dies bedeutet, dass immer wieder das System stützende Maßnahmen zu ergreifen sind. Im Bewusstsein um die Komplexität der Unternehmensentwicklung und des Wirkungshorizonts müssen die Treiber des Wandels ständig aktiv sein (s. Abb. 8.1).

Folglich gilt es, neben den stabilisierenden Komponenten gleichfalls systemerhaltende zu implementieren. Dazu gehören vor allem Momente, die dem System aus einer immanenten Trägheit heraus zu einer lebensnotwendigen Dynamik verhelfen. Zielführende Instrumente zur Dynamisierung können regelmäßige Ideen- und Wissenscamps sein. Hierzu bieten sich Veranstaltungsformen wie z. B. *BarCamps* oder *Open-Space*-Treffen an.[1] Allein

---

[1] Zum Thema *BarCamp* gibt es noch nicht viel Fachliteratur, die Beiträge dazu sind mehr punktuell. Einigkeit herrscht darüber, dass Form und Begriff auf Tim O'Reilly zurückgehen. Einen kleinen Ein-

W. Bünnagel, *Selbstorganisiertes Lernen im Unternehmen*,
DOI 10.1007/978-3-8349-4264-7_8, © Gabler Verlag | Springer Fachmedien Wiesbaden 2012

Abb. 8.1 Der Wirkungshorizont der Dynamik

die Einbeziehung der Mitarbeiter als richtungsweisendes Prinzip liefert genug Impulse, Veränderungen voranzutreiben. Indes muss auf der anderen Seite die durchgängige Strategieverfolgung sichergestellt sein, denn in der Unternehmensentwicklung hin zu den strategischen Vorgaben steckt in gleichem Maße Bewegung.

8.1   Von der Trägheit zur Dynamik

Dem Wandel ist irgendeine Form von Dynamik immanent. Dennoch ist Wandel nicht zwangsläufig der Unternehmensentwicklung zu eigen, wenngleich sie anzustreben ist. Nicht so einfach ist also, die Trägheit in Dynamik umzuwandeln. Zunächst helfen dabei traditionelle Instrumente und Konzepte, sobald es nur um Nachhaltigkeit geht. Gleichwohl ist die nachhaltige Zielverfolgung ein wesentlicher Baustein in der Dynamisierung der Unternehmensentwicklung. Eine der wichtigsten Grundlagen zur Umsetzung der Unternehmensstrategie bildet die Parametrisierung von Zielen. Hierbei kann ein vereinfachtes *Gap-Management* den Unternehmen ein Instrument sein, das ohne kostspielige Software, aufwendige Datenerfassung und tiefgreifendes Controlling-Wissen eingesetzt werden kann (s. Abb. 8.2).

---

blick findet man im Abschnitt *Telekom BarCamp* (S. 578–582) des Artikels *Community of Practice funktioniert!* von M. Schildknecht und M. Holst [22], Weiteres in Glembotzki [12] oder in Hailey [13]. Zu *Open-Space* siehe insbesondere, wie oben erwähnt, z. B. Owen [20].

Abb. 8.2 Von der Unternehmensstrategie zum *Gap-Management*

Zum Wesen dieses *Gap*-Managements *weicher* Kennzahlen gehört es, dass im Rahmen der Strategiebildung Zielwerte als Soll gesetzt werden. Damit dies nicht den Charakter einer intuitiven Zuweisung hat, werden die Entwicklungslinien wichtiger Kennzahlen aufgezeichnet und mittels einer Art Zukunftsprojektion ein Soll vorgelegt. Mit den Ausgangswerten als notwendige Orientierungspunkte kann die strategische Lücke definiert werden. In Teilschritten ist dann zu bestimmen, wie die strategischen Zielwerte zu erreichen und welche Maßnahmen zu ergreifen sind. Das Management der *Lücken* ist also nicht allein strategisch ausgerichtet, sondern ist auch zugleich operativ, indem kontinuierlich Maßnahmen oder Anpassungen initiiert werden, um in der Zielspur zu bleiben.

In Verbindung mit der Einführung des *so*-Lernens kann beispielsweise die Anzahl der zu verwirklichenden Lerngruppen als Soll-Wert festgelegt werden oder ganz einfach die Zahl der Qualifizierungsvereinbarungen vorgegeben sein. Im Strategie-Tableau finden sich alle Werte wieder, so dass sie zu jedem Zeitpunkt abrufbar sind.

Die Ganzheitlichkeit ist im Augenblick der Strategiesicherung weniger bedeutungsvoll. Es ist demzufolge kein großer Entwurf notwendig. Selbst weichen strategischen Zielen lassen sich Ausgangswerte zuordnen, denen in der Folge der Zielkonkretisierung Zielwerte zugeordnet werden können. Im Zuge der Quantifizierung können durchaus wechselnde Formate zur Parametrisierung von Ist- und Soll-Werten genutzt werden. Das vereinfachte *Gap-Management* zur Strategiesicherung prüft dann, welcher Zielerreichungsrad nach welcher Etappe auf dem Weg zum Ziel vorliegt. Es bedarf außerdem keines komplexen

Arsenals an Kennzahlen, im Prozess der Strategieumsetzung sind nur die unternehmens-
wie bedarfsspezifischen Bezugspunkte und für die Verantwortlichen nachvollziehbaren
Werte einzubeziehen. Hinsichtlich des Strategie-Controllings gibt es im Mittelstand noch
Nachholbedarf, da im Falle der Festlegung weicher Ziele oft die Evaluierungsgrundlage
fehlt und mehr die gefühlte Zielerreichung im Vordergrund steht. Dies erschwert dann
verständlicherweise die Sicherstellung von Nachhaltigkeit.

Die professionelle Bewirtschaftung des unternehmerischen Wissens ist mittlerweile oft
genug als Erfolgsrezept in den Vordergrund gerückt worden. Warum mangelt es an der
Nutzung dieser Erkenntnis? Warum scheitern gut gemeinte Veränderungsabsichten? Wie-
so haben seither so viele aufgegeben, den *Change* herbeizuführen? Der Schlüssel liegt wohl
darin, dass in der Anlage von Veränderungen zu punktuell agiert worden ist.

▶   Durchdachtes *Change-Management* ist gleichzeitig strukturierte Organisation-
    sentwicklung und permanentes Strategie-Controlling.

Meist ist es so, dass die Entwicklung einer Organisation eher beiläufig betrieben werden
soll und dass die wirkenden Prinzipien meist vernachlässigt werden. Organisationsentwicklung wird als Nische, als Nebenschauplatz oder als Spezialistenaufgabe verstanden.
Indessen ist die Gestaltung einer Unternehmung in Zeiten des Wandels mehr als eine lei-
dige Pflichtübung. Vielmehr steckt in der Professionalität der Um- oder Neugestaltung das
Potenzial für den Unternehmenserfolg. Vieles ist so sehr miteinander verzahnt, dass es
nicht reicht, an irgendeiner Stelle Flickwerk zu betreiben.

8.2   Von Generation zu Generation neue Werte

Mit dem objektorientierten Kompetenzmanagement wird der erste Grundstein gelegt für
eine übergreifende Vernetzung von Daten und damit letzten Endes ebenfalls von Wissen.
Es ist nicht verwerflich, von Humankapital zu sprechen, wenn der Mitarbeiter nicht als
reiner Buchwert betrachtet und möglichst als ein Teil des Unternehmens wertgeschätzt
wird. Nachfolgende Darlegungen sind auch nicht für Unternehmen bestimmt, die einen
zufriedenstellenden Deckungsbeitrag erzielen. Denn dort gilt oft die Maßgabe, alles
beim Alten zu belassen, solange keine Notwendigkeit besteht, etwas zu verändern. Doch
Menschen und die Gesellschaft ändern sich. Loyalität war früher Dank gegenüber dem
Arbeitgeber, ist heute vom Unternehmen nicht selten teuer erkauft oder hart erkämpft.
Das bedeutet, dass von Generation zu Generation Verschiebungen auftreten können
(s. Abb. 8.3).

Fraglos ist die Anzahl der Werte nicht festgelegt, genauso wie individuell durchaus
Unterschiede innerhalb einer Generation auftreten können und nichts Außergewöhn-
liches darstellen. Wenn diese in ihrer Vielfalt wahrgenommen, gewürdigt oder wertgeschätzt werden sowie die daraus resultierenden Effekte wieder für das Unternehmen nutzbar gemacht werden, dann profitieren sowohl der Mitarbeiter als auch das Unternehmen.

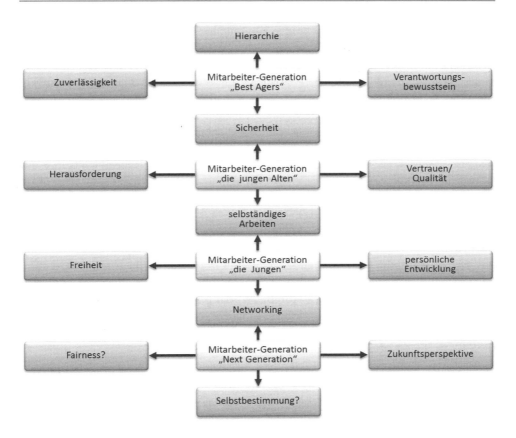

Abb. 8.3 Von Generation zu Generation

Dabei lässt sich nur schwer auseinanderdividieren, wer denn mehr profitiert. Denn das Unternehmen kann im Grunde genommen als System nur profitieren, wenn die Bestandteile des Systems, die Mitarbeitenden, profitiert haben.

Tatsächlich gibt es auch das Phänomen der Wertestabilität, dennoch sind vor allem im Hinblick auf die Arbeitswelt eher mehr oder minder starke Werteverschiebungen zu beobachten. Gemäß dem skizzierten Wandel von Mitarbeitergenerationen und unter der Voraussetzung, dass Entwicklung und Qualifizierung für Mitarbeiter an Bedeutung gewinnen, liegt der Schluss nahe, das *Employer Branding* die Personalförderung viel stärker einbinden muss. Rekrutierungsprozesse müssen Argumentationen enthalten, die dem Bewerber, dem Interessenten das Gefühl geben, sich im Unternehmen wohlfühlen zu können.

Obgleich die generationsspezifische Mitarbeitergewinnung längst Standard ist und obschon die Bedeutung der öffentlichen Reputation einer Unternehmung in aktuelle Rekrutierungskonzepte eingebunden wird, steckt noch eine Menge Potenzial in der Vermarktung der Kompetenzentwicklung.[2] In den kommenden Jahren wird die berufliche Kompetenzentwicklung näher heranrücken an das private Lernen. Damit erhält zugleich das lebenslange Lernen eine neue Qualität. Steter Wandel wird privat wie beruflich Lernbedarf hinterlassen. Während Lernimpulse eine lebenserhaltende Funktion übernehmen können, endet die fast instinktive Motivation zum Lernen an der Schwelle zur Arbeit. Lebenslanges Lernen, solange es auf die berufliche Weiterentwicklung bezogen ist, benötigt einen besonderen Fokus, der auf die Motivation gerichtet sein sollte. Schließlich ist der Antrieb zum Lernen die Impulserhaltung für die individuelle Lernentwicklung. Mit dem beständigen Freisetzen intrinsischer Motivation werden dann die Grenzen zwischen dem privaten und beruflichen Lernen verschwimmen – über Generationen hinweg.

▶   Generationenorientierte Personalarbeit bedeutet gegenwärtig: Personalentwicklung neu denken.

Es bleibt die Forderung, junge Mitarbeiter zu umwerben, den Nachwuchs zu begeistern, mitzureißen und zu überzeugen. Dies mag dann für Traditionsverliebte schwer verdaulich sein. Denn all dies ist bisher zumeist von Bewerbern gefordert worden. Demnach ist eine neue Haltung gefordert. Also auf die Führung kommt es an, die all dem gerecht wird. Führungskräfte müssen der Personalführung im Unternehmen Stimmigkeit verleihen, indem sie sich u. a. von überholten Traditionen verabschieden.

Ein Unternehmen muss kein Abbild der umgebenden Realität sein, dennoch müssen sich momentane Entwicklungen der Gesellschaft und der Umwelt widerspiegeln. Die Veränderung im Kommunikationsverhalten ist eine deutlich wahrnehmbare Veränderung, die stärkere Einbeziehung der Technologie in unseren Alltag ist die andere. In jedem Falle ist aus einem dynamischen Unternehmensentwicklungsprogramm und einem lebendigen Wissenstransfer Kapital zu schlagen.

8.3   Objektorientierung und Kapitalisierung

Mit der Objektorientierung wird eine Grundlage dafür geschaffen, dass mit Hilfe von Wissensobjekten ein offenes System errichtet werden kann. So können z. B. durch Informationen zum schulischen Vorwissen des Mitarbeiters, anhand seiner Qualifizierungshistorie und mittels Performanzdaten neue Erkenntnisse gewonnen werden, die neue Handlungsmöglichkeiten aufzeigen können. Damit wird klar, dass eine Datensammlung nicht etwas rein Statisches sein muss, sondern mit einer derartigen Offenheit eine das System sichernde Dynamik erhalten kann.[3]

---

[2] Zur Mitarbeitergewinnung sowie zum *Employer Branding* siehe u. a. Beck [1], Petkovic [21], Hauser et al. [15] und Stolz und Wedel [25]. Impulse zur Vermarktung der betrieblichen Personalentwicklung finden sich in Bünnagel [2].

[3] Vgl. auch Bünnagel [3].

Nach Jahren der Entmenschlichung der Arbeitsprozesse und der kennzahlenorientierten Reduzierung der Mitarbeiter auf Humankapital zur Wertschöpfung hat nicht allein aufgrund des demografischen Wandels ein leiser Prozess des Umdenkens eingesetzt. Die Arbeitsergebnisse der Mitarbeiter werden wieder mehr als individuelle Leistungen betrachtet, und damit einhergehend stellt man sich die Frage, wie sich die Leistungsbereitschaft des Einzelnen steigern respektive wie sich Leistungsversagen vermeiden lässt. Auf der anderen Seite erfassen die Personalverantwortlichen immer mehr die Komplexität von (individuellem) Wissen, von wirksamem Wissensmanagement und vor allem von Leistungsbereitschaft wie Leistungsvermögen. Dies bedingt die Frage: Wie kann ich die Stellgrößen der individuellen Leistung erfassen?

Zunächst gilt es wahrzunehmen, welche Informationen zu Leistung oder Leistungsbereitschaft zur Verfügung stehen? Eine Annäherung kann nur die Sammlung von Daten, Werten und Ergebnissen bringen. Damit scheint sich eine vermeintliche Abkehr von der Subjektorientierung zur Objektorientierung zu offenbaren, doch letztendlich bleiben beide Bereiche enger verbunden, als dies im ersten Moment erscheinen mag. Wie sich diese oft beschworene Unvereinbarkeit überwinden lässt, soll die Skizze zur Objektorientierung im Wissensmanagement zeigen.

Ausgangspunkt der Betrachtung ist der Mitarbeiter mit all seiner Individualität. Sein Arbeitsverhalten ist von vielen unterschiedlichen Variablen geprägt. Solange der Mitarbeiter nur stereotype wie monotone Tätigkeiten verrichtet und im Hinblick auf diese Tätigkeit leicht ersetzbar ist, wird es kaum ein Interesse daran geben, den Mitarbeiter mit allen Mitteln an das Unternehmen zu binden. Sobald der Mitarbeiter Wissensträger oder Leistungsträger in der Wertschöpfungskette ist, wächst das Interesse an ihm als einem Bestandteil des unternehmerischen Humankapitals. Sofort setzt auch das Interesse ein, zu erfahren, wie der Mitarbeiter „tickt". Schließlich wollen die Entscheider, die Personalverantwortlichen genau wissen, wie sich wertvolle Mitarbeiter an das Unternehmen binden lassen.

Mit diesem Interesse an der Beeinflussbarkeit der Mitarbeiter geht (vielleicht paradoxerweise) die Humanisierung der Personalwirtschaft einher, denn die Verantwortlichen müssen sich dem Mitarbeiter als Subjekt annähern und sie müssen analysieren, welche Anreize eine Leistungssteigerung (wenn notwendig) bewirken können oder wie sichergestellt werden kann, dass das Wissen des Mitarbeiters auch nach dessen Ausscheiden im Unternehmen gehalten werden kann. Da dies eine sehr individuelle Analyse sein muss, kann gewiss bereits an diesem Punkt von einer Humanisierung gesprochen werden, da das Individuum ins Zentrum des Interesses rückt. Vor allem die Besinnung auf die Beeinflussbarkeit des Einzelnen durch die Erfassung des Motivrasters und der Variablen der Leistungsäußerung versprechen den Zugang zu den Stellschrauben der individuellen Leistung.

Zugangsmöglichkeiten sowohl zu diesen Leistungsfaktoren als auch zur Individualität des Mitarbeiters bieten eine Vielzahl herkömmlicher Verfahren, Instrumente oder Werkzeuge. Es geht also an dieser Stelle nicht darum, neue Handreichungen zur Analyse zu geben, sondern für die Verwendung der Ergebnisse, für die Form der Datenerhebung und die Organisation der Datenerhebung zu sensibilisieren.

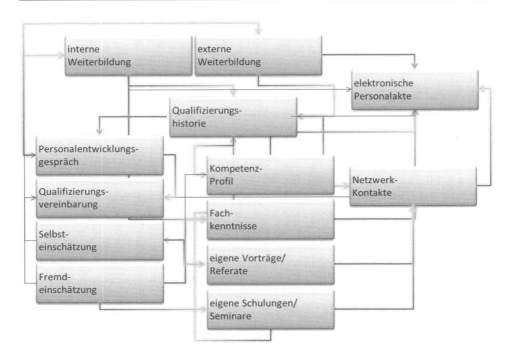

Abb. 8.4 Vernetzt denken – Wissen vernetzen

▶   Objektorientiertes Wissensmanagement ist keine Spinnerei weltabgewandter
     Programmierer. Vielmehr ist die Objektorientierung nur die bewusste Hin-
     wendung zu einzelnen Formen von Wissen im Unternehmen und die sinnvolle
     Verknüpfung der Informationen/Daten in diesen Objekten.

Ein Kompetenzmodell sollte beispielsweise nicht nur eine Sammlung von gewünschten
Fähigkeiten und Fertigkeiten sein, sondern es sollte zudem eine Bewertung der einzelnen
Kompetenzen ermöglichen. Die enge Beziehung zur Leistungsbeurteilung und zur Performanzanalyse ist offensichtlich, so dass die Verknüpfung der vorhandenen Informationen
naheliegt. Dies ist gewiss auch kein Zauberwerk, sondern nur die bewusst differenzierende
Betrachtung von Wissen und das Bemühen um eine sinnvolle Verbindung von Daten. Be-
wertungsskalen, d. h. Quantifizierungssysteme müssen dabei nicht wissenschaftlich begründet sein, sie müssen handhabbar und pragmatisch sein, denn ein Abbild der Realität
schafft nicht eine einmalige hochdifferenzierende Bewertung, sondern insbesondere eine
Vielzahl von Erhebungen mit demselben Bewertungssystem.

     Vernetzung (s. Abb. 8.4) und Parametrisierung existieren dabei nicht nebeneinander.
Sie bedingen sich sogar, will man eine handlungsgerichtete und zielführende Objektorientierung verfolgen. Denn erst auf der Ebene der Werterelation können Zusammenhänge
aufgedeckt und bewertet werden, während der Abgleich von Ist- und Soll-Werten mehr

ergebnisorientiert ist, wenn es um den Zielerreichungsgrad geht. Die Werterelation kann über identifizierte Zusammenhänge hinaus noch Steuerungsmöglichkeiten eröffnen.

Ein professionelles Konzept zum *so*-Lernen im Unternehmen braucht zweifellos einen betriebswirtschaftlichen Rahmen. Dies bedeutet, dass es nicht ausreicht, ein Konzept zu entwerfen und höhere Ziele zu setzen. Kennzahlenermittlung und *Return on Investment* dürfen hierbei nicht in Vergessenheit geraten. Wenn also ein Mitarbeiter beispielsweise eine Summe X zur Qualifizierungsplanung zu Verfügung bekommt, dann muss dies unbedingt an eine messbare Größe, eine Kennzahl geknüpft sein. Dabei geht es nicht um den Wahn, dass jede Investition bereits am nächsten Tag den doppelten Wert einbringt.

Es können durchaus auch mittel- wie langfristige Bezugsparameter gesetzt sein. Wichtig ist, dass die Investition in die Mitarbeiter mit einer Veränderungsgröße abgeglichen wird. Es ist sogar folgerichtig, wenn ein Mitarbeiter seine persönliche Weiterentwicklung strategisch plant, so dass eine Investition erst viel später zu Buche schlägt, dafür umso eindrucksvoller. Aus diesem Grund ist es in der Übungsphase zur Selbstorganisation so immens wichtig, dass in einer Art Coaching-Situation mit dem Vorgesetzten die Kosten-Nutzen-Relation, die Plausibilität wie die Machbarkeit von Qualifizierungen analysiert und letztlich der Wert einer Kompetenzentwicklungsmaßnahme bestimmt wird.

Langfristige Planungsgrößen können die üblichen und entscheidenden Kennzahlen sein, wie z. B. Umsatz, Reklamationen, Produktionszahlen, Kundenbewertungen, Neukundenzahlen etc. Als handlungsorientierte Controlling-Maßnahme kann aber auch über ein umfassendes Planungs- und Controlling-System nachgedacht werden. Hilfestellung kann das in der strategischen Betriebswirtschaft eingesetzte *Gap-Management* geben – mit entsprechenden Abwandlungen im Sinne der Pragmatik (s. Abschn. 8.1). Das Bildungscontrolling kann von den Grundprinzipien profitieren, wenn beispielsweise Historizität zum Extra-/Intrapolieren benutzt wird und irgendwann die strategische Lücke verortet worden ist. Wenngleich *Gap-Management* nicht allein auf derartigen Simplifizierungen aufsetzen kann.[4]

Objektorientierung geht am Ende auf im Wissenscontrolling, im Bildungscontrolling, im Projekt- und Erfolgscontrolling. Mit der Definition von Wissensobjekten und mit der Quantifizierung – sei diese noch so vage – sind wichtige Grundsteine dafür gelegt, wie Erfolg bewertbar und am Ende ebenfalls prognostizierbar werden kann. An dieser Stelle zu verharren und sich zufriedenzugeben, das ist genauso wie auf halber Strecke liegenzubleiben. Wirkliche Horizonte liegen hinter dieser Etappe, indem Historizität des Bildungscontrollings entsteht und kontinuierliche Datenerhebungen stattfinden. Mit diesem Datenmaterial kann dann eine zuverlässige wie prognostische Wissenswirtschaft betrieben werden, die prinzipiell grundlegenden Ansprüchen eines aussagekräftigen Erfolgs- sowie Strategiecontrollings entspricht. Obwohl keine *Gap*-Analyse im strengen Sinne des strategischen wie operativen Controllings durchgeführt wird, lässt sich mit der kontinuierlichen Ermitt-

---

[4] Zum Management von Wissenskapital im Hinblick auf Messung und Controlling siehe Deutsche Gesellschaft für Personalführung [5] und mit der Einbettung ins Personalcontrolling Deutsche Gesellschaft für Personalführung [6].

lung von Werten und der Einbeziehung historischer Entwicklungsdaten extra- sowie inter-
polieren. Anhand der Zukunftsprognostik steht dann ein Bezugspunkt zur Verfügung, der
mit realistischen Zielen abgeglichen werden kann.

Sind z. B. Lernzeiten einmal erfasst, sei es auf den einzelnen Mitarbeiter bezogen oder
auf das Projektlernen, stehen Objekte zur Verfügung, die für das Erfolgscontrolling nutzbar gemacht werden können. Frei vom Makel der Überwachung verfolgt ein mitarbeiterbe-
zogenes Wissensmanagement die Optimierung von Lernprozessen und die Verbesserung
von Lernleistungen, ohne dass über diesen Weg ein Druckmittel bereitgestellt werden soll.

8.4   Lernplattform – für jedes Unternehmen eine eigene?

Vorab sei angemerkt, dass mit der Propagierung virtuellen Lernens und dem Einsatz von
Lernplattformen nicht dem programmierten Unterricht das Wort geredet wird. Allerdings
wird der Tatsache Tribut gezollt, dass für das IT-gestützte und multimediale Lernen noch
gute alltagstaugliche Modelle wie Applikationen im Sinne des Konstruktivismus fehlen.
Demnach kann ein Anfang geschaffen werden, indem man aus dem Vorhandenen entweder Neues entwickelt oder das Gegebene umgestaltet nach den Grundsätzen des freien
Lernens.

Die Forderung nach einem Verbund zur Qualifizierung ist nichts Neues. Konzerne wollen sich hinsichtlich ihres Bildungs- und Wissensmanagements meist nicht in die Karten
schauen lassen, daher werden Qualifizierungsverbünde dort nur mit klaren Abgrenzungen
funktionieren. Für den Mittelstand können sie eine zweckmäßige Alternative darstellen,
denn dort sind beispielsweise eigene Lernplattformen eine unkalkulierbare Größe, da diese meist eine aufwendige und kostenintensive Lösung darstellen. Bildungsträger, Volks-
hochschulen und IHKs/HWKs versuchen daher nicht unerwartet, in diese Lücke zu sprin-
gen, was ja auch sinnvoll ist. Vieles bleibt Stückwerk, wenn nicht in einer Art strategischen
Kommission Unternehmen zusammenkommen und standardisierbaren Bedarf formulieren, damit die Anbieter bedarfskonforme Lösungen schaffen können.

▶   Es wird Zeit, dass Lernplattformen nicht länger Sammlungen digitalisierter
      Bücher sind, eine Herausforderung, die sich am besten im Verbund mit anderen
      und unter Nutzung aller vorhandenen Synergiemöglichkeiten meistern lässt.

Doch wirklich originell wird die Lösung, wenn die Unternehmen einen Finanzierungs-
verbund bilden, durch den eine Lernplattform kostengünstiger für jedes einzelne Unternehmen wird, indem Leistungen wie Aufbau, Pflege, Aktualisierungen oder Daten-Siche-
rungen zentral durch einen Dritten erbracht werden. Und ganz innovativ wird das Ganze,
wenn jedes Unternehmen einen geschützten Bereich erhält, in dem unternehmensspezifische Lerninhalte und Informationen bereitgestellt werden. Schließlich werden Lernplattformen bereits in naher Zukunft eine unabdingbare Komponente der beruflichen Weiterbildung im Unternehmen sein.

Ängste entstehen in dem Augenblick, wenn die Zugriffskontrolle verringert ist oder wenn plötzlich ungewünschte Einblicke in strategische Bildungselemente möglich sind. Doch Sicherheitsrisiken lassen sich einfach minimieren und die Kapselung von Unternehmenswissen ist ebenfalls realisierbar. Es muss den Unternehmensstrategen bewusst sein, dass mit der Dynamik des allgemeinen Wandels in vergleichbarem Maße die Lernanforderungen zunehmen. Dies bedeutet dann für eine Unternehmung bezüglich der Mitarbeiterqualifizierung, dass enorme finanzielle Belastungen einzuplanen sind. Einen Ausweg aus dem Kostendilemma bieten sowohl Lernplattformen, die dabei helfen, Qualifizierungskosten zu senken, als auch Qualifizierungsverbünde, in denen vielfältige Synergien wirksam werden können.

In einer weiterführenden Annäherung von Schulen und Unternehmen sollten in dieser Konstellation gemeinsame Lernplattformen ebenso nicht ausgeschlossen sein. Selbstverständlich geht es dabei nicht um gemeinsame Lerninhalte. Gleichwohl können Lerninhalte aus Firmen genauso in den schulischen Alltag einfließen, und warum sollen Unternehmen nicht aus schulischen Projekten lernen können. Dass dabei *Employer Branding* an der Rekrutierungsbasis stattfindet, steht außer Frage. Die Zusammenarbeit von Schulen und Unternehmen muss also weitergehen als die Etablierung von Besuchsprogrammen, selbst wenn mancherorts bereits vielversprechende Kooperationen entstanden sind.

Die Entwicklung der Lernplattformen muss weitere Anstöße erfahren, die die Individualisierung vorantreiben. Folgerichtig sollte man sich dann von der prozedural orientierten Lernsteuerung verabschieden. Erst an diesem Punkt werden die Ansprüche an Virtualisierung von Lernen und Selbstorganisation erfüllt werden können. Jedenfalls lässt die Technik es zu, derartige Anforderungen in einer Anwendung umzusetzen.

8.5 Unternehmens*wiki* als Kommunikationsplattform des Lernens

Demokratie im Unternehmen ist weiter oben um die Selbstbestimmung erweitert worden, im Hinblick auf die Virtualisierung von Arbeit und Lernen muss noch die Freiheit zur Meinungsäußerung dazukommen. Hierbei sollte die Betrachtung nicht auf die sprachlichen Äußerungsmöglichkeiten beschränkt bleiben. Die Freiheit, seine Meinung zu äußern, seine Ansichten kundzutun und seine Lebensweise zu zeigen, setzt Toleranz voraus. Nun muss ein Unternehmen nicht zum politischen Minikosmos werden, dennoch darf nicht unterschätzt werden, dass die Vielfalt und damit die Diversität zugleich förderlich sein kann für den Innovationsindex. Daher ist ein Unternehmens*wiki* nicht nur ein Lernsystem, sondern auch eine Kommunikationsplattform, das Vielfalt zulässt.[5] Es ist nicht vorrangig das Ziel, die Meinungsvielfalt zu propagieren, eher muss die erwähnte Toleranz

---

[5] Publikationen zum Thema *Diversity-Management* erfreuen sich seit einiger Zeit eines wachsenden Interesses (s. beispielhaft hierfür Krell und Wächter [17], Wagner und Voigt [26], Schulz [23] und Kutzner [18]), in der Unternehmenspraxis der Zusammenarbeit bleibt hinsichtlich von Respekt und Ideen noch einiges zu tun – ganz im Sinne der Demokratisierung.

im Unternehmen ihren festen Platz finden. Erst in einem gesicherten Freiraum kann sich Diversität entfalten.

Die Nähe von Austausch der Unterschiedlichkeit zu informellem Lernen ist sehr eng. Es wird immer wieder in Wissensmanagement-Modellen auf die Bedeutung des informellen Wissens hingewiesen. Mit dem *Web 2.0* und mit Formen des *Social Web*, wie z. B. dem *Weblog*, sind heutzutage mächtige Instrumente vorhanden. Gleichzeitig bieten diese Plattformen die geforderten Freiräume zur persönlichen Entfaltung, wohingegen ausschließlich programmatische Lösungen gezeigt haben, dass Uniformität nicht zu überdauernden Erfolgen führt, was im Übrigen geschichtliche Ereignisse schon häufig bestätigt haben.

Ob man die Virtualisierung von Kommunikation als Fluch oder Segen empfinden mag, ist weniger relevant. Es ist gleichfalls kein devoter Kniefall vor dem Virtualisierungstrend, wenn hier das Unternehmens*wiki* als Kommunikationsplattform empfohlen wird. Obwohl nicht jede neue Methode auch neue Instrumente wie Werkzeuge braucht, sollte einem sich ändernden Kommunikationsverhalten Rechnung getragen werden. Ausgehend von der Bewertung aktueller Möglichkeiten und derzeitiger Trends wird deshalb eine Lanze für das *Wiki* gebrochen. Damit ist allerdings nicht irgendeine standardisierte Software oder eine inhaltliche Einschränkung verbunden, wie sie durch vorgegebene Programmierungen entstehen kann. Das moderne Unternehmens*wiki* zeichnet sich demgegenüber ähnlich wie eine *Open-Source*-Software durch Offenheit aus. So mag vielleicht nur noch der Begriff *Wiki* Ursprüngliches haben, während die Ausformungen durchaus dynamisch und veränderlich sind. Man könnte das Ganze selbstverständlich auch *WiKo*-Plattform nennen, also ein Medium zum Austausch von Wissen und zur Kommunikation.

Dieses *WiKo* bietet dann mehr als eine reine Artikelsammlung. Es ermöglicht das freie *Bloggen* gleichwohl wie das projektgebundene *Bloggen*, es beinhaltet sowohl *Yellow-Pages* als auch Formulare wie Vorlagen. Natürlich bietet es vor allem die bekannten *Wiki*-Funktionen, wo durch verlinktes Wissen ein neuer Informationswert geschaffen wird. Sei es ein *WiKo* oder ein *Wiki*, es gelten dieselben Einführungsrichtlinien. Die Wichtigste ist dabei die Anfertigung eines Nachhaltigkeitskonzeptes oder einfacher gesagt die Vorsorge dafür, dass jemand mit dem entsprechenden Rückhalt durch die Unternehmensführung das *Wiki* am Leben hält. Denn anders z. B. als bei *Wikipedia* kann nicht die Motivation der Autoren als gegeben betrachtet werden. Spezielle Anreizmodelle, die durchgängige Schwachstellenanalyse und die individuelle Autorenbetreuung sind Grundfeste einer erfolgreichen Implementierung und eines überdauernden Fortbestandes.

Wissenstransfer geschieht nicht immer gesteuert, damit rückt die Strukturierung in den Hintergrund. Selbst wenn ein *Wiki* den Eindruck strengster Strukturierung hinterlässt, ist es weitaus informeller als dem ersten Anschein nach. Der Antrieb, sein Wissen weiterzugeben, ist die eigentlich treibende Kraft, die die Enzyklopädie des Unternehmenswissens zum Wachsen bringt.

Es steht außer Frage, dass ein *Blog* informell ist – außer was die technische Realisierung betrifft. Vieles, was mehr oder weniger spontan preisgegeben wird, unterliegt keinen strengen sprachlichen Regeln. Sprachpuristen empfinden diesen Umgang mit Sprache meist als Dekadenz. Ihnen sei entgegnet, dass die Ausgrenzung sprachlicher Regeln andererseits die generative Kraft der Sprache freisetzt. Der Sprecher, der mit den sprachlichen Regeln wenig vertraut ist, wird in einem Kommunikationssystem mit strengen Sprachregeln keine Ausdrucksmöglichkeit haben. Es darf dessen ungeachtet nicht vergessen werden, Kommunikationsregeln verbindlich zu vereinbaren. Sprachliche Freiheit darf nicht so weit gehen, dass die Grenzen anderer überschritten werden. Im *Social Web* sind diese Vereinbarungen recht rudimentär, was dazu führt, dass Beschimpfungen, Mobbing und Verleumdungen an der Tagesordnung sind.

Ein Unternehmens*wiki* ist ein Beitrag zur Förderung der Vernetzung von Wissen und zugleich von Mitarbeitern. Erst bei einer ausreichenden Vernetzung kann Wissenstransfer richtig lebendig sein. Dabei geht es nicht ausschließlich um das Lernen, sondern es müssen auch die Formen der Kommunikation und deren Möglichkeiten beleuchtet werden, da hier das informelle Lernen eine ganz besondere Förderung erfahren kann. Stichworte sind in diesem Zusammenhang *Kooperation* und *Kollaboration*, auf deren Grundlage Wissensaustausch und damit gleichzeitig Wissensvernetzung stattfindet.[6] Es überrascht dann auch nicht, wenn Autoren wie Jane Hart dazu übergehen, vom *Social Learning* zu sprechen in Bezug auf das Lernen in sozialen Netzwerken (s. Hart [14]).

Mit dem Anstieg des Interesses an den sozialen Komponenten des *E-Learnings* ist gewissermaßen die Diskussion um das *Blended Learning*[7] abgelöst worden. So ist ins Bewusstsein gedrungen, dass *E-Learning* kein Wundermittel ist und dass es einer Mischung bedarf. Doch es ist mehr als eine Mischung, wenn man das Lernen als sozialen Prozess betrachtet – ein Sachverhalt, dem durchaus Aufmerksamkeit gebührt. Will man das kollaborative Lernen als eine Form des gemeinsamen Lernens und Arbeitens verstehen, bieten *Wiki*, *Blog* & Co. ein weitreichendes Betätigungsfeld für Innovationen in der Lernkultur. Mehr als Instrumente sind alle diese Neuerungen, wenn mit der Kompetenzentwicklung des Einzelnen ein alles umspannender Rahmen hergestellt wird. Das Lernen in Netzen ist dabei nichts Neues,[8] allerdings stehen nach den ersten Strukturierungen zum gemeinschaftlichen Lernen in virtuellen Netzen noch weiterführende Arbeiten an.[9]

---

[6] Zum Bedeutungsspektrum des *Social Web* siehe u. a. Ebersbach et al. [8]. Ganz besonderen Bezug zum Wissensmanagement in Netzwerken sowie in *Wikis* nehmen Dibbern und Müller [7], Ebersbach et al. [9] und Komus und Wauch [16]. Eine medien- und kommunikationstheoretisch orientierte Darlegung findet sich bei Stegbauer und Jäckel [24].

[7] Als eine Zusammenfassung der Meinungsvielfalt zum *Blended Learning* kann das Werk von Mandl und Kopp [19] herangezogen werden (auch im Internet abrufbar unter http://epub.ub.uni-muenchen.de/905/ [zugegriffen: 6. Okt. 2011]).

[8] Hier erfolgte weiter oben bereits der Verweis auf die Publikationen von Dehnbostel et al. [4] und Gillen et al. [11].

[9] Besondere Erwähnung verdient an dieser Stelle das Werk von John Erpenbeck und Werner Sauter [10], da dort diese Strukturierungen unter dem Aspekt der Kompetenzentwicklung vorgenommen worden sind. So wird das Lernen im *Web 1.0* und im *Web 2.0* gegenübergestellt sowie die Kompetenzvermittlung mit Hilfe des *Web 2.0* propagiert. Doch erst im Zusammenspiel aller Komponenten kann die größte Wirkung erzielt werden.

Trotz Technologisierung und Virtualisierung ist es offensichtlich, dass Kommunikation stellenweise intensiver geworden ist. Gesprochene Sprache wurde zwar von geschriebener zurückgedrängt, aber es findet immer noch Kommunikation statt. Bisher war bei Kommunikations-Trainings mehr Wert auf die Rhetorik, das sprachliche Verhalten mit gesprochener Sprache gelegt worden, nun muss verstärkt der Umgang mit der Schriftsprache gefördert werden. So ist ein Missverständnis im gesprochenen Diskurs schnell erkennbar und kann genauso rasch aufgelöst werden. Beim Austausch von *E-Mails* kann aus einer Missdeutung oder einem Irrtum mehr als Gruppendynamik entstehen. Die danach notwendigen harmonisierenden Maßnahmen heben dann alle Vorteile der elektronischen Post sofort wieder auf.

▶   Bildungsmanagement braucht unbedingt Dynamik, daher muss man sich von einer starren und überdauernden Bildungsorganisation im Unternehmen verabschieden.

Ein System des Lernens im Unternehmen ist ähnlich wie das Wissen in einem kybernetischen Modell ein dynamisches Kontinuum. Die ständigen Veränderungen des Lernens, die wechselnden Umweltbedingungen und auch die Entwicklung des Lerners müssen in der Gestaltung dieses Systems ihren Niederschlag finden. Die Akteure rund um das Managen von Wissen werden sich durch Offenheit, Veränderungsbereitschaft und Innovationsfähigkeit auszeichnen, damit sich Lernen und Wissen als Kapital einer Unternehmung im Sinne der Dynamik weiterentwickeln. Starre Strukturen wirken da eher kontraproduktiv.

Literatur

1. Beck, Christoph (Hrsg.). 2008. Personalmarketing 2.0. Vom Employer Branding zum Recruiting. Köln: Luchterhand.
2. Bünnagel, Werner. 2010b. Personalentwicklung als Marke. Personalmagazin. Management, Recht und Organisation 6: 31–33.
3. Bünnagel, Werner. 2010c. Objektorientierte Kompetenzentwicklung. Eine Annäherung an den humanen Wissenswert. wissensmanagement. Das Magazin für Führungskräfte 6: 10–13.
4. Dehnbostel, Peter, Uwe Elsholz, Jörg Meister, Julia Meyer-Menk (Hrsg.). 2002. Vernetzte Kompetenzentwicklung. Alternative Positionen zur Weiterbildung. Berlin: Edition Sigma.
5. Deutsche Gesellschaft für Personalführung e. V. (Hrsg.). 2007. Human Capital messen und steuern. Annäherungen an ein herausforderndes Thema. Grundlagen – Durchführung – Beispiele. Bielefeld: Bertelsmann.
6. Deutsche Gesellschaft für Personalführung e. V. (Hrsg.). 2009. Personalcontrolling für die Praxis. Konzepte - Kennzahlen – Unternehmensbeispiele. Bertelsmann: Bielefeld.
7. Dibbern, Peter, Claudia Müller. 2006. Selbstorganisiertes Wissensmanagement in Unternehmen auf Basis der Wiki-Technologie – ein Anwendungsfall. HMD – Praxis der Wirtschaftsinformatik 252: 45–54.
8. Ebersbach, Anja, Markus Glaser, Richard Heigl. 2008. Social Web. Konstanz: UVK Verl.-Ges. (UTB, 3065: Medien- und Kommunikationswissenschaft, Soziologie, Pädagogik, Informatik).
9. Ebersbach, Anja, Markus Glaser, Richard Heigl, Alexander Warta. 2008. Wiki – Kooperationen im Web. 2. vollst. überarb. u. erw. Aufl. Berlin/Heidelberg: Springer.

10. Erpenbeck, John, Werner Sauter. 2007. Kompetenzentwicklung im Netz. New Blended Learning mit Web 2.0. Köln: Luchterhand.

11. Gillen, Julia, Peter Dehnbostel, Uwe Elsholz, Thomas Habenicht, Gerald Proß, Jörg-Peter Skroblin (Hrsg.). 2005. Kompetenzentwicklung in vernetzten Lernstrukturen. Konzepte arbeitnehmerorientierter Weiterbildung. Bielefeld: Bertelsmann.

12. Glembotzky, Ulrike. 2011. Kompetenzentwicklung durch die Teilnahme an einem BarCamp am Beispiel des EduCamps. München: GRIN.

13. Hailey, Charlie. 2009. Camps: A Guide to 21st-Century Space. Cambridge (Mass.): MIT Press.

14. Hart, Jane. 2011. Social Learning Handbook. A practical guide to using social media to work and learn smarter. Corsham: Centre for Learning & Performance Technologies.

15. Hauser. Frank, Andreas Schubert, Mona Aicher. 2008. Unternehmenskultur, Arbeitsqualität und Mitarbeiterengagement in den Unternehmen in Deutschland. Abschlussbericht Forschungsprojekt Nr. 18/05. Ein Forschungsprojekt des Bundesministeriums für Arbeit und Soziales. Bonn: Bundesministerium für Arbeit und Soziales, Referat Information. (Publ., Red. Forschungsbericht/Bundesministerium für Arbeit und Soziales, 371: Arbeitsmarkt).

16. Komus, Ayelt, Franziska Wauch. 2008. Wikimanagement. Was Unternehmen von Social-Software und Web 2.0 lernen können. München/Wien: Oldenbourg.

17. Krell, Gertraude, Hartmut Wächter (Hrsg.) 2006. Diversity Management. Impulse aus der Personalforschung. München/Mering: Hampp. (Trierer Beiträge zum Diversity Management, 7).

18. Kutzner, Edelgard. 2011. Vielfalt im Innovationsprozess. Konzepte, Instrumente und Empfehlungen für ein innovationsförderndes Diversity Management. Bielefeld: Interdisziplinäres Zentrum für Frauen- und Geschlechterforschung. (IFF-Forschungsreihe, 18).

19. Mandl, Heinz, Birgitta Kopp. 2006. Blended Learning: Forschungsfragen und Perspektiven. München: Inst. für Pädag. Psychologie 2006. (Forschungsbericht Nr. 182).

20. Owen, Harrison. 2001. Open space technology. Ein Leitfaden für die Praxis (aus dem Amerikan. von Maren Klostermann). Stuttgart: Klett-Cotta.

21. Petkovic, Mladen. 2008. Employer-Branding. Ein markenpolitischer Ansatz zur Schaffung von Präferenzen bei der Arbeitgeberwahl. 2., aktualisierte Aufl. München/Mering: Hampp. (Hochschulschriften zum Personalwesen, 37).

22. Schildknecht, Martina, Marcus Holst. 2011. Community of Practice funktioniert! In KnowTech – Unternehmenswissen als Erfolgsfaktor mobilisieren! Kongressband zur KnowTech 2011, Bad Homburg, 28.–29. September 2011, KongressCenter, Kurhaus, hrsg. Markus Bentele, Norbert Gronau, Peter Schütt, Matthias Weber, 575–582. Berlin: Gito.

23. Schulz, André. 2009. Strategisches Diversitätsmanagement. Unternehmensführung im Zeitalter der kulturellen Vielfalt. Wiesbaden: Gabler.

24. Stegbauer, Christian, Michael Jäckel (Hrsg.). 2008. Social Software. Formen der Kooperation in computerbasierten Netzwerken. Wiesbaden: VS Verlag für Sozialwissenschaften.

25. Stotz, Waldemar, Anne Wedel. 2009. Employer Branding. Mit Strategie zum bevorzugten Arbeitgeber. München: Oldenbourg.

26. Wagner. Dieter, Bernd-Friedrich Voigt (Hrsg.) 2007. Diversity-Management als Leitbild von Personalpolitik. Wiesbaden: Gabler.

Ausblick

9

Zusammenfassung

Mit dem *so*-Lernen kann der Paradigmenwechsel vollzogen werden, sobald die bisherigen Modelle der Bildungsorganisation und des betrieblichen Bildungsmanagements in Frage gestellt sind. Wer dazu imstande ist, nach vorne zu blicken, der muss gleichfalls die Bereitschaft zur Veränderung mitbringen. Nicht weil Zukunft zwangsläufig an *Change* gekoppelt ist, braucht Veränderungsbereitschaft ihren Raum. Vielmehr ist Wandel etwas Natürliches, daher muss er im betrieblichen Kontext als selbstverständlich betrachtet werden und demnach als solcher intern vermarktet werden. Veränderungen werden nur dann positiv aufgenommen, wenn sich diejenigen, die es betrifft, so sicher fühlen, dass ihnen das Neue keine Nachteile bringt. Sobald Mitarbeiter kontinuierlich weiterentwickelt werden, verspüren sie diese Sicherheit, dass Veränderungen ihnen nicht gefährlich werden können.

Die Kapitalisierung der Bildung kann aus unterschiedlichen Motiven betrieben werden. Einerseits kann Bildung als Kapital gewertet werden und ist damit ein Kapitalwert, andererseits kann die Blickrichtung auch dahin gehen, dass aus Bildung Kapital geschlagen wird, und somit ist Bildung Wertkapital. Es geht dabei gleichwohl nicht um Spitzfindigkeiten bei der betrieblichen Bildungspolitik. Zuerst muss sich das Bewusstsein verfestigen, dass mit der Bildung der Mitarbeiter das Unternehmen Kapital ausbaut. In der betriebswirtschaftlichen Betrachtung muss es dann fast notwendig das Bestreben geben, die Kapitalisierung der Bildung im Unternehmen quantifizierbar zu machen. Diesem Streben muss keine Zwanghaftigkeit anhaften, aber die Logik der betriebswirtschaftlichen Bewertung verlangt es, dass über die Parametrisierung von Bildungswerten und das durchgängige Controlling der Weiterentwicklung eine objektivierte Realität abgebildet wird. Und all dies ist durchaus vereinbar mit konstruktivistischen Ideen zur betrieblichen Weiterbildung und zum selbstorganisierten Lernen.

Alle Debatten um die Bewertung des betrieblichen Humankapitals sind überflüssig, solange nicht hinterfragt wird, was wirklich in den Mitarbeitern bzw. in deren Köpfen steckt. Dies bedeutet, dass eine mathematisch orientierte Bemessung nur eine Moment-

W. Bünnagel, *Selbstorganisiertes Lernen im Unternehmen*,
DOI 10.1007/978-3-8349-4264-7_9, © Gabler Verlag | Springer Fachmedien Wiesbaden 2012

aufnahme liefert. Die Dynamik des Humankapitals gerät dabei etwas aus dem Blickfeld. Will man sich dem Delta vom Messwert zur potenziellen Endgröße nähern, muss der Mitarbeiter noch eine besondere Wertschätzung erfahren, nämlich die seiner Person, die seines Arbeitseinsatzes und die seiner Leistung. Denn erst mit dem Gefühl der Anerkennung und des Wertgeschätzt-Werdens können Potenziale freigesetzt und Motivationsanreize zur Leistungsbereitschaft angeboten werden. Der nicht unerwünschte Nebeneffekt sollte sein, dass Personal- wie Wissensmanagement, menschliches Betriebskapital sowie Leistungscontrolling eine längst ausstehende Humanisierung erfahren.

Nicht erst in der Zukunft, sondern in der Gegenwart muss eine Unternehmung soziale Verantwortung übernehmen. Die Zeit, in der Personal fast abschätzig als Betriebsmittel und Personalabbau als Betriebsmitteloptimierung verstanden wurde, sollte längst vorbei sein. Denn sobald man sich Gedanken zum *Employer Branding* macht, ist als Erstes über die Einstellung zum Personal nachzudenken. Hält man den vermeintlich einfachen Mitarbeiter für naiv, begibt sich die Unternehmensführung auf äußerst dünnes Eis. Die Mitarbeiter spüren, wenn sie nicht ernst genommen und nicht wertgeschätzt werden. Und wenn künftig Humanressourcen knapp werden bzw. Mitarbeiter ein wertvolles Gut darstellen, erinnern sich die Mitarbeiter an die Grundhaltung im Unternehmen. Demnach richtet der Mitarbeiter seine Loyalität nach der Erinnerung respektive nach der konkreten Erfahrung aus. Daher sollten Entscheider besonders behutsam mit dem Thema *Stellenabbau* umgehen. Dies bedeutet, dass die verbleibenden Mitarbeiter genau hinschauen, wenn Kollegen aus dem Unternehmen ausscheiden müssen. Sozial verantwortlich handeln Unternehmer, wenn sie auch über Jahre allen Mitarbeitern regelmäßig Personalentwicklungsmaßnahmen zukommen lassen. So erleben es im Unternehmen verbleibende Mitarbeiter immer wieder, dass von Personalabbau betroffene Kolleginnen und Kollegen aufgrund ihres Mangels an aktuellen Kenntnissen ganz schlechte Aussichten haben. Es ist somit sozial verantwortungsvoll, die Personalentwicklung auch im Interesse der Mitarbeiter und deren Zukunftssicherung zu betreiben.

Beschäftigungsfähigkeit oder *Employability* kann nur mit Qualifizierung gelingen, zumal wenn die Flexibilisierung der Mitarbeiter der Zielpunkt ist. Aber bei aller Euphorie für die Wissensvermittlung darf nicht vergessen werden, dass Lernbereitschaft und vor allem die Motivation zwingende Voraussetzungen des Lernens bilden. Dies wiederum sind Potenziale jedes einzelnen Mitarbeiters, die der Erkennung sowie der Förderung bedürfen.

Potenziale spielen jedoch auch eine Rolle beim *Recruiting*. Jeder Entscheider will wissen, mit welcher Bereitschaft er bei seinem potenziellen Mitarbeiter rechnen kann. Die gängigen Persönlichkeitstests werden immer nur eine punktuelle Einschätzung wiedergeben können. In der Weiterentwicklung dieser Testverfahren muss das Thema *Lernbereitschaft* stärker einbezogen sein und müssen bedarfsspezifische Kompetenzen mehr Berücksichtigung finden. Bei der richtigen Wahl der Mitarbeiter, die über ein ausreichendes Maß an Lernbereitschaft verfügen, können sich natürlich mittel- bis langfristig zugleich Rekrutierungskosten senken. Daher scheint es mehr als sinnvoll, in bestehende Auswahlverfahren für Mitarbeiter die Bereitschaft und Fähigkeit zum Lernen einzubeziehen.

Sinkt die Halbwertzeit von Wissen, muss dem Lernen logischerweise mehr Aufmerksamkeit zuteilwerden. Indes ist allein die Hinwendung zum Lernen-lernen nicht ausreichend. Kürzere Zyklen der Wissenshaltbarkeit erfordern aufgrund der Zunahme von Lernprozessen unterdessen mehr Effizienz beim Lernen. Lerngeschwindigkeit wird darum zu einem entscheidenden Wesensmerkmal der Lern- und Entwicklungskompetenz.

Die lange und oft vehement verteidigte These, dass Hans nicht mehr lernt, was Hänschen früher nicht gelernt hat, gilt es künftig zu widerlegen. Denn eine der großen Herausforderungen in der beruflichen Weiterbildung besteht darin, ältere Mitarbeiter wieder an das Lernen heranzuführen. Die Diskussionen um die Folgen des demografischen Wandels haben bislang noch recht wenige Veränderungen bewirkt. Ältere Stellenbewerber werden noch einige Jahre warten müssen, bis sich die Personaler um sie reißen werden. Ansätze, das Wissen älterer Mitarbeiter im Unternehmen zu halten und Wissenstransfer zu sichern, sind meist Skizzen geblieben. Beschäftigungsfähigkeit Älterer mittels Qualifizierung zu erhalten, ist noch mehr Lippenbekenntnis als gelebte Unternehmenskultur.

Die Weiterbildung älterer Mitarbeiter ist ein ganz besonderes und überdies ein weites Feld, das es strukturiert zu bearbeiten gilt. Zwar gibt es eine steigende Zahl an Qualifizierungsangeboten, die ganz spezifisch auf Ältere ausgerichtet sind, aber es handelt sich oft mehr um eine zielgruppenorientierte Ansprache als um ausgereifte didaktische Konzepte. Zweifelsfrei gibt es ernst zu nehmende Annäherungen an die differenzierte Form der Unterweisung. Und gewiss gibt es auch ein Bewusstsein für die Notwendigkeit, den Lernprozess bei älteren Lernern zielgruppenspezifisch zu segmentieren und zu gestalten. Dennoch darf dies nicht zur Ausgrenzung und Abgrenzung von Lernergruppen führen. Was bis heute offenkundig noch aussteht, sind griffige und praxiserprobte Konzepte wie Maßnahmen zur Überwindung der Lernentwöhnung.

Der Ruf nach Veränderung, nach Fortschritt und Weiterentwicklung ist allseits präsent. Die Angst vor der Generationenfalle ist virulent. Wer diesbezüglich passiv bleibt, verpasst unweigerlich irgendwann den Anschluss. Mit dem Sprung aus der Hasengrube heißt die Devise: Jetzt handeln – schon heute an morgen denken! Es greift zu kurz, Personalentwicklung modern zu gestalten, vielmehr muss die Weiterentwicklung des Personals neu gedacht werden. Demnach reicht es nicht mehr, irgendein Seminarkonzept einzukaufen oder ein hochgelobtes Wissensmanagement-Modell einzuführen. Visionäre, zukunftsgerichtete Personalentwicklung ist zugleich und vor allem Organisationsentwicklung. Daher beginnt jedes Konzept zum Personalmanagement, das einen überdauernden Wert haben soll, mit der Gestaltung der Organisation und der betrieblichen Lernwelt. Lernen und Arbeiten müssen demzufolge ineinander übergehen, damit der Antrieb zum Tun nicht an Kraft und Wirkung verliert.

Arbeiten und Lernen müssen ebenfalls verschmelzen, damit der Prozess der betrieblichen (Weiter-)Bildung effizient ist. Mobilität im Lernen kann vordergründig mit einer virtuellen Schultasche vorbereitet werden. Über ein tatsächlich tiefgreifendes wie zukunftsweisendes Veränderungspotenzial verfügt das Modell des *so*-Lernens. Bei der Modellierung des neuen Bildungsmanagements kann die Reformpädagogik wertvolle Hilfestellung geben. Der Begriff darf nicht abschrecken, vielmehr muss den Entscheidern klar sein, dass Motivation nur mit Freiraum entstehen kann. Das Potenzial im *so*-Lernen, das gleichfalls das informelle Lernen einschließt, ist immens. Die Chancen verdienen es, ergriffen zu werden, damit Vision zur Wirklichkeit wird. Am Ende ist der Übergang zum *so*-Lernen vielleicht gar nicht so mühsam, weil sich mit der Mündigkeit der Mitarbeiter an deren Arbeitsplatz gleichzeitig die Selbstverantwortlichkeit zur individuellen Kompetenzentwicklung ausbilden kann.

Wissen schafft Zukunft, dies muss als Überzeugung in die Unternehmensphilosophie einfließen. Wissenssicherung, Wissensentfaltung und Wissen-teilen erfordern in den meisten Unternehmen eine tiefgreifende Organisationsentwicklung. Damit ist *Change* eine Chance. Für das begleitende Veränderungsmanagement sind dann nur noch Nachhaltigkeit wie Leidenschaft vonnöten. Es ist allerdings gleichfalls unerlässlich, einen Anfang zu finden und den Prozess der Neuerung frühzeitig in Gang zu setzen, ganz nach dem Motto: Zukunft heute.

Sachverzeichnis

W. Bünnagel, *Selbstorganisiertes Lernen im Unternehmen*,
DOI 10.1007/978-3-8349-4264-7, © Gabler Verlag | Springer Fachmedien Wiesbaden 2012

171